普通高等学校"十四五"规划社会学专业精品教材
总主编：风笑天

人口社会学（第二版）

汤兆云 ◎ 编著

华中科技大学出版社
http://press.hust.edu.cn
中国·武汉

内容简介

本书全面系统介绍人口社会学的基本概念和理论，力图用社会学的方法和理论分析人口过程（生育、死亡、分布和迁移、再生产）、人口结构（性别结构、年龄结构、婚姻与家庭结构）中所呈现出来的特点和趋势，以及人口变化与发展过程中的规律性、社会诸因素与人口诸因素方面的互动关系；比较不同社会状态下的人口特征与人口问题。本书科学地认识人口社会现象，揭示人口社会的发展规律、人口与社会发展的互动关系，探索人口社会发展的趋势及其影响因素，发现人口社会问题、分析人口社会问题，并提出了解决问题的对策，协调人口与社会发展的关系，可以促进社会的进步。本书内容充实，材料丰富，叙述简明，通俗易懂，总体框架和篇章结构较为合理，较好地体现了高等学校专业基础课教材体系规范、介绍简明的特点。

本书可以作为高等学校社会学、人口学专业必修课教材，同时也可以作为文科相关专业基础理论课、选修课教材；还可以供关心人口社会现象、人口社会问题的读者，特别是各级政府相关部门实际工作人员和社会工作者阅读。

图书在版编目（CIP）数据

人口社会学/汤兆云编著．—2版．—武汉：华中科技大学出版社，2023.2
ISBN 978-7-5680-9002-5

Ⅰ.①人… Ⅱ.①汤… Ⅲ.①人口社会学-研究 Ⅳ.①C92-05

中国国家版本馆CIP数据核字（2023）第002935号

人口社会学（第二版） 汤兆云 编著
Renkou Shehuixue（Di'er Ban）

策划编辑：钱　坤
责任编辑：余晓亮
封面设计：孙雅丽
责任校对：唐梦琦
版式设计：赵慧萍
责任监印：周治超

出版发行：华中科技大学出版社（中国·武汉）　　电　话：(027) 81321913
　　　　　武汉市东湖新技术开发区华工科技园　　邮　编：430223
录　　排：华中科技大学出版社美编室
印　　刷：武汉开心印印刷有限公司
开　　本：787mm×1092mm　1/16
印　　张：18.75
字　　数：373千字
版　　次：2023年2月第2版第1次印刷
定　　价：48.00元

本书若有印装质量问题，请向出版社营销中心调换
全国免费服务热线：400-6679-118　竭诚为您服务
版权所有　侵权必究

目录

第一编 概论

第一章 导论 — 002
第一节 人口社会学的研究范畴 — 002
第二节 人口社会学的学科地位与研究意义 — 010

第二章 人口思想与人口理论 — 019
第一节 西方人口思想与人口理论 — 019
第二节 马尔萨斯的人口理论 — 026
第三节 马克思、恩格斯的人口理论 — 029
第四节 中国人口思想 — 034

第三章 人口资料收集及研究方法 — 039
第一节 人口资料收集方法 — 039
第二节 我国人口调查 — 042
第三节 人口社会学研究过程 — 048
第四节 人口社会学的研究方法 — 050

第二编 人口过程

第四章 人口生育 — 056
第一节 生育及其测量 — 056
第二节 我国人口出生率及生育率情况 — 064
第三节 人口生育率的影响因素 — 068
第四节 生育文化与生育意愿 — 073

第五章　人口死亡 — 081
- 第一节　死亡及其测量 — 081
- 第二节　人口死亡率变化趋势 — 090
- 第三节　我国人口死亡变化态势 — 093
- 第四节　人口死亡率的性别、年龄格局 — 097
- 第五节　人口死因分析 — 101
- 第六节　中国人口死因分析 — 104

第六章　人口分布 — 110
- 第一节　人口分布的概念及其测度 — 110
- 第二节　中国人口分布 — 115
- 第三节　人口分布的制约因素 — 119

第七章　人口迁移 — 121
- 第一节　人口迁移的概念及测度 — 121
- 第二节　人口迁移的理论及影响因素 — 123
- 第三节　我国的人口迁移 — 127
- 第四节　国际人口迁移 — 131
- 第五节　人口城市化 — 136
- 第六节　中国人口城市化 — 138

第八章　人口再生产 — 147
- 第一节　"两种生产"及其相互关系 — 147
- 第二节　人口再生产 — 148
- 第三节　人口转变 — 155
- 第四节　我国人口再生产的特点及转变 — 160

第三编　人口结构

第九章　人口性别结构 — 168
- 第一节　人口结构及其分类 — 168
- 第二节　人口性别结构概念及其测度 — 171
- 第三节　我国出生性别比状况 — 176

第十章　人口年龄结构 — 183
- 第一节　人口年龄结构测度及类型 — 183
- 第二节　人口年龄结构变动特征及发展趋势 — 192
- 第三节　我国人口年龄结构变动及人口老龄化 — 196

第十一章　人口婚姻与家庭结构 —— 200
第一节　人口婚姻结构 —— 200
第二节　人口家庭结构 —— 205
第三节　中国婚姻结构 —— 209
第四节　中国家庭结构 —— 215

第十二章　人口受教育与就业构成 —— 223
第一节　人口受教育构成 —— 223
第二节　人口就业构成 —— 230

第四编　人口发展

第十三章　人口问题及其可持续发展 —— 242
第一节　人口问题 —— 242
第二节　人口可持续发展 —— 247
第三节　中国人口可持续发展 —— 251

第十四章　人口政策 —— 255
第一节　人口政策是公共政策 —— 255
第二节　人口政策分类 —— 260
第三节　中国人口政策 —— 263

参考文献 —— 283

后记 —— 285

表目录

表 3-1	人口普查、抽样调查、户口登记的比较	— 042
表 3-2	我国七次全国人口普查基本情况	— 046
表 3-3	社会研究的基本方式	— 051
表 3-4	社会研究的方法体系	— 052
表 3-5	定量研究与定性研究的比较	— 053
表 4-1	全国"七普"时育龄妇女分年龄组的生育率（‰）、总和生育率	— 061
表 4-2	全国"七普"时城市育龄妇女分年龄组的生育率（‰）、总和生育率	— 061
表 4-3	全国"七普"时镇育龄妇女分年龄组的生育率（‰）、总和生育率	— 062
表 4-4	全国"七普"时乡村育龄妇女分年龄组的生育率（‰）、总和生育率	— 062
表 4-5	1928—1933 年部分地区乡村人口出生率（‰）	— 064
表 4-6	主要年份我国县、市及全国人口出生率（‰）	— 065
表 4-7	1940—2021 年主要年份全国总和生育率	— 066
表 4-8	20 世纪 50—80 年代世界及主要地区生育水平变动状况	— 069
表 4-9	人工流产对韩国和泰国生育率下降的影响	— 072
表 4-10	"七普"按受教育程度、活产子女数的 15～64 岁妇女人数及生育率	— 073
表 4-11	1969—1972 年苏联不同教育水平和收入水平妇女的平均理想和期望子女数	— 078
表 4-12	"七普"全国乡村育龄妇女分年龄、分孩次的生育情况	— 079
表 5-1	约翰·格兰特编制的生命表	— 085
表 5-2	"七普"全国全部人口简略生命表	— 086
表 5-3	"七普"全国男性人口简略生命表	— 087
表 5-4	"七普"全国女性人口简略生命表	— 088
表 5-5	20 世纪下半叶主要国家的婴儿死亡率（‰）	— 093
表 5-6	1936 年中国各省区人口死亡率（‰）	— 094
表 5-7	我国部分地区乡村婴儿死亡率	— 095
表 5-8	主要年份我国县、市及全国人口的死亡率	— 096
表 5-9	2005 年我国 1% 人口抽样调查分年龄组分性别的死亡人口状况	— 098
表 5-10	"七普"全国分年龄分性别的死亡人口状况	— 098
表 5-11	1964—1972 年苏联分年龄分性别的人口死亡率（‰）	— 100
表 5-12	部分国家 1960 年、1970 年每 10 万人中的常见病死亡率（‰）	— 102
表 5-13	不同模型的人口死亡原因的占比（%）	— 104
表 5-14	20 世纪 20—30 年代北京、南京市死亡专率和死因构成	— 105
表 5-15	主要年份我国部分城市死因顺位构成及其变化（%）	— 106
表 5-16	2006 年我国城市、农村人口前十位的死因及其构成（%）	— 107

表 5-17	2020 年我国城市、农村人口前十位的死因及其构成（%）	— 108
表 6-1	不同海拔地区的人口分布状况（%）	— 111
表 6-2	距海岸线 200 千米范围内的人口与面积比重（%）	— 112
表 6-3	2001 年世界人口的洲际分布情况	— 113
表 6-4	2020 年世界各大洲人口、陆地面积占世界比重（%）	— 113
表 6-5	我国东、中、西部地区人口占总人口的比重（%）	— 116
表 6-6	"六普""七普"我国各地区陆地面积以及人口分布（%）	— 117
表 7-1	1954—1984 年我国人口迁移量	— 128
表 7-2	不同时期我国流动人口数量估计（万人）	— 129
表 7-3	1986 年全国 74 个城镇一年以下流入人口的来源构成统计表（%）	— 131
表 7-4	1990 年以后进入美国的移民所受教育情况（%）	— 133
表 7-5	"三普""五普""七普"临时出国居住（留学、工作）的人口数（人）	— 135
表 7-6	2005 年世界人口城市化不同国家和地区类型（%）	— 137
表 7-7	1950 年以来世界人口城市化趋势（%）	— 137
表 7-8	主要年份我国乡村人口、农业人口情况（万人）	— 140
表 7-9	19 世纪中国部分地区城镇人口分布及比重	— 142
表 7-10	主要年份我国城镇人口和乡村人口情况	— 145
表 8-1	世界人口增长与增长率的变化	— 150
表 8-2	人口再生产类型、特征及其地区分布	— 154
表 8-3	寇尔人口转变模式的数量界限（‰）	— 156
表 8-4	中国历代人口的估计	— 161
表 8-5	2005 年全国 1% 人口抽样调查我国城市、城镇和农村育龄妇女生育情况（‰）	— 165
表 8-6	"七普"我国城市、镇和乡村育龄妇女生育率（‰）	— 165
表 8-7	2020 年"七普"育龄妇女分受教育程度的生育情况	— 166
表 9-1	世界各主要国家人口产业结构（%）	— 170
表 9-2	1950 年、1985 年发达地区、欠发达地区年龄性别比	— 172
表 9-3	韩国总出生人口性别比、分孩次出生性别比变化情况	— 176
表 9-4	"三普"至"七普"我国各地区的出生性别比	— 179
表 9-5	"三普"至"七普"我国城市、镇和乡村的出生性别比	— 180
表 9-6	主要年份全国分孩次出生性别比情况	— 181
表 9-7	"七普"我国分城市、镇、乡村分孩次出生性别比	— 181
表 10-1	2005 年全国 1% 人口抽样调查 1 岁组人口数及其比重（%）	— 187
表 10-2	"七普"全国人口普查 1 岁组人口数及其比重（%）	— 187
表 10-3	桑德巴人口年龄结构分类	— 189
表 10-4	划分人口年龄结构类型的标准数值（%）	— 189
表 10-5	20 世纪 50 年代末、70 年代初世界主要地区的人口年龄构成（%）	— 193
表 10-6	世界及主要发达国家 65 岁及以上人口比重（%）	— 194
表 10-7	1950—1987 年发达国家人口老化指标（%）	— 195

表 10-8	1950—1987 年发展中国家人口老龄化指标（%）	—196
表 10-9	我国七次普查人口年龄结构（%）	—196
表 10-10	我国七次普查人口老龄化及高龄化情况（%）	—198
表 11-1	核心家庭生命周期基本模型	—208
表 11-2	两个不同时期的家庭生命周期比较（岁）	—209
表 11-3	中国法定结婚年龄的历史演变	—210
表 11-4	1928—1933 年 16 省乡村人口男女平均结婚年龄（岁）	—211
表 11-5	云南省呈贡等县结婚男女的初婚年龄（1940 年 2 月—1944 年 6 月）	—212
表 11-6	1912 年全国九省区的人口婚姻状况（%）	—213
表 11-7	不同年代不同地区 15 岁以上人口婚姻状况（%）	—213
表 11-8	1930—1940 年七城郊和农村家庭类型	—216
表 11-9	1949 年后主要年份我国城市各家庭结构类型的比重（%）	—217
表 11-10	历代主要年份户数、人口数及平均户量	—218
表 11-11	1911—1947 年主要年份中国家庭户平均规模（人）	—218
表 11-12	七次人口普查平均家庭户规模（人）	—219
表 11-13	2005 年中国各地区家庭户平均规模（人）	—219
表 11-14	2020 年"七普"全国及城市、镇和乡村家庭户规模（人）	—220
表 12-1	"六普"全国、分性别的 16 岁及以上人口的就业状况（人）	—232
表 12-2	"七普"总人口及分性别、分年龄就业人口的占比（%）	—232
表 12-3	"七普"全国总人口及分性别、分年龄的就业人口情况（人）	—233
表 12-4	2017—2021 年全国农民工的年龄构成（%）	—234
表 12-5	"七普"全国总人口及分性别、分年龄就业人口的教育水平构成（人）	—234
表 12-6	1980—1994 年我国人口就业的产业结构及分布情况（万人）	—235
表 12-7	"六普""七普"我国人口就业构成情况（%）	—236
表 12-8	2020 年、2021 年全国农民工从业行业分布占比情况（%）	—238
表 12-9	2015—2021 年农民工动态监测调查分行业月均收入（元）及其年均增速	—239
表 13-1	1950—1990 年世界人口规模及增长情况（%）	—244
表 13-2	主要年份世界人口的年龄结构情况（%）	—245
表 13-3	1950—2000 年发达国家总人口与劳动年龄人口情况	—245
表 13-4	部分年份世界主要地区的人口平均预期寿命（岁）	—246
表 13-5	1990—2030 年我国资源、环境若干指标预测表	—252
表 14-1	国民政府有关部门公布的人口数量	—267
表 14-2	1949—1955 年中国人口动态情况表	—269
表 14-3	1950—1995 年中国和发展中地区的总和生育率对比	—278
表 14-4	我国在实行和不实行计划生育条件下经济发展水平的比较	—281

图目录

图 1-1	人口自然属性与社会属性关系图	— 003
图 1-2	人口社会学与其他学科的关系	— 017
图 2-1	哈维·莱宾斯坦孩子成本-效用模型示意图	— 023
图 2-2	哈维·莱宾斯坦孩子效用与家庭地位相关关系	— 024
图 3-1	社会研究的基本过程	— 050
图 4-1	影响生育率的主要因素	— 070
图 5-1	"七普"全国分年龄、分性别人口死亡率曲线（‰）	— 101
图 7-1	迁出地、迁入地因素与迁移中的中间障碍因素关系	— 125
图 8-1	布莱克人口转变五阶段模式	— 156
图 8-2	人口增长模式及其转变示意图	— 157
图 8-3	2012—2021年我国人口变化趋势（‰）	— 163
图 9-1	人口结构的分类示意图	— 169
图 9-2	XY和XX染色体组合过程	— 171
图 9-3	1950—2020年主要年份出生性别比曲线	— 177
图 10-1	年轻型人口年龄金字塔图	— 190
图 10-2	成年型人口年龄金字塔图	— 191
图 10-3	老年型的人口年龄金字塔图	— 191
图 10-4	2020年"七普"我国人口年龄金字塔图	— 192
图 10-5	我国七次普查人口年龄结构图	— 197
图 11-1	人口婚姻状态类型及其转换模式	— 202
图 12-1	"七普"全国总人口及分性别、分年龄就业人口占比曲线	— 233
图 12-2	"七普"全国总人口及分性别、分年龄就业人口受教育水平占比曲线	— 235
图 12-3	"六普""七普"我国人口就业构成曲线	— 237
图 14-1	20世纪70年代我国人口出生率、自然增长率曲线（‰）	— 271
图 14-2	1980—2001年我国人口出生率、自然增长率曲线（‰）	— 274
图 14-3	我国出生率、死亡率、自然增长率和总和生育率曲线	— 277

第一编

概 论

第一章 导论

人口是一个具有许多规定和关系的丰富的总体。人口要素具有基础性地位,要始终将其作为发展中最核心的变量来考虑。人口社会学是研究人口发展与社会变迁关系及其相互影响的学科。本章首先探讨人口社会学的研究范畴和学科特征,在此基础上,再分析人口社会学的学科地位与研究意义。

第一节 人口社会学的研究范畴

范畴是人的思维对客观事物的普遍本质的概括和反映。任何一门独立的学科都有自己特殊的研究范畴,以区别于其他学科。人口社会学也一样,有自己特殊的研究范畴。

人口社会学的研究范畴是在人口过程、人口结构、人口事件、人口变迁与发展等人口基本概念研究的基础上,在人口变量、社会变量的相互关系中,探讨社会事件、社会发展对人口过程的影响,研究人口变化与社会变化、社会发展之间的相互关系。人口、人口思想和人口理论、人口过程、人口结构、人口发展、人口问题、人口规律等都是人口社会学最基本的研究范畴。

一、人口

人口(population)是反映人口社会学研究客体的范畴,是这门学科的核心范畴。

马克思认为，人口是一个具有许多规定和关系的丰富的总体。① 这里所说的"许多规定"是指人口的数量、质量和结构；而"许多关系"是指各种社会关系，包括阶级、民族、经济、家庭关系等，即人口是一个内涵丰富的社会实体。联合国国际人口学会编纂的《人口学词典》对人口是这样定义的："在统计术语中，凡是具有某种特征的群体，都可以称为一个人口。它是总体（universe）的同义词。但在人口学中，人口这一术语是指某一地区的全体居民（inhabitants）。"② 所谓人口，是指在一定社会生产方式下，在一定时间、一定地域内，由一定社会关系联系起来的，一定数量和质量的有生命的个人所组成的不断运动的社会群体。它是一个内容复杂、综合多种社会关系的社会实体，具有性别和年龄等自然构成、多种社会构成和社会关系、多种经济构成和经济关系。一方面，人口是生命活动的社会群体；另一方面，人口又是社会、经济、文化活动的社会群体，它具有自然和社会双重属性。自然属性是人口存在和发展的既定前提，社会属性是人口的本质属性（如图1-1所示）；二者之间相辅相成，共同构成人口的统一体。

图1-1 人口自然属性与社会属性关系图

人口作为有生命活动的个人的总和，和其他动物一样具有生物属性，也就是说，人口具有性别、年龄、生育、死亡、寿命等生物性特征，具有从出生、发育成长、繁殖、衰老以至死亡的生命历程，也具有生物学规律所支配的生物遗传和变异以及其他全部的生理、心理机能。人口的自然属性是自然生成的。人对食物、性欲等的倾向性，来自人的生理机体的固有属性和机能，当受到外在的刺激时，这些生理机能便会活跃起来，形成某种欲求心理，进而影响或支配人的行动。我国早期儒家学说中就有"食、色，性也"的说法，表现了对人的自然属性的朴素认识。③ 马克思说"人直接地是自然存在物"，④ 更生动地揭示了人的自然属性。人口的自然属性影响着人口的数量和质量，影响着人口的存在和发展。人口的这些生物属性不因社会生产方式的转变而变化，也不因社会的发展而变化。它们是分析人口现象、人口发展与社

---

① 马克思、恩格斯：《马克思恩格斯选集》（第2卷第2版），北京：人民出版社，1995年版，第18页。
② 联合国国际人口学会：《人口学词典》，杨魁信、邵宁译，北京：商务印书馆，1992年版，第7页。
③ 《社会学概论》编写组：《社会学概论》，北京：人民出版社，2011年版，第67-68页。
④ 马克思：《1844年经济学哲学手稿》，参见马克思、恩格斯：《马克思恩格斯文集》（第1卷），北京：人民出版社，2009年版，第209页。

会变迁的关系的自然基石。如果离开人口的自然属性,一切将无从谈起。

但是,人口不仅具有自然属性,更为重要的是人口还具有社会属性。人口的社会属性是指人作为构成社会的组成部分和终端,通过自己的群体生活,通过人与人的相互交往,自然继承或逐渐获得的社会品性。每个人通过自己的社会生活,逐渐融入特定的社会关系网络,逐渐发展起自主选择和行为、生活技能、人际交往沟通、与他人合作的能力,还有理性思考和判断、道德感、理想、信念等,这些都是人口的社会属性的重要方面。①

一方面,作为社会生活主体的人与动物在获取物质生活资料的方式上有着本质的区别。动物只是本能地、被动地依赖自然界,只能从自然界直接获取供自身生存所需的物质生活资料。而人类则是通过自身的主体性活动(生产劳动)直接或间接地从自然界获取或者生产供自身生存和发展所需要的物质生活资料。人类通过生产劳动实践改造自然,使自己更好地在物质世界中生存与发展。生产劳动实践使人类在自然界表现出自身的能动性。以劳动为界限,人与动物开始分野,人类以此获得了自身的本质属性,从根本上与动物区别开来。马克思、恩格斯对此作了非常精彩的注脚:"一当人们自己开始生产他们所必需的生活资料的时候(这一步是由他们的肉体组织所决定的),他们就开始把自己和动物区别开来。人们生产他们所必需的生活资料,同时也就间接地生产着他们的物质生活本身。""人们用以生产自己的生活资料的方式,首先取决于他们得到的现成的和需要再生产的生活资料本身的特性。这种生产方式不仅应当从它是个人肉体存在的再生产这方面来加以考察,它在更大程度上是这些个人的一定的活动方式,表现他们生活的一定形式,他们的一定的生活方式。个人怎样表现自己的生活,他们自己也就怎样。因此,他们是什么样的,这同他们的生产是一致的——既和他们生产什么一致,又和他们怎样生产一致。因而,个人是什么样的,这取决于他们进行生产的物质条件。"②

另一方面,人类从事物质资料的生产是以一定的社会生产方式为前提条件。因此,人们怎样从事生产劳动、从事怎样的生产劳动以及对劳动成果的分配都不是由人口的自然属性所决定的,而是由物质资料的社会生产方式、生产力和生产关系所决定的,即由人口的社会属性所决定的。这是因为"人的本质并不是单个人所固有的抽象物。在其现实性上,它是一切社会关系的总和"③。

---

① 《社会学概论》编写组:《社会学概论》,北京:人民出版社,2011年版,第68页。
② 马克思、恩格斯:《费尔巴哈》,参见马克思、恩格斯:《马克思恩格斯选集》(第1卷),北京:人民出版社,1972年版,第24-25页。
③ 马克思:《关于费尔巴哈的提纲》,参见马克思、恩格斯:《马克思恩格斯选集》(第1卷),北京:人民出版社,1972年版,第18页。

生活在一定社会生产方式下的人口既有量的规定性，还有质的规定性。在任何社会生产方式下，人口都不是单独的个人，而是在一定时间、一定空间，由一定社会关系联系起来的人群的总和。人作为社会动物，从出生到发育成长以至衰老死亡，都只能发生在社会之中。一方面，人口包括一定数量的人，数量的多少受社会生产力发展水平和社会生产关系的性质所制约，还受一定的时间、空间范围所制约；另一方面，一定数量的人口又由具有一定质量的个人所组成，质量的高低和一定社会的经济发展以及教育文化水平密切相关。总而言之，人总是处在一定的社会关系中，是这些社会关系的体现者。从来没有离开人的社会关系，也从来没有离开社会关系的人。人的本质是社会关系的总和，这就决定了人口的本质属性是其社会属性，而不是其自然属性。正是在这个意义上，"人是最名副其实的政治动物，不仅是一种合群的动物，而且是只有在社会中才能独立的动物"[①]。

人口的社会属性制约着其自然属性，并在一定程度上影响、限制并改造其自然属性。人口的社会本质属性决定了人口社会学不仅要研究人口的性别、年龄、生育、死亡等生物性特征，更重要的是要研究与人口现象密切相关的社会性特征，如人口的婚姻家庭结构、人口分布与迁移、人口问题、人口政策、人口变迁、人口可持续发展等。

二、人口思想和人口理论

思想是客观存在的反映，是在人的意识中经过人的思维活动而产生的结果；理论是人们从实践中总结出来的关于自然界和人类社会的系统性知识，它具有一定的系统完整性并建立在一定的思想体系之上。相对于理论而言，思想是零碎的、不系统的。

人口思想作为人口理论的早期形态，它的产生先于人口理论。最早的人口思想大多是一些思想家、政治家针对当时的人口现象和人口问题而提出了关于人口的政策观点和主张。随着人口社会学研究方法在人口现象、人口问题研究中的应用，在研究人口与经济、社会相互关系的过程中，产生了相应的人口理论观点；在此基础上，经过一定时期的积累，形成了一定的社会、经济条件下对人口现象、人口问题、人口发展过程及其本质规律理性认识的人口理论。因此，人口思想史是人口理论的发展脉络，人口理论是人口思想发展的必然产物。

人口思想由来已久。早在古希腊时期，哲学家、思想家色诺芬（约公元前440—前355年）、柏拉图（前427—前347年）、亚里士多德（前384—前322年）等就提

[①] 马克思：《〈政治经济学批判〉导言》，参见马克思、恩格斯：《马克思恩格斯文集》（第8卷），北京：人民出版社，2009年版，第6页。

出了人口思想。如在柏拉图、亚里士多德的一些著作中，就有关于人口规模应当与城邦经济特别是国土规模和抚养能力相适应的论述。我国春秋战国时期的孔子（前551—前479年）、墨子（前468—前376年）和孟子（前372—前289年）等也提出了增殖人口的人口思想。墨子认为："为政于国家者，皆欲国家之富，人民之众，刑政之治。"① 他认为"人民之众"是"国家之富"的首要条件，而"国家之富"也必定为"人民之众"提供物质保障。"人民之众""国家之富"与"刑政之治"并列为三大要务。在当时社会生产力水平很低的情况下，如何实现"人民之众""国家之富"呢？墨子提出了"人有可倍也"的思想。他认为生儿育女是实现"人有可倍"的唯一途径，并主张早婚、早育、多育，把男子二十而娶、女子十五而嫁称为"圣王之法"②。孔子认为"天地之性人为贵，人之行莫大于孝"；而要做到孝，最基本的是繁衍子孙，世代相传，不绝祖祀，"父母生之，续莫大焉"。③

自此以后，不同时期、不同国家的政治家、思想家、哲学家都根据当时的经济发展和社会需要，提出了符合当时时代要求的人口思想。比如，16—18世纪西方重商主义的经济哲学家们就主张通过增加人口来促进国家经济和军事的强盛。我国清代以前，由于人少地多，历代思想家、政治家都主张人口增殖，并成为当时社会的主流人口思想；但清代以后，由于人口增长速度大于耕地增长速度，思想家们的人口思想就从人口增殖逐渐转向为人口控制，因此产生了许多人口控制的主张。

人口理论是一定社会经济条件下的产物，是在一定的历史时代产生、形成和发展起来的。社会历史条件不同，经济、社会发展水平不同，人口现象、人口问题以及人口发展规律就具有与对应时代相符合的特征；而人们所处的社会地位以及所具有的文化水平不同，对人口现象、人口问题以及人口发展过程及其规律性的认识也不相同。因此，人口理论具有一定的时代特征、一定的历史性和社会性，在阶级社会中还打上了深深的阶级烙印。

人口理论晚于人口思想出现。一般认为，科学的人口统计分析和比较系统的人口理论观点最早出现于16—17世纪的西欧。1662年，英国学者约翰·格兰特（1620—1674年）出版《关于死亡率表的自然和政治观察》一书。该书根据16世纪末开始每周登记一次的英国伦敦与威尔士约50万人口的丧葬和教会洗礼的记录资料，最早运用近代人口统计学方法，研究了人口现象并力求从中得出人口规律。约翰·

---

① 《墨子·尚贤上》，转引自张敏如：《中国人口思想简史》，北京：中国人民大学出版社，1982年版，第20页。
② 《墨子·节用上》，转引自张敏如：《中国人口思想简史》，北京：中国人民大学出版社，1982年版，第22页。
③ 《孝经·圣治》，转引自张敏如：《中国人口思想简史》，北京：中国人民大学出版社，1982年版，第16页。

格兰特从这些资料中发现各种病因死亡人数在死亡人数总数中保持着稳定的比例，还发现出生婴儿中男婴和女婴数量大致相等；他还根据出生、死亡等资料估算了伦敦人口总数、服兵役年龄的男子数、育龄妇女数、居民家庭数等。特别地，他还编制了世界上第一张人口死亡率表，通过观察得出不同年龄死亡人口的分布规律。1693年，埃德蒙·哈雷（1656—1742年）在《根据弗罗茨瓦夫城出生与下葬统计表对人类死亡程度的估计》一文中，首次以生命表的形式给出了人类死亡年龄的分布，具有开拓性的意义。

德国的约翰·苏斯密尔（1707—1767年）在1741年出版了《神圣的秩序》论著。该论著从欧洲1056个教区中收集到大量材料，证明出生婴儿中男、女婴的性别比为21∶20，即每21个男婴出生就会有相应的20个女婴出生。他还利用当时的统计资料，提出了许多有关出生、死亡、婚姻的动态指标，试图确立人口过程各种变量的统计关系。约翰·苏斯密尔的论著被认为是第一次对各种人口现象的全面研究。

1676年，威廉·配第（1623—1687年）在《政治算术》论著中，不仅分析了人口和财富特别是人口和土地的关系，而且把劳动力作为基本国力来进行计算，设计并提出了人口统计项目和要求，并进行了实际的人口统计分析，可以看作"总人口理论"的先导。[①]

进入18世纪以后，随着政治经济学的出现，对人口和财富的关系特别是人口增长与生活资料的关系有了更进一步的论述。人口理论就在这一背景下产生并进一步地发展。1789年，托马斯·罗伯特·马尔萨斯（1766—1834年）出版了《人口原理》一书，这是人口学史上第一部系统完整的人口学专著，具有重要的学术价值和社会方法论意义，也是人口理论形成的重要标志。以马尔萨斯《人口原理》为起点，人口学家们围绕着不同的人口现象、人口问题以及人口发展规律，运用不同的研究方法形成了不同流派、不同学术观点的人口理论，如社会学派人口论、适度人口论、人口转变理论等。20世纪中叶以来，随着人口现象、人口问题日益和经济、社会、资源、环境等问题的交织，人们在研究人口发展过程及其规律时，更注重它们同其他社会经济发展过程的相互关系。这种全方位、多角度的研究既拓展了人口社会学的研究视野，又进一步丰富、深化了人口社会学的研究。

三、人口过程

人口过程是人口社会学的另一基本范畴。人口是一个处于社会关系中的不断发展、变化的个人生命实体的总和。它不是一个静止的总体，而是处于不断运动、变化

---

① 李竞能：《现代西方人口理论》，上海：复旦大学出版社，2004年版，第5页。

的过程中,形成的一个不断运动的人口过程(population process)。人口过程是人口社会学的基本范畴,它研究和说明人口的自然变动、迁移变动和社会变动,支配和制约这些变动的客观规律,并探索这些变动的原因、过程和结果。

人口过程是人口的生育、死亡、分布与迁移以及再生产的概括,是一个动态的变化发展过程。人们通过出生和迁移进入某个社会,通过死亡和迁移离开某个社会,这些过程是重要的社会过程。人口过程是在特定的社会经济、文化和政治条件下进行的,受到各种社会力量的影响和制约,人口从出生到死亡的过程总是发生在某个特定的时间范围内。

人口作为有生命活动的个人的总和,首先,它和其他动物一样具有生物属性,也就是说,人口具有生育、死亡等生物性特征,具有从出生、发育成长、繁殖、衰老以至死亡的生命历程。人口社会学对人口变量、社会变量以及它们相互关系的探讨,建立在对人口基本过程研究的基础上。对此,有学者认为,人口社会学是主要研究人口变量与非人口变量之间相互关系的学科。[①] 其次,人口过程还表现为人口的再生产过程。人口再生产是新一代的出生、成长和老一代的衰老、死亡所构成的一个川流不息的过程。人口的生存与发展,包括人口的生命活动和人口的增殖,形成人口的生产和再生产,即原有的一代人的生产和新一代人的生命的再生产。它通过新一代代替老一代的世代更替,实现人口的不断更新和延续。最后,人口过程还是社会本身内生的变量,通过对人口过程的认识和分析,可以揭示社会经济、文化和政治的本质及内在规律。人口的社会变动是指人口社会构成的变动。社会制度变化了,人口的社会构成也要发生变化。即使在同一社会制度下,由于政治、经济、文化、风俗习惯以及宗教信仰的变化,人口的社会构成也会发生相应的变化。

四、人口结构

人口结构是一个国家或地区的总人口中,各种自然的和社会的人口特征的分布状况。按人口过程的特点和运动方式来划分,可以把人口结构分成三大类,即人口的自然结构、人口的地域结构、人口的社会结构(婚姻家庭结构等)。人口的自然结构是按人的生物属性来划分的,主要包括人口的年龄结构和性别结构;人口的地域结构是按人口的居住区域来划分的,主要包括人口的城乡结构、地域分布结构;人口的社会结构是按社会发展中出现的关系和特征来划分的,主要包括人口的阶级结构、民族结构、宗教结构、职业结构、部门结构、文化教育结构、婚姻家庭结构等。虽然还存在着其他的人口结构的分类,"如配偶关系别人口结构,出生地点别结构,

---

① 梁在:《人口学》,北京:中国人民大学出版社,2012年版,第292页。

劳动力状态别结构，职业别人口结构，工作岗位上的地位别结构，家庭类型别结构，国籍别结构，人的类别结构，教育程度别结构，语言别结构，宗教别结构，体力别结构"[①]，但是人口社会学更关注人口的自然结构、地域结构和社会结构。

人口的自然结构是人口的年龄结构、性别结构的总称，由人类生物学规律的作用而产生和形成，外在因素对其影响非常小。人口的地域结构、社会结构是人类社会发展到一定历史阶段形成的，并随着社会的发展而不断发生变化。人口的地域结构是指人口在一个已定区域中分散和集中的程度，包括人口的地域分布结构和城乡分布结构等。人口的社会结构包括阶级结构、文化教育结构、家庭结构、社会劳动力结构、婚姻结构等，这主要是依据人口所具有的社会意义特征不同而划分的。目前，人口社会学中需要解决的主要人口结构问题如下：社会的各种人口结构的状况，社会的政治、经济和文化因素对人口结构状况的影响，人口结构状况如何对社会的政治、经济和文化因素产生影响等。

五、人口发展

任何一个人口的规模、结构和分布在正常条件下都不可能静止不动，而是处于永不停息的运动变化之中。人口发展是指作为社会生活主体的人口，随着社会生产方式的进步、社会经济条件的变化，其数量、质量和结构及其与外部的关系不断由低级向高级运动的过程。人口发展既有数量的发展变化，又有质量的发展变化。人口发展是量变和质变的统一体。一定时期内的人口的自然变动、迁移变动和社会变动，必然会引起一定地区内人口数量的增减和人口质量的结构变化，从而推动人口向前运动发展。人口发展受许多因素的影响和制约，包括人口自身的因素和经济、社会、文化、资源、环境等人口存在的外部因素，但归根结底的终极因素是社会生产方式。

六、人口问题

人口问题是指一个国家或地区的人口发展过程中，在人口数量、人口质量、人口结构等方面出现的与社会经济发展不相适应的情况。从系统论的观点出发，人口问题归根结底是人口要素与其他社会要素之间的矛盾问题；从本质上来说，人口问题是社会经济问题、社会发展问题。在人类发展过程中，人口数量和人口结构总在不断变化之中，当人口的某些方面与资源环境、社会经济不相适应时，就产生了人

---

① 安川正彬：《人口事典》，河北大学人口学研究室译，保定：河北大学人口学研究室，1988年编印（内部资料），第118-119页。

口问题。不同时代、不同地域、不同社会（社会发展的不同阶段）下人口问题的内容和形式不相同；同一时代不同地区、不同国家人口问题的内容和表现形式也不尽相同。决定人口问题具体内容的根本因素是不同的社会经济活动。

七、人口规律

人口规律是指在人口产生、发展过程中，人口现象、人口过程、人口事件、人口结构、人口问题、人口变迁与人口发展等主要因素之间的本质联系及其发展变化的必然趋势。人口规律是客观存在的。

由于人口是一个具有许多规定和关系的丰富的总体，所以客观上存在多种人口规律，如人口经济规律、人口再生产规律、人口的社会变动规律、人口的地区变动规律、人口自然变动规律等。它们共同构成人口规律体系，完整地反映人口发展过程中各个主要方面的联系和发展变化的趋势，从不同侧面反映人口现象之间的本质联系以及发展变化的必然趋势。人口规律是社会规律，各种人口规律毫无例外地是由人类社会发展的普遍规律即生产力和生产关系辩证统一规律、一定社会生产方式所决定的。根据马克思主义的历史唯物观，人口规律如同一切社会规律一样，也可概括为两大类：一是适用于一切社会形态或某几个社会形态共有的人口规律，如人类自身生产和物质资料生产相适应的规律；二是反映特定社会形态人口过程的特有人口规律，如资本主义相对人口过剩规律、社会主义人口有计划发展规律等。

第二节
人口社会学的学科地位与研究意义

一、人口社会学的学科地位

（一）人口社会学以社会学、人口学为基础

1. 社会学的产生和发展

任何一门学科都有其历史的延续性，同时又是一定时代的产物。古代和中世纪的社会思想中虽然有着现代社会学的某些渊源，但社会学（sociology）作为一门独立学科则是在19世纪中叶前后产生的。

1839年，法国哲学家、社会学家奥古斯都·孔德（1798—1857年）在其出版的《实证哲学教程》第四卷中首次使用Sociologie（法语，意为社会学）[①]一词。此后，经过历代无数社会学家的努力，作为一门独立学科的社会学的研究对象、研究方法及其基本框架、主要内容日益丰富起来。

目前，社会学已经成为一门显学，但关于社会学的研究对象至今仍见仁见智，莫衷一是。在奥古斯都·孔德的学科分类中，天文学研究天体现象，物理学研究物理现象，化学研究化学现象，生物学研究生物现象，因而把整个社会现象作为社会学的研究对象。对此，我国著名学者费孝通指出："孔德用（社会学）这名词来预言的那门研究社会现象的科学应当相等于现在我们所谓'社会科学'的统称。"[②]孔德不但提出了社会学的概念和学科的基本框架，而且还提出了用科学方法研究社会的基本想法。这些对后来社会学的发展具有重要影响，因此，他被称为社会学的主要创始人之一。

在此之后的社会学家，如赫伯特·斯宾塞（1820—1903年）、埃米尔·涂尔干（1858—1917年）也主张从社会的整体方面而不是从个人方面去研究社会。由于构成社会要素的多元性、复杂性，因此，不同社会学家关于社会学研究的侧重点也各有不同，并由此形成了不同的学派。从19世纪中叶到20世纪30年代初，国外关于社会学的研究对象多达9种，即社会现象、社会形式、社会组织、人类文化、社会进步、社会关系、社会过程、社会现象间的关系、社会行为。这一时期比较重要的社会学流派有孔德的实证主义社会学、斯宾塞的社会有机论、滕尼斯的社会学体系、齐美尔的形式社会学、韦伯的理解社会学、涂尔干的社会学思想以及帕累托的普通社会学思想等。

19世纪末20世纪初，伴随着实用主义哲学的兴起和繁荣，创始于欧洲的社会学在美国经过一个较短时间的引进、吸收后，迅速形成了具有美国特点的社会学。美国社会学家们提出了更为丰富的社会学理论，随之出现了更多的社会学流派，如结构功能主义、社会冲突理论、社会交换理论、符号互动论、宏观社会结构理论、现代化理论以及后现代社会理论等，这些理论反过来影响了整个欧洲乃至世界社会学的发展。

据统计，仅1951—1971年美国出版的社会学著作中关于社会学的研究对象就有8种，即社会互动、社会关系、群体结构、社会行为、社会生活、社会过程、社会现象、社会中的人。当然，在社会学近两百年发展历程中积累的定义远不止这些。这一

[①] "社会学"一词，法语为sociologie，英语为sociology。它由源于拉丁语的soietas（意为社会）或socius（意为社会中的人）和源于希腊文的logos（意为学院、学问）两部分组成，两部分合起来的意思是关于社会的学说、学问。

[②] 费孝通：《费孝通选集》，天津：天津人民出版社，1988年版，第1页。

时期，包括中国在内的欧美以外国家的社会学理论也得以快速发展，成为社会学理论及流派的重要组成部分。

目前，比较典型的关于"什么是社会学"主要有以下几种说法。

《现代汉语词典》（第 7 版）对社会学下的定义：研究社会生活、社会制度、社会行为、社会变迁和发展及其他社会问题的综合性学科。

戴维·波普诺认为，社会学是对人类社会和社会互动进行系统、客观研究的一门学科。[①]

郑杭生认为，社会学是关于社会良性运行和协调发展的条件和机制的综合性研究的具体社会科学。[②]

风笑天认为，社会学是一门研究人类社会和人们社会行为的科学。[③]

美国社会学家彼得·伯格在向人们介绍社会学学科的魅力和视野时认为，社会学的第一个智慧之处即在于，世界并不是像它们看起来的样子；社会学的诱惑力在于这样一个事实，它教人们用一种新的视野和方法来看待人们生活的这个世界。在这个世界里，不管高贵与低微，聪明与愚蠢，富裕与贫困，不管这些东西对个人价值和情趣的差异是如何悬殊，同样地也让社会学家们孜孜不倦。[④] 在彼得·伯格看来，社会学更像一种激情，它驱使我们对人类自身的各种问题不断地探究下去。

英国社会学家安东尼·吉登斯也表达过相似的观点：大多数人都是根据自己生活中所熟悉的特征来解释这个世界，社会学则要求以更为宽阔的视角来说明我们为什么会是这个样子以及我们为什么会这样行动。[⑤] 因此，社会学的目的就在于以一个崭新的角度或视野引导人们像陌生人一样来观察和重新认识人们原本熟悉的世界，并要求人们对以往认为是合理存在的世界重新进行思考和检验，从而揭示出客观世界产生、发展以及变化的本质和规律。正如彼得·伯格所说，社会学家们观察的并非不为任何他人所知的现象，而是以一种与众不同的方式来观察同一现象，[⑥] 即以社会学的视角看待和思考问题。但要达到这种认识并不是一件容易的事情，这就需要"社会学的想象力"（sociological imagination）。由于我们受到家庭、工作和其他特有

[①] 戴维·波普诺：《社会学》（第 10 版），李强等译，北京：中国人民大学出版社，1999 年版，第 3 页。

[②] 郑杭生：《社会学概论新修》（第 3 版），北京：中国人民大学出版社，2003 年版，第 3 页。

[③] 风笑天：《社会学导论》（第 2 版），武汉：华中科技大学出版社，2008 年版，第 2 页。

[④] Peter L. Berger. *Invitation to Sociology*//James M. Henslin eds. *Down to Earth Sociology*. The Free Press, 1991: 3-7.

[⑤] 安东尼·吉登斯：《社会学》（第 4 版），赵旭东等译，北京：北京大学出版社，2003 年版，第 1 页。

[⑥] Peter L. Berger. *Invitation to Sociology: An Humanistic Perspective*. Penguin Books, 1963: 40.

的社会经验的制约，我们的认识往往会在常识性信念基础上产生导向偏见。由于社会学的想象力对不同类型个人的内在生命和外在生涯都有意义，具有社会学想象力的人能够看清更广阔的历史舞台，能看到在杂乱无章的日常经历中，个人常常是怎样错误地认识自己的社会地位的。[①] 也就是说，通过社会学的想象力，人们能够理解个人生活中的种种问题和公共生活领域中的社会问题以及它们之间的关系。

综上可见，社会学的研究对象并不局限于某一特定的社会现象、社会领域，而是把人类社会作为一个整体，研究组成社会的各个要素及各个要素的相互关系，探讨社会的发生、发展及其规律的一门综合性社会科学。即社会学是一门对人类社会进行总体性、综合性研究的社会科学。

2. 人口学的产生和发展

人口学在联合国国际人口学会编纂的《人口学词典》里面被界定为"对人口，主要是对其数量、结构和发展，进行科学研究的一门科学"。[②] 从人口学的发展历程可以看出，人口学是以人口现象、人口发展条件和人口发展规律为研究对象的学科。具体地说，人口学是研究人口发展，人口与社会、经济、生态环境等相互关系的规律的一门综合性社会科学。

人口学（Demography）作为一门独立学科出现在16—17世纪的西欧。这一时期，欧洲学者乔万尼·鲍泰罗（1540—1607年）、约翰·格兰特、威廉·配第等相继发表论著，为人口科学的产生和发展奠定了基础。1662年，约翰·格兰特出版了《关于死亡率表的自然和政治观察》一书。该书第一次把人口问题当作一个专门的研究领域加以讨论，运用近代人口统计学方法，分析收集到的死亡人数和死因的统计资料，编制了死亡率表，观察得出不同年龄死亡人口分布规律，以及新生儿性别比一般偏高等数量规律，并把生育率、死亡率和迁移视为人口变动的内在因素。这标志着人口学已从其他学科中剥离出来，成为一门独立的社会学科。

1798年，托马斯·罗伯特·马尔萨斯在他的重要著作《人口原理》中提出了总人口增长与生活资料增长相互关系的"两个比率"、被称为"总人口理论"的"三个命题"、解决过剩人口的预防性抑制及积极的抑制，使更多的人看到人口学与其他学科的不同之处。

1855年，阿克力·基亚尔（1799—1876年）在《人类统计或比较人口学纲要》

---

① 赖特·米尔斯，塔尔考特·帕森斯等：《社会学与社会组织》，何维凌、黄晓京译，杭州：浙江人民出版社，1986年版，第3-27页。
② 联合国国际人口学会：《人口学词典》，杨魁信、邵宁译，北京：商务印书馆，1992年版，第7页。

一书中首次使用了 Demography（人口学）一词，[①] 并认为人口学是关于人类或者人口的一般变化及人类体质、文明、智力和精神条件的自然和社会的历史或数学知识，这标志着人口学正式形成。这一时期，人口学随着对人口统计、人口普查而获得的人口统计数据的处理和分析而发展起来，它和统计学的关系较为密切。

19世纪中叶以后，随着工业化、人口城市化进程的加快，人口学转变也开始显现。第二次世界大战后，随着政府和学界对诸如全球性"婴儿热"、人口资源环境关系等人口问题的关注，人口学的内涵和理论得到较快的发展。1959年，美国人口学家菲利普·豪瑟（1909—1994年）和奥蒂斯·邓肯（1921—2004年）认为人口学是"对人口规模、地域分布、人口构成和人口变迁以及这些变迁的要素，如生育、死亡、迁移和社会流动的研究"。这一时期，不仅人口转变理论、适度人口理论等建立了更为成熟的模型，而且出现了一些新的理论和方法。如哈维·莱宾斯坦（1922—1994年）应用微观经济学特别是成本-效益理论方法分析人口生育率的变动，建立了"边际孩子合理选择理论"及其模型；考德威尔以财富如何在父母与孩子之间流动为切入点，建立了代际财富流动理论模型；戴维斯、邦嘎茨等将结婚率、避孕率和避孕效果、人工流产、产后不孕、生育间隔等作为直接影响生育率变动的因素，其他因素作为影响这些因素的变量因素，由此来考察生育率的变动，提出了"中介变量"理论模型。

3. 人口社会学产生和发展的基础

关于人口社会学与社会学、人口学等学科之间的关系，由于社会学家和人口学家研究视角的不同，其认识也不尽相同。有人口学者把人口学学科体系分为狭义人口学和广义人口学，狭义人口学主要由人口学、人口统计学、人口分析技术、人口理论构成；而广义人口学则包括人口经济学、人口社会学、人口地理学、环境人口学、生物人口学、医学人口学、计划生育学等学科。[②]

联合国国际人口学会编纂的《人口学词典》，列举的人口学分支学科有人口社会学、人口经济学、人口生物学和人口生态学等。

吴忠观主编的《当代人口学学科体系研究》[③] 一书将人口学学科体系分为方法论知识，理论的知识以及经验的、应用的知识三大组成部分。方法论知识包括人口学方法论、人口统计学、现代人口分析技术、数理人口学、人口的社会调查方法等；理

---

① Demography 是拉丁文 demos（意为"人民"）和 graphein（意为"描述"）两个词复合而成。1882年，在日内瓦国际卫生学和人口学大会上该词被正式认可。
② 田雪原：《人口学》，杭州：浙江人民出版社，2004年版，第4-5页。
③ 吴忠观、李永胜、刘家强：《当代人口学学科体系研究》，成都：西南财经大学出版社，2004年版。

论的知识包括人口社会学、人口经济学、人口生物学、人口地理学、质量人口学、人口生态学、人口思想史 7 门学科群,即人口社会学属于人口学的分支学科;经验的、应用的知识包括民族人口学、工商人口学、人口法学、人口史、人口结构学、人口政策学、计划生育管理学、生育健康研究等。

社会学家更倾向于认为人口社会学属于社会学的分支学科。美国著名社会学家亚历克斯·英克尔斯认为:"事实上,社会事实有多少种,社会科学有多少项目,社会学就有多少分支。"①

尼尔·斯梅尔瑟认为:人口社会学是社会学的一个重要分支学科,是一门用社会学的概念、理论和方法分析人口社会问题的社会学学科。②

法国社会学家涂尔干建构的社会学学科体系,分为一般社会学、生理社会学和形态社会学 3 个领域,人口社会学属于形态社会学的研究范畴。

胡伟略认为,人口社会学属于社会学的分支学科,有几个方面的理由:① 以出生、死亡、迁移等为主要内容的纯粹人口学很难再细分扩展下去;② 人口学在许多国家(包括中国)属于二级学科,不可能再从中分出一个人口社会学的分支学科;③ 从社会学角度来看,社会学研究的范围较广,许多学科就是从社会学中分离出来成为社会学二级学科;④ 从学科"母体"来看,把人口学作为"母体",很难再分化出一个人口社会学,但把社会学作为"母体",可以从中分化出人口社会学,以及其他的社会学分支。③ 佟新明确提出了"人口社会学是社会学的一门分支学科"这一观点。④ 由于人口社会学与社会学和人口学的关系密切,有专家认为,人口社会学是以人口学和社会学为基础发展起来的,故而是人口学和社会学的分支学科。⑤

社会学和人口学的形成、发展是人类对社会及其本质认识逐步深化的结果,是社会发展对学科要求的产物。它们的理论性和应用性都很强,并且随着社会的发展其研究的广度和深度也会不断地拓展,人口社会学的产生和发展是社会学和人口学不断拓展的产物。

(二) 人口社会学是多学科交叉发展的产物

关于人口社会学的起源和发展,学术界主要有以下几种观点。⑥

---

① 亚历克斯·英克尔斯:《社会学是什么?》,陈观胜、李培茱译,北京:中国社会科学出版社,1981 年版,第 7 页。
② 尼尔·斯梅尔瑟:《社会学》,陈光中、秦文立、周素娴译,台北:桂冠图书股份有限公司,1996 年版,第 6-7 页。
③ 胡伟略:《人口社会学》,北京:中国社会科学出版社,2002 年版,第 14 页。
④ 佟新:《人口社会学》,北京:北京大学出版社,2000 年版,第 1 页。
⑤ 梁在:《人口学》,北京:中国人民大学出版社,2012 年版,第 292 页。
⑥ 胡伟略:《人口社会学》,北京:中国社会科学出版社,2002 年版,第 10-12 页。

（1）人口社会学与人口学是同时产生、发展起来的。早期人口学家乔万尼·鲍泰罗（1544—1617年）出版的《城市国家伟大和光荣的原因》《关于国家的理性》等论著中，包含了非常丰富的人口社会学思想。在关于城市和国家关系的研究中，他对人口问题做了较为系统的阐述。他认为，人口是城市和国家财富的源泉和力量，但人口不可能按理想去增加。

（2）人口社会学是伴随着经济学的发展而发展起来的。作为早期人口学家，乔万尼·鲍泰罗本人就是一个重商主义学者。在后来的重农主义经济学家著作中，人口论（包括人口社会学观点）无疑是经济学研究中非常重要的一部分。

（3）人口社会学是从生物学中发展起来的。18世纪中期开始，有学者从生物学角度研究人口问题。例如，人口理论的生物学派代表人物赫伯特·斯宾塞（1820—1903年）在其著作中宣传生存竞争原则，把它说成生物进化和社会进化的主要原因。

（4）人口社会学是从统计学中发展起来的。早期人口学家威廉·配第在《政治算术》专著中，运用数学和统计方法来研究社会经济问题，其中包括人口问题；首次使用了Demography一词的阿克力·基亚尔在《人类统计或比较人口学纲要》一书中也用人口统计学方法来分析人口现象。

（5）人口社会学是从社会学中发展起来的。18—19世纪，法国、德国和美国等相继出现了许多从社会学角度研究人口问题的学者。如法国社会学家M.阿尔伯瓦克斯把人口科学定位为社会学的本质研究领域，美国社会学家F. H.吉丁斯最先在美国把人口研究置于社会构造论的中心。

人口社会学和人口学、社会学的紧密关系是毋庸置疑的。那么人口社会学与统计学、经济学、生物学、地理学等学科有着怎样的关系呢？统计学主要利用概率论建立数学模型，收集所观察系统的数据进行量化分析、总结，并进行推断和预测；经济学主要研究商品和服务的生产、分配、流通和消费之间的关系；生物学主要研究生命现象和生物活动规律；地理学是关于地球及其特征、居民和现象的学科。由于人口是社会生活的主体，这些学科中都会和人口发生联系。如果说这些学科是从一个侧面研究、观察人口，那么人口社会学是从整体上、综合的角度来观察、研究和认识人口。正因如此，人口社会学才与众多的人文社会科学发生联系。

综上所述，人口社会学在产生的过程中，与人口学、社会学、统计学、经济学、生物学、地理学等多门学科有着非常密切的关系，并且随着这些学科的发展而发展，图1-2说明了人口社会学与其他学科的关系。

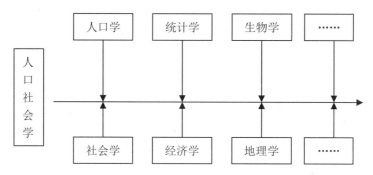

图 1-2 人口社会学与其他学科的关系

二、人口社会学的研究意义

人口社会学作为社会学的一门分支学科，是运用社会学方法对人口现象、人口问题、人口规律进行研究、分析的一门学科。它通过对纷繁复杂的人口现象、人口问题的社会学分析来认识和理解人类行为和社会，在此基础上揭示人口运行及发展的规律。

人口社会学把人口过程放在大的社会背景中去研究，借鉴人口学和社会学理论、技术和方法对人口变动中的社会问题和社会发展中的各种人口问题进行系统的研究和论证。如果仅凭借社会学理论研究社会变迁，显得比较薄弱，而将人口学置于社会学之中进行研究更相得益彰。这样才能全面透彻地研究人口发展和各种社会现象之间的本质联系，不是孤立地去分析人口资料和数据，而是结合与其互为因果关系的社会生活及其影响因素，注重人口过程的社会学分析理论和方法。由此，人口社会学是一门"以量化研究为主""理论与现实紧密结合""具有明显问题意识"的学科。①

人口社会学的研究意义在于它涉及社会生活的方方面面，既受各种社会力量的影响同时又影响着各种社会力量。学习人口社会学，可以更好地掌握如何从生活经验出发来构建理解宏观社会的结构、制度和文化的方法，更深入地理解我们生存于其中的社会和社会行动者的行为。

基本概念

人口；人口思想；人口理论；人口社会学

---

① 杨菊华、靳永爱：《人口社会学》（第二版），北京：中国人民大学出版社，2020年版，第13-15页。

思考题

1. 人口社会学的研究范畴主要有哪些？
2. 试述人口社会学的学科特点。
3. 人口社会学的研究意义主要体现在哪些方面？

第二章

人口思想与人口理论

思想是客观存在的反映,理论是人们从实践中总结出来的关于自然界和人类社会的系统性知识。人口思想作为人口理论的早期形态,它的产生先于人口理论。随着人口社会学研究方法在人口现象、人口问题研究中的应用,在研究人口与经济、社会相互关系的过程中,产生了相应的人口理论观点;在此基础上,经过一定时期的积累而形成了一定的社会、经济条件下对人口现象、人口问题、人口发展过程及其本质规律理性认识的人口理论。可以说,人口思想是人口理论的发展脉络,人口理论则是人口思想发展的必然产物。

第一节
西方人口思想与人口理论

一、古代西方人口思想

古代西方的人口思想可以追溯到古希腊。当时的一些思想家的著作中,都包含着不少关于人口问题的观点。这些观点对西方以后数千年的人口学影响很大,是近代、现代人口科学重要的思想来源。

早在古希腊时期,就同时存在增加人口数量以及主张控制人口数量、实行稳定人口的早期"适度人口"思想。色诺芬是增加人口论的重要代表,他从解决奴隶制城邦国家所面临的社会经济问题出发,解释人口、经济、社会结构概念,主张通过努力增加人口、发展农业、增强军队力量，达到维护奴隶主阶级利益的目的。色诺芬在《经济论》中这样阐述："去远征敌人必须有人，而耕种土地质量也需要人的助力。"① 柏拉图、亚里士多德则是"适度人口"思想的主要代表。作为古希腊大哲学家的柏拉图，他的人口思想主要体现在其撰写的《理想国》中，包括以下几个方面。① 重视人口质量。他认为，最好的男人与最好的女人应当结婚，以提高新出生人口的质量。② 国家直接控制人口发展的变化。他认为，一段时间结婚人数的多寡，要考虑战争、疾病以及其他因素，由国家治理者们斟酌决定；要保持适当公民人口，尽量使城邦不至于过大或过小②。③ 人口数量尽可能保持不变，"不可使人民过多而使国家过大，也不可使人民过少而使国家过小"③。亚里士多德也是古希腊的大哲学家，他的人口思想主要集中在其《政治学》《伦理学》等著作中。他强调要提高人口质量，主张优生、优育、优教，认为国家应该规定结婚年龄，干预配偶的选择。他认为一个稳定的人口规模是社会存在和发展的关键因素，人口过少难以自给，人口过多又难以维持秩序，所以"凡以政治清明著称于世的城邦无不对人口有所控制"④。

在欧洲中世纪，基督教教会统治着思想文化领域，意识形态都带有宗教神学的性质。因此，早期的基督教人口思想主要是从基督教教义出发表达对人口问题的看法。他们宣扬"神赐"观念，认为生男生女完全是"上帝的旨意"，是不可违抗的。因此，天主教反对避孕、谴责堕胎，是从"生殖是上帝先定"这种观念出发的。当时的教会一方面鼓励人们盲目生育，另一方面又提倡禁欲主义和贞操观念，贬低婚姻和家庭生活，要人们摒弃世俗的快乐和幸福，祈求天堂和来生的幸福。作为中世纪前期基督教最著名的思想家，奥勒留·奥古斯丁（354—430年）的人口思想就是这种浓厚宗教神学色彩的反映。他认为包括人口在内的世间事物的支配权归属上帝；一个地区或者一个国家的人口是否增长并不重要，重要的是已婚人口不能人为地进行避孕、任意终止妊娠或者离婚。

古代和中世纪的人口思想是当时奴隶社会和封建社会政治、经济、文化和人口状况的反映。当时的人口思想都附属于各个思想家的哲学思想、政治思想和经济思想，是这些思想的重要组成部分。

二、近代以来西方主要人口理论

西方人口思想与人口理论的繁荣时期出现在近代。这一时期，人口学初步形成

---

① 色诺芬：《经济论》，北京：商务印书馆，2014年版，第19页。
② 柏拉图：《理想国》，郭斌和、张竹明译，北京：商务印书馆，1986年版，第192页。
③ 柏拉图：《理想国》，郭斌和、张竹明译，北京：商务印书馆，1986年版，第194页。
④ 亚里士多德：《政治学》，吴寿彭译，北京：商务印书馆，1983年版，第353页。

了相对完整而清晰的理论体系,并且不同流派的人口学思想之间的碰撞又大大地促进了人口理论的发展和繁荣。

16世纪至17世纪上半叶,在资本原始积累时期产生了一种代表商业资本利益的人口经济学理论——重商主义人口理论。它从增加货币财富和发展商业资本主义的利益出发,把人口视为货币财富生产者的来源,同时又把人口视为商品实现的条件,因而主张增加人口。理查德·坎蒂隆(1680—1734年)在《商业资本论》中分析了人口与生活资料之间的关系。他认为只要有足够的土地且能生产出供人类生活的食物,则人口的增长是不需要限制的。如果所有的土地只是用来供养人类的话,那么,人类的数量就会如此:土地能维持多少,人就会增长多少。[①]

17世纪中叶到19世纪初,英、法古典政治经济学派分析了资本主义人口现象并表达了他们的基本人口思想,其特征是重视从经济、财富生产的角度研究人口现象。威廉·配第把土地和人口看作构成社会经济的两个首要因素,其中特别重视人口的作用。他从劳动价值论出发,提出了"土地为财富之母,而劳动则为财富之父和能动的要素"的观点。[②] 他不但重视人口数量,主张增加生产人口,而且还十分重视一个国家人口的价值。他认为,一个国家人口的价值不在于其人口的自然数量,而在于人口的社会数量(即人们所创造财富的能量,实际上是人们的文化水平和技术能力)。弗朗斯瓦·魁奈(1694—1774年)也把人口看成财富的第一个创造因素,但他强调人口数量必须与财富相适应,如果人口的数量与从土地和对外贸易取得的财富数量相比较显得过多,就不可能促进财富的增加。他在《人口论》中分析了法国的人口经济问题,探讨了人口增长同财富增长之间的关系,强调了人口在财富生产中的作用,主张采取稳定农村人口和鼓励农村人口增长的政策。19世纪初英国资产阶级古典政治经济学的主要代表大卫·李嘉图(1772—1823年)在研究资本主义经济问题时,把人口作为经济变量的一个内生变量,分析了人口与经济之间的关系。他认为,劳动的自然价格就是维持劳动者生活必需品的价值:当劳动市场供不应求时,劳动市场价格会超过自然价格,高额工资会刺激人口增加;反之,劳动市场供过于求,劳动市场价格低于自然价格,工资下降,则会抑制人口增长。劳动人口随工资涨落而发生变化,从而使人口与经济的需要相适应。

19世纪上半叶,人口思想和人口理论随着对人口统计、人口普查获得的人口数据的处理和分析而发展起来,并形成了数理学派人口理论。数理学派人口理论创始人比利时学者凯特勒(1796—1874年),在1835年出版的《社会物理学概论》中,根据人口统计和犯罪统计资料,发现在人口现象之间存在着不变的数量关系和规律

[①] 彭松建:《西方人口经济学概论》,北京:北京大学出版社,1987年版,第28页。
[②] 威廉·配第:《配第经济著作选读》,陈东野、马清槐、周锦如译,北京:商务印书馆,1981年版,第66页。

性，从而提出了"平均人"的概念，认为各个社会成员都围绕着这个作为人类典型代表的"平均人"摆动。阿克力·基亚尔在《人类统计或比较人口学纲要》一书中用人口统计方法分析了人口现象，特别是对生命统计的研究。埃米尔·杜尔凯姆（1858—1917年）在建构全面的社会理论时，把人口增长视为社会发展的重要动因，考察人口增长带来的"各种结果"。他在《社会分工论》一书中指出，人口增长是社会分工发展的根源，导致了更大规模的社会的专门化。勒瓦瑟尔认为人口学借助于统计学，研究人类生命的各个方面，主要是出生、死亡、结婚、迁移等，揭示人口一般过程及其各种规律。

19世纪中叶以后，随着工业化、人口城市化进程的加快，人口转变也开始显现。人口学围绕着不同的主题全方位展开，出现了诸如社会学派、生物学派、数理学派等不同的人口学流派并相应提出了人口转变、适度人口等不同的人口学理论。

社会学派是指运用社会学的理论和方法分析人口现象的学者及其学说。汤普逊（1887—1973年）在《人口问题》中按照人口出生率和死亡率变动来划分人口增长的类型，分析了差别生育率问题，把人口学的人口内在因素变动理论向前推进了一大步。

生物学派是指用生物学的理论和方法分析人口现象、人口过程的学者及其学说。赫伯特·斯宾塞（1820—1903年）提出了人口增长自我调节原理。他认为个体自存与物种延续成反比，低等生物生存能力较弱，只能依靠大量繁殖才能延续；作为最高等生物的人类生存能力较强，所以生育率较低，并且随着社会的发展和个体的发达，人类的生育力还将继续下降。

数理学派是指用数学和统计的理论和方法分析人口现象和人口过程的学者及其学说。美国学者阿弗雷德·洛特卡（1880—1949年）运用数学和统计学分析方法分析人口再生产过程，提出并论证了"稳定人口"理论模型，即在一个封闭的人口系统中，在人口增长率、出生率、死亡率稳定的情况下，人口的年龄结构也是一定的。

人口转变理论是一种以人口发展过程及其演变的主要阶段为研究对象的人口理论。它是指随着社会经济条件的改变，各种人口现象处于同一相互联系的体系中，呈有规律地阶段性递进、转变的现象。该理论主要代表人物有法国人口学家阿道夫·兰德里（1874—1935年）和美国人口学家诺特斯坦（1902—1983年）。诺特斯坦认为人口转变过程有如下三类：潜在高增长型，死亡率高且无波动，生育率高且没有下降的迹象是人口增长的主要因素；转变增长型，生育率、死亡率仍然较高，人口增长较快，但有充分迹象表明生育率趋于下降；早期下降型，生育率已经或即将降到人口更替水平以下。

不应让人口永无止境地膨胀下去，而应该在数量上为其增长规定一个限度，达到这个限度的人口为"适度人口"。20世纪初，瑞典经济学家克努特·维克塞尔

(1851—1926年)、英国经济学家埃德温·坎南（1861—1935年）和人口学家卡尔·桑德斯（1886—1957年）提出了"适度人口理论"。这一理论的主要出发点是：人口发展必须与物质资料的生产相适应，必须与生态系统的荷载能力及动态平衡相适应；人口在数量上的增长必须同质量上的提高相适应。坎南认为，在特定的社会条件下，一个国家的人口数量既不能太多也不能太少，一个既不多又不少的适度人口规模可以获得最高的劳动生产率，从而使人们获得最大的经济收益，一个合适的人口数量就能获得按人口分配的最大收入。他还给出了一个人口规律：在任何一个时期，在一定面积土地上存在而能适合于获得产业最大生产力的人口数量是一定的。这个人口数量就是"理想的适度人口"。①

在人口转变理论、适度人口理论等方面不仅建立了更为成熟的模型，而且出现了一些新的理论和方法。例如，哈维·莱宾斯坦应用微观经济学特别是成本-效益理论分析人口生育率的变动，建立了"边际孩子合理选择理论"及其模型（如图2-1所示）。莱宾斯坦把生产孩子的成本分为两部分：直接成本和间接成本。他将新生儿带来的效用分为六类：第一类是把孩子看成"消费品"而获得的效用（父母把孩子当作一种快乐源泉）；第二类是把孩子看成一种"生产动力"而获得的效用（在某种情况下孩子可以预期成为劳动力而给家庭提供收入）；第三类是预期孩子作为未来如父母老年时和其他方面保障的潜在源而获得效用；第四类是经济风险效用，即承担家庭败落后果的风险效用；第五类是维持家庭地位的效用；第六类是对家庭的扩大与发展做出贡献的效用。

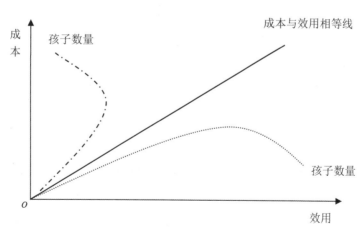

图 2-1　哈维·莱宾斯坦孩子成本-效用模型示意图

---

①　道尔顿（H. Dalton，1887—1962年）用模型描述了坎南的理论：用 M 代表实际人口与适度人口的差值即人口失调程度，用 A 代表实际人口，用 O 代表适度人口，可以得出一个衡量具体的人口数量是否适度的数学公式 $M=(A-O)/O$。如果 M 值为正数则表明人口过剩，如果 M 值为负数则表明人口不足，如果 M 值为零即 $M=O$ 则表明国家人口既不多也不少，恰好适度。

莱宾斯坦同时发现除第一类和第六类效用外，其他效用都会呈现一种趋势：较高胎次新生儿的效用将随着家庭经济地位的上升而递减。综合考虑所有的因素，至少可以说，较高胎次新生儿的效用在较高地位的家庭比较低地位的家庭要小一些（如图 2-2 所示）。图 2-2 中，C_2 表示第 2 个孩子的消费效用；C_i 表示第 i 个孩子的消费效用；W_i 表示第 i 个孩子的工作效用（劳动-经济效用）；R_i 表示第 i 个孩子的风险效用；Q_i 表示第 i 个孩子的老年保障效用；F_i 表示第 i 个孩子对家庭地位作贡献的效用；H_i 表示第 i 个孩子对扩展家庭作贡献的效用。具体表现为：C_2 在孩子效用体系中位置最高，而且有随着家庭地位上升而提高的趋势；C_i 在孩子效用体系里处于中游，也有随家庭地位上升而略有提高的趋势；W_i 在效用体系里处于次高，但随家庭地位上升而急剧下降，当家庭地位接近最高时它几乎降到最低点；R_i 也呈现随家庭地位上升而急速下降的趋势；Q_i 也随家庭地位上升而下降，但比 W_i 与 R_i 的下降速度小；F_i 在孩子效用体系中的位置比较低，在家庭地位上升的初始阶段略有提高，其后随家庭地位上升而逐渐下降，但下降幅度不大；H_i 在孩子的效用体系里位置最低，但是和 F_i 一样，在家庭地位上升过程中略有提高而后逐渐下降。①

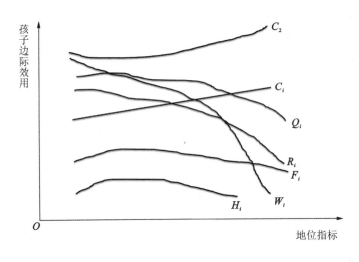

图 2-2　哈维·莱宾斯坦孩子效用与家庭地位相关关系

J. 考德威尔根据财富在父代与子代之间流动的不同状况来说明生育率变动的根源，并以此作为切入点，建立了代际财富流动理论模型。他认为，代际财富流动的意义在于说明生育率下降是家庭内部经济结构变动的结果。人口转变的基本问题是代际两种流向的财富流净额问题：一种财富流是从父代流向子代，另一种财富流是从子代流向父代，两者之间的净差额就是净财富流。在传统社会，净财富流是由子代

---

① 李竞能：《现代西方人口理论》，上海：复旦大学出版社，2004 年版，第 31 页。

流向父代，所以倾向于多生；在现代工业社会，净财富流是由父代流向子代，所以倾向于少生。当代际财富流方向逆转之时，亦即净财富流由子代流向父代变为由父代流向子代时，由高生育率向低生育率的转变亦即生育率的下降便开始。[①]

人口可持续发展理论是20世纪末人口理论的重要成果。"可持续发展"（Sustainable Development）关注的是如何妥善处理在经济的高速发展背景下出现的人口、资源、环境、经济等诸方面矛盾。随着世界性环境问题的出现，人们开始重新审视人类发展的思路和目的，单纯追求经济增长的发展模式遭到普遍质疑。对传统经济模式反思的结果，孕育出了"可持续发展"思想及其相关战略。1954年，在罗马召开了世界性非政府间人口科学讨论会，讨论了有关人口理论和共同关心的人口问题。1965年，在联合国主持下，国际人口科学联盟、国际劳工组织、世界卫生组织在贝尔格莱德联合召开世界人口会议，以期引起人们对人口问题的关注。1972年6月召开的联合国人类环境会议反映了人类认识自然、改造自然两重性的自觉反思。1974年，联合国在布加勒斯特召开全球性政府间会议，对发展中国家控制人口问题以及人口增长与经济发展的关系问题进行了广泛讨论，并通过《世界人口行动计划》，1987年，世界环境与发展委员会在《我们共同的未来》报告中完整提出了"可持续发展"概念："既满足当代人的需求，又不对后代人满足其需求的能力构成危害的发展。"这是人类社会有关环境与发展思想的一个重大飞跃，从一般性地考虑环境保护到强调环境保护且与人类自身发展结合起来。1992年，联合国环境与发展大会第一次从环境保护和经济发展有机联系的高度，提出了"可持续发展"战略及其行动纲领《21世纪议程》。该行动纲领把人类放在"可持续发展"的中心，确立了人口在社会发展中的关键地位。1994年，联合国在开罗召开国际人口与发展大会，通过《国际人发大会行动纲领》，确定随后20年的人口与发展目标，广泛讨论了人口与持续的经济增长、"可持续发展"、提高妇女地位、包括计划生育和性健康内容的生殖健康等问题，表明世界对人口与发展、计划生育、生殖健康日益重视。"可持续发展"在人口学理论也得到了一定程度的反响。格罗·哈莱姆·布伦特兰在《我们共同的未来》（1987年）报告中提出，必须在实现经济增长、消除贫困、促进经济社会全面发展和保护环境的框架内解决人口问题，不能以破坏人类赖以生存的生态环境为代价，更不能牺牲子孙后代比我们生活得更好的权利，要求以人的全面发展为中心。

[①] 李竞能：《现代西方人口理论》，上海：复旦大学出版社，2004年版，第59-60页。

第二节
马尔萨斯的人口理论

1798年，托玛斯·罗伯特·马尔萨斯出版了《人口原理》（全称为《论影响未来进步的人口原理——兼评葛德文、康多塞及其他著作者的理论》）一书，这是人口学史上第一部系统完整的人口学专著，具有重要的学术价值和社会方法论意义。

马尔萨斯是18世纪末19世纪初英国资产阶级人口学家。他出生于一个富有的土地贵族家庭，父亲达尼尔·马尔萨斯（Daniel Malthus）是一个学识渊博、具有资产阶级激进思想的上层人士，对马尔萨斯的成长和思想发展产生了非常大的影响。马尔萨斯青少年时期受到良好的家庭教育，他的父亲在他刚满两周岁时，就专门聘请了家庭教师对其进行各方面的培养和训练，这为他日后的成长打下了基础。1784年，马尔萨斯进入剑桥大学神学院专门攻读哲学和神学，1791年获博士学位。后来，他接受英国海里堡东印度学院的聘请，担任该学院历史学和政治经济学教授。

当时的英国，正处于产业革命的高潮，社会生活正经历着巨大的变化。18世纪末19世纪初，英国社会改革思潮主要代表人物之一威廉·葛德文（1756—1836年）在《论政治正义及其对道德和幸福的影响》（1793年版）和《一个研究者论教育、道德和文学》（1797年版）等著作中，抨击了资本主义的私有制，主张废除私有制、建立公有制，以恢复人类的理性和普遍幸福的原则，使现实恢复到自然的平等状态；鼓吹实行社会改革，宣传社会改革是刻不容缓的事情，人类不能因为人口增加而裹足不前，世界上还有3/4的土地仍待开垦，足以容纳更多的人。法国启蒙运动时期著名思想家康多塞（1743—1794年）在《关于人类精神进步的历史观察纲要》等著作中，把人的理性的不断完善看作人类历史上社会进步的源泉，发展教育则是社会进步的基础；并认为社会不平等以及劳动群众陷于贫困的根源是人类理性有缺陷和私有制的统治，随着理性的进步和私有制的废除，人们的贫困和苦难也将随之消除。葛德文、康多塞的理论虽然远非科学和严密，但它对资本主义私有制的揭露，深深触及了资产阶级的利益。

马尔萨斯的父亲是葛德文、康多塞的追随者，但马尔萨斯却有自己不同的观点，并常常与父亲进行争论。正是在与父亲争论的基础上，1798年，马尔萨斯匿名出版5万多字的《人口原理》一书。因此缘故，初版的《人口原理》带有强烈的论战色彩。

马尔萨斯的初版《人口原理》发表后，在英国掀起了轩然大波，引发了广泛的争论。在争论的过程中，马尔萨斯不断地对初版《人口原理》进行充实、修改。

1803 年，他用真实姓名发表了 20 多万字的《人口原理》第二版，并改书名为《论人口原理及其对于人类幸福的过去和现在的影响的考察，附我们预测将来关于消除或缓和由人口原理所生的弊害之研究》。此后，该书先后于 1806 年、1807 年、1817 年、1826 年共出了六版。1985 年 11 月，在法国巴黎召开的国际人口统计学会议上，来自 61 个国家的 300 名代表以压倒多数票通过决议刊印《人口原理》第七版。

《人口原理》首先把人类所固有的食欲和情欲这两种生理现象作为两条公理。马尔萨斯在书中写道："第一，食物为人类生存所必需。第二，两性间的情欲是必然的，且几乎会保持现状。这两个法则，自从我们有任何人类知识以来，似乎就是我们本性的固有法则"；"直至现在仍按照固定法则操纵着世间的一切。既往，我们既不曾看见此等法则的任何改变，我们当然没有权利可以断言，于今日为然者，于将来当不为不然……"① 从这两条公理出发，马尔萨斯提出了人口增长和生活资料增长的两个级数假设，"人口增殖力，相比土地生产人类生活资料的生产力，是无限的较为巨大"。马尔萨斯把它称为"人口法规"。他说："人口在无妨碍时，以几何级数增加。生活资料，只以算术级数增加。略有数学知识的人，就会知道，与后一种力比较，前一种力是怎样巨大。"② 人口增殖力和土地生产力是不平衡的，仅仅经过五代人，人口和生活资料增长的数量之比为 16∶5，二者之间的差距是巨大的。

根据两条公理和两个级数，马尔萨斯概括出其人口理论主要论点的三个命题：人口的增加必然受生活资料的限制；当生活资料增加的时候，人口总是增加的；占优势的人口增殖力，为贫穷及罪恶所抑压，致使现实人口与生活资料相平衡。③ 他认为，人口增殖力和土地生产力不平衡是自然的，是两种自然力作用的结果，必须使它们保持平衡，而达到平衡的途径是生活困难，因为贫困、罪恶压抑着人口增长。马尔萨斯把上述三个命题分别概述为"制约原理""增殖原理""均衡原理"，并把这三个"原理"统一起来，称为"人口原理"。

那么，如何使人口增殖力和土地生产力之间即人口和生活资料之间达到平衡呢？马尔萨斯主张采用"积极抑制"和"预防抑制"两种方法作为限制人口增长和解决人口问题的办法。预防抑制和积极抑制，阻止了人口的自然增长。所谓预防抑制，是指人们对养家糊口的忧虑；所谓积极抑制，是指一些下层阶级实际所处的困难境地，使他们不能给予子女以应有的食物和照料。即"积极抑制"是指用贫困、饥饿、瘟疫、罪恶、灾荒、战争等"不幸方式"阻碍人口增加；"预防抑制"是指通过禁欲、晚婚、节育等方式预防人口增加或预先阻碍人口增加，这又称为"道德抑制"。

---

① 马尔萨斯：《人口论》，郭大力译，北京：商务印书馆，1959 年版，第 4 页。
② 马尔萨斯：《人口论》，郭大力译，北京：商务印书馆，1959 年版，第 5 页。
③ 马尔萨斯：《人口论》，郭大力译，北京：商务印书馆，1959 年版，第 43 页。

在上述观点的基础上，马尔萨斯做出如下四个结论。第一，"人口法则"是永恒的绝对法则，适用于一切社会。他认为，人口增加和土地所产食物保持正常比例的命题，是一个无可辩驳的命题。然而，这种"正常比例"却不可避免地要被"占优势的人口增殖力"打破，当人口增加超过食物增加，造成"在人类的场合，是贫穷和罪恶"。第二，"人口法则"的作用造成失业、贫困甚至罪恶是不可避免的，因而实行"救贫法"是错误的。第三，"人口法则"的作用是把工人工资压到最低水平。马尔萨斯认为工资的高低完全取决于劳动力供求状况，在劳动市场上，因人口增加，工人的供给超过需求，则工资下降，甚至压到最低水平。尽管工资下降，但由于"人口法则"的作用，人口仍在不断增加，因而引起对食物需求的增加，物价上涨，工人生活贫困。生活贫困迫使工人晚婚、不育或独身，使工人人口缩减，人口与生活资料趋于平衡。第四，"人口法则"使任何试图通过实现财产平等来消除失业、贫困的社会改革趋于失败。马尔萨斯认为，一切人不可能平等享受自然的恩惠，所以任何幻想的平等，任何大规模的农业条例，也不能除去这法则的压力……要社会上全体人的生活，都安逸、幸福而比较闲暇，不必担心自身及家族生活资料如何供给，那无论如何是不可能的。①

这就是马尔萨斯人口论的主要内容：两条公理、两个级数、三个命题、两种抑制、四个结论。

自马尔萨斯人口理论问世以来，学术界对此长期争论不休，褒贬不一，其巨大的影响经久不息。达尔文当年在构思进化论时，就是从《人口原理》中悟出了极为重要的"物竞天择，适者生存"这一生存竞争法则；同是进化论鼻祖的华莱士也从中获得过许多宝贵的启迪。但是，马尔萨斯人口理论又被许多人质疑。马克思曾经这样评价马尔萨斯的人口理论："这部著作的实际目的，是为了英国政府和土地贵族的利益，'从经济学上'证明法国革命及其英国的支持者追求改革的意图是空想。"②

但是，作为第一部系统论述人口发展核心问题的专著，马尔萨斯的人口理论具有重要的学术价值和社会方法论意义。

第一，马尔萨斯人口理论介绍了研究人口理论的新方法。马尔萨斯人口理论中的"两条公理"，是他整个人口理论的前提。过去理论界认为"两个公理"把人和动物等同起来，这种研究方法是错误的，其根据是：人本质上具有社会属性，而"两个公理"只以人的生物属性来研究问题，混淆了人和动物的本质区别。事实上，我们不能简单地认为马尔萨斯单纯从生物学的角度研究人口，因为马尔萨斯也考虑了人的社会性，研究了社会对人口发展的限制，人口发展对经济特别是就业和社会发展的

---

① 马尔萨斯：《人口论》，郭大力译，北京：商务印书馆，1959年版，第6页。
② 马克思：《资本论》，参见《马克思恩格斯全集》第26卷（下），北京：人民出版社，1973年版，第125-126页。

影响等。就马尔萨斯人口理论的基本内容而言,"两条公理""两个级数""三个命题""两种抑制""四个结论"之间是有着内在联系的,即马尔萨斯分析人口问题时,首先从"两条公理"出发,提出了"两个级数"的假说,再根据"两个公理"和"两个级数"推出"三个命题"。"三个命题"的落脚点是最后一个命题"占优势的人口增殖力,为贫穷及罪恶所抑压,致使现实人口与生活资料相平衡"。那么,如何使人口和生活资料之间达到平衡呢?马尔萨斯认为"两种抑制"是达到二者平衡的主要手段。由此可见,马尔萨斯人口理论是经过逻辑推论最后得出的一个较完整的理论体系。

第二,马尔萨斯人口理论首次系统地论述了人口问题的核心内容,并将其上升到理论高度,在人口思想史上具有重要地位。马尔萨斯人口理论讨论的是人口增长与所需食物增长之间的关系,只要人类存在,这个问题就有现实意义,它也是人口思想的核心内容。对人口问题做出系统、详尽的探讨,在理论和实践上做了专门的研究,并提出一整套体系和对策的人,当推马尔萨斯。可以说,马尔萨斯《人口原理》,是人口史上第一部系统论述人口问题的著作,它标志着近代资产阶级人口学的诞生。他在书中提出的关于人口问题的基本理论原则,在整个人类思想史上都有着重要影响。通过这本书,人口学者都能产生许多对整个人口问题的看法,从而使《人口原理》成为人口学著作的奠基之作。正因为如此,有学者这样评价马尔萨斯及他的人口理论:"人口理论的历史可用三个词来总结,马尔萨斯之前、马尔萨斯和马尔萨斯之后的人口理论。"[①]

第三,马尔萨斯人口理论的问世引起了各国政府对人口问题的极大关注,并采取相应措施来应对。历史上,从政府角度,以政策和立法形式干预人口增长者为数不少,但从人口原理的角度制定人口政策采取具体行动,则应该归功于马尔萨斯人口理论的问世。《人口原理》出版后,英国分别于1801年、1811年、1821年进行了三次人口调查。随后,世界上其他一些国家也相继进行了人口调查。通过人口调查,可以了解本国人口的基本情况,制定相应的对策,解决现实中的人口问题。

第三节
马克思、恩格斯的人口理论

马克思、恩格斯虽然没有关于人口理论方面的专著,但他们在《德意志意识形态》《资本论》《剩余价值理论》《〈政治经济学批判〉导言》《政治经济学批判大纲》《家庭、私有制和国家的起源》等许多著作中,都精辟地阐述了他们关于人口的思想。

[①] 佟新:《人口社会学》,北京:北京大学出版社,2000年版,第37页。Ralph Thomlinson. *Population Dynamics*: *Causes and Consequences of World Demographic Change*. 2nd ed. 1976: 30.

马克思、恩格斯关于人口的思想十分丰富，主要有人及其本质的理论、"两种生产"理论、人口与社会生产方式关系的理论、人口与经济相互关系的理论、共产主义社会人口规律的理论等。其主要观点可以概述为以下几个方面。

一、关于人及其本质的理论

人是人口理论研究的对象，是人口理论中的核心范畴。马克思认为，人是生活在一定地域、一定社会生产方式中的社会群体，"是一切社会关系的总和"[①]。马克思对人这个概念的阐述是以人和人的本质的科学理论为依据的，在人口理论史上具有重大的意义。它是马克思主义全部人口思想的出发点。

马克思从人的自然属性和社会属性的关系问题上揭示了人的本质。人所具有的多种多样的属性，可以概括为自然属性和社会属性。马克思说，人"如果指的是孤立地站在自然界面前的人，那末他应该被看作是一种非群居的动物；如果这是一个生活在不论哪种社会形式中的人……那末出发点是，应该具有社会人的一定性质，即他所生活的那个社会的一定性质"[②]。所以，人是自然的人和社会的人的统一，人的属性是自然属性和社会属性的统一。人的自然属性主要是指人的生物方面的属性，包括人的肉体和精神方面的本能；人的社会属性，主要是指人的社会关系方面的属性。在人的自然属性和社会属性的对立统一中，社会属性居于主导的、支配的地位，是人的本质属性，即人的本质。马克思指出："人的本质并不是单个人所固有的抽象物。在其现实性上，它是一切社会关系的总和"[③]；"人是最名副其实的政治动物，不仅是一种合群的动物，而且是只有在社会中才能独立的动物"[④]。所有这些都是指人的本质属性即社会属性。

二、关于"两种生产"理论

在人的生存和发展过程中，"两种生产"（即人类自身的生产与物质资料的生产）是最本质、最基础的。物质资料的生产是人类利用自然、改造自然、创造物质财富的

---

① 马克思：《关于费尔巴哈的提纲》，参见《马克思恩格斯选集》（第1卷），北京：人民出版社，1972年版，第18页。

② 马克思：《评阿·瓦格纳的〈政治经济学教科书〉》，参见《马克思恩格斯全集》（第19卷），北京：人民出版社，1963年版，第403-404页。

③ 恩格斯：《家庭、私有制和国家的起源》，《马克思恩格斯选集》（第4卷），北京：人民出版社，1972年版，第2页。

④ 马克思：《经济学手稿》，参见《马克思恩格斯全集》（第30卷），北京：人民出版社，1995年版，第25页。

生产活动；人类自身的生产是为了维持和延续人类自身的生存而进行的人的增殖和种的繁衍的生产。它们是社会存在、延续和发展的条件，也是社会发展的结果。马克思、恩格斯运用辩证唯物主义和历史唯物主义的分析方法，把人类自身的生产纳入社会生产范畴，揭示了人类自身生产与物质资料生产的本质联系，从而提出了"两种生产"的理论。这两种生产构成社会生产的统一。在人类社会的发展过程中两种生产相互依赖、相互渗透、相互制约，它们既对立又统一，共同构成人类社会生产不可分割的两个方面。

由于人类自身的生产包括在受物质资料生产制约的社会生产范畴里，因此，人类自身的生产必须与物质资料的生产相适应，这是社会生产发展的要求和必然趋势，对人类社会各个不同发展阶段都具有普遍性的意义，是社会生产共有的规律。同时，它制约着人类自身生产的发展、运动和变化规律，决定人类自身生产的状况、人口的数量和质量以及从一种人口再生产类型向另一种人口再生产类型过渡的必然性。人类自身生产与物质资料生产相适应，要求人口必须与物质资料生产在发展速度、发展规律、发展水平上按比例地发展。它的主要内容如下：第一，作为消费者的人口总量要同社会所拥有的消费资料总量相适应，人口的增长速度要同消费资料的增长速度相适应。第二，作为生产者的劳动人口的数量和构成，要与当时社会所拥有的劳动手段和劳动对象相适应，劳动人口的素质（劳动者的身体素质、思想素质、劳动技能和生产经验等）要同当时的生产技术水平相适应。人口生产和物质资料生产的比例相适应，两种生产就能正常地发展；如果比例失调，就会对两种生产产生不良的后果，它既使人类自身生产的正常条件受到破坏，也使物质资料生产的正常条件受到破坏。[1]

那么，人类自身生产为什么必须同物质资料生产相适应呢？这是因为物质资料生产要受到各种客观的物质条件的制约，首先是一定生产方式条件下生产力发展水平的制约。马克思、恩格斯认为："一定历史时代和一定地区内的人们生活于其下的社会制度，受着两种生产的制约：一方面受劳动的发展阶段的制约，另一方面受家庭的发展阶段的制约。"[2] 因此，人类自身的生产只能在已有物质资料生产所提供的基础上进行。

---

[1] 张纯元：《马克思主义人口思想史》，北京：北京大学出版社，1986年版，第160页。
[2] 恩格斯：《家庭、私有制和国家的起源》，参见《马克思恩格斯选集》（第4卷），北京：人民出版社，1972年版，第2页。

三、关于人口与社会生产方式关系的理论

物质资料的生产方式制约着社会生活、政治生活和精神生活的整个过程。这是历史唯物主义的基本原理之一。马克思、恩格斯把历史唯物主义关于社会生产方式制约着整个社会生活的原理运用于人口研究,把人口放在生产力与生产关系、经济基础与上层建筑的矛盾运动中考察,把人口和社会生产方式联系起来,揭示了人口发展与社会生产方式运动之间的关系。他们认为:"生命的生产——无论是自己生命的生产(通过劳动)或是他人生命的生产(通过生育)——立即表现为双重关系:一方面是自然关系,另一方面是社会关系。"①马克思关于人口与社会生产方式关系之间的理论,一方面承认社会生产方式对人口发展的决定性作用,另一方面,又承认人口对社会生产力、社会生产关系、社会生产方式的反作用。

社会生产方式制约着整个社会生活、政治生活和精神生活的全过程。以此为前提条件,马克思、恩格斯认为,人口的发展、运动和变化受到物质资料社会生产方式的制约,受到生产力和生产关系、经济基础和上层建筑矛盾运动的制约。在不同的社会制度下,由于社会生产方式的不同,人口发展、运动和变化的规律也有所不同。因此,在不同的社会生产方式、社会制度下,其人口问题、人口规律也不相同。

四、关于人口与经济相互关系的理论

马克思、恩格斯在研究人的社会属性时,十分重视人的经济属性。他们认为人既是生产者又是消费者,是二者的统一体。人正是通过其经济属性的双重性与经济活动发生密切的关系。

人类的实践活动既包括生产活动,又包括消费活动,这两种活动是统一不可分割的。所以不能离开生产来谈消费,也不能离开消费来谈生产。没有生产就没有消费,没有消费也就不会有生产。而人在经济活动中既是生产的主体,也是消费的主体;既是社会财富的生产者,又是社会财富的消费者,是生产者和消费者的统一体。马克思、恩格斯认为:劳动者从事物质生产也就是进行生产消费,进行自己生命的生产就是个人消费。"这种与消费同一的生产是第二种生产,是靠消灭第一种生产的产品引起的。在第一种生产中,生产者物化,在第二种生产中,生产者所创造的物人化。因此,这种消费的生产——虽然它是生产与消费的直接统一——是与原来意义

---

① 马克思、恩格斯:《费尔巴哈》,参见《马克思恩格斯选集》(第1卷),北京:人民出版社,1972年版,第34页。

上的生产根本不同的。"① 人类自身生产正是通过劳动和物质资料生产联系在一起的。无论是物质资料生产还是人类自身生产,都是人类社会生活必不可少的,都在人类历史中同时存在。

而且,马克思和恩格斯在阐述人是生产者和消费者的统一体这个原理时,特别强调:第一,人首先是生产者,其次才是消费者。这主要表现在人能够提供"剩余劳动"和"剩余产品"。第二,人作为生产者是有条件的,作为消费者是无条件的。人作为生产者不仅人自身要具备一定的条件,还必须要有相应的生产资料;但是,人作为消费者是没有任何条件的。

五、关于共产主义社会人口规律的理论

人口规律是马克思主义人口理论体系中的一个重要组成部分。马克思主义认为,人口规律是客观人口过程中内在的、本质的、必然的联系,它反映了一定社会生产方式下人口状况的根本特征。马克思指出:"每一种特殊的、历史的生产方式都有其特殊的、历史地起作用的人口规律。抽象的人口规律只存在于历史上还没有受过人干涉的动植物界。"② 因此,每一种社会生产方式都有其特殊的人口规律。

关于共产主义社会人口规律的思想,马克思、恩格斯认为,生产力高度发展的共产主义社会,为人的全面发展提供了物质条件。恩格斯指出:只有在共产主义社会,"人才在一定意义上最终地脱离了动物界,从动物的生存条件进入真正人的生存条件……人们第一次成为自然界的自觉的和真正的主人"③。他还论述了共产主义社会的家庭关系,指出家庭关系取决于社会经济基础,并且肯定了空想社会主义者的如下观点:随着人们自由结成社会和私人家务劳动转为公共事业,青年教育的社会化和家庭成员间真正自由的相互关系也就直接产生了。④

---

① 马克思:《经济学手稿》,参见《马克思恩格斯全集》(第46卷上),北京:人民出版社,1979年版,第28页。
② 马克思、恩格斯:《马克思恩格斯全集》(第23卷),北京:人民出版社,1972年版,第692页。
③ 恩格斯:《反杜林论》,参见《马克思恩格斯全集》(第3卷),北京:人民出版社,1972年版,第323页。
④ 恩格斯:《反杜林论》,参见《马克思恩格斯全集》(第3卷),北京:人民出版社,1972年版,第357页。

第四节
中国人口思想

人口是社会物质财富的生产者,是国家各种赋役的直接承担者。中国从洪荒的原始氏族社会进入以君主为国家象征的阶级社会后,从春秋战国以降的各个时代的思想家、政治家在关注人口问题的同时,都曾提出过这样或那样的人口思想,并在此基础上形成了对统治者决策有一定影响的人口理论。

一、中国古代人口思想

先秦诸子百家的人口思想对后人影响较大的首推孔子(前551—前479年)、孟子(前372—前289年)和他们所创立的儒家学派,主要内容是增殖人口思想。他们在以仁、义、礼、孝为核心的儒家思想体系中,注入了人口增殖的思想。他们认为,家庭是繁衍人口最重要的单位,因此主张保护并发展以家庭为单位的小农经济,主张减轻赋税,不剥农时,以免出现"仰不足以事父母,俯不足以畜妻子,乐岁终身苦,凶年不免于死亡"的局面。① 孔子、孟子还把实现人口增殖纳入了伦理道德的范畴,认为"人之行,莫大于孝",而孝的核心是接续香火、生育后代。孔、孟这种以孝为辞,把生儿育女当作人生头等大事的思想,是中国"早、多、男"传统生育文化和历代统治者人口政策的滥觞。

墨子(前468—前376年)有关人口的言论反映了其增殖人口的思想。他认为"人民之众"是"国家之富"的首要条件,而"国家之富"也必定为"人民之众"提供物质保障。在当时社会生产力水平很低的情况下,如何实现"人民之众""国家之富"呢?墨子提出了"人有可倍也"的思想。他认为生儿育女是实现"人有可倍"的唯一途径,并主张早婚、早育、多育,把男子二十而娶、女子十五而嫁称为"圣王之法"②。墨子的这些思想,对中国多生多育的传统生育文化无疑产生了重要影响。

韩非子则是"中国历史上最早的绝对人口过剩论者",他认为:各诸侯国为富国强兵而采取的一系列增加人口的政策使人口增长过快,造成了人多地少的矛盾;要解决人口与财富之间的矛盾,就要发展生产,减少人口数量。特别地,韩非子还提出

---

① 《孟子·梁惠王上》,转引自张敏如:《中国人口思想简史》,北京:中国人民大学出版社,1982年版,第43页。

② 《墨子·节用上》,转引自张敏如:《中国人口思想简史》,北京:中国人民大学出版社,1982年版,第20-22页。

了为达到适度人口的目的，可"溺杀女婴"的极端思想。这对后世"溺婴"陋习产生了极大的负面影响。

汉武帝时期，孔孟之道渐次成为封建统治阶级的正统思想，孝文化进一步强化了中国"早、多、男"传统生育文化的色彩。自此至明清，鼓励人口增殖的人口思想一直占主导地位。晁错（前200—前154年）是西汉文景时期著名的政治家，在人口问题上，他主张增加农业人口、减少非农业人口，移民戍边。

唐代人口思想的核心是"务在生聚"。唐太宗诏令："王化首婚姻之道，所以序人伦；霸图著胎养之令，所以务在生聚。"并提倡早婚、多婚。陆贽（754—805年）是唐代著名的政治家、思想家。他说："人者，邦之本也。"他认为人民是国家的根本，只有人口众多，才能使生产得到发展，社会财富得到增加，"财之所生，必因人力""若不失人，何忧乏用"。①

宋、元、明三个朝代，基本上承袭了前朝增殖人口的主流思想。叶适（1150—1223年）是南宋著名的思想家，他提出了人口愈多国家才能愈富的观点："为国之要，在于得民。民多则田垦而税增，役众而兵强。田垦税增，役众兵强，则所为而必从，所欲而必遂。"②

18世纪中期到19世纪中期是清代中叶比较安定的时期，生产力有所发展，人口增长比较快；大约每60年，人口就翻一番。这一时期人口的大幅度增长，引起了许多学者的关注。针对当时人口增长大大超过耕地和一般生活资料增长的情况，清代的洪亮吉（1746—1809年）揭示了人口繁衍速度同经济发展速度之间的矛盾，分析了人口膨胀可能导致的社会危机，提出了"天地调剂之法"（即借用水旱灾害和疾疫流行来减少人口）和"君相调剂法"（即通过发展生产、移民开荒、减轻赋税、反对奢侈浪费、抑制兼并和赈济贫困来减轻人口增长过快、生活资料增长过慢的压力）两种方法。③清朝的包世臣（1775—1855年）认为，人口增长超过耕地和生活资料的增长是导致人民贫困的主要原因。他强调人作为生产者的职能，认为贫困主要是统治者不重视农民，"鄙夷田事"。因为"天下之富在农而已"，统治者只有重视农业，使"民归农"，就能做到"谷植繁，奸邪息"，国富民康，天下太平。④

---

① 陆贽：《陆宣公奏议集》，转引自张敏如：《中国人口思想简史》，北京：中国人民大学出版社，1982年版，第116页。
② 叶适：《水心别集·民事中》，转引自张敏如：《中国人口思想简史》，北京：中国人民大学出版社，1982年版，第134页。
③ 洪亮吉：《洪北江诗文集·治平篇》，转引自张敏如：《中国人口思想简史》，北京：中国人民大学出版社，1982年版，第158-159页。
④ 包世臣：《安吴四种·农政》，转引自张敏如：《中国人口思想简史》，北京：中国人民大学出版社，1982年版，第161页。

二、近代以来的人口思想

晚清时期，汪士铎（1814—1889年）把人口数量和质量联系起来分析，提出了人多会影响人口质量的观点，"人多而气分，赋禀而遂薄，又濡染于风气，故人才益难"①。严复（1854—1921年）比较清醒地认识到当时人口数量虽多但质量不高的状况。关于中国人口数量多质量低的原因，他认为主要在于中国人口的增长，不是依靠自然条件和社会条件的优越，而是由于人们的愚昧形成的恶性循环。为了改变这一状况，他提倡优生，提高人口质量。梁启超（1873—1929年）在接触西学的过程中，对中国的人口问题做了深入研究，他认为人口质量的高低与人们婚姻的迟早有较密切的关系，"凡愈野蛮之人，其婚姻愈早；愈文明之人，其婚姻愈迟""优劣之数，常与婚媾之迟早成比例"②。因此，他提出了禁止早婚、提倡晚婚、节制人口的主张。

20世纪初，中国人口状况可以用"人满为患"来概括。这种状况激起了不少研究人口问题的专家学者的忧虑和关注，如陈长蘅、许仕廉、陈达、董时进、吴景超、李景汉、马寅初等。陈长蘅（1888—1987年）1928年出版了《中国人口论》，书中强调："吾国今日之黑暗现象，皆贫字为其胚胎。我同胞贫穷之原因甚多，生育太繁，乃其最大之一因，故迟婚减育，实救贫最要之一术也。"③

陈达（1892—1975年）在分析中国人口问题的基础上，提出："人口的限制当然要靠生育率的降低。最有效的办法，实恃节育的推广。"同时，他还认为人口数量与人口品质处于对立地位，改善人口品质必须以限制人口数量为前提条件，因此，他提出了"限制人口的数量，改善人口的品质"的观点。④

许仕廉⑤看到了"惟土地的供给有限，而人的生产不已。人满之患，日甚一日"的严重局面⑥，因此，他主张进行人口节制，并认为节制生育是解决"中国人口过剩"的一个主要方法。

---

① 汪士铎：《乙丙日记》（卷三），转引自张敏如：《中国人口思想简史》，北京：中国人民大学出版社，1982年版，第168页。

② 梁启超：《禁早婚议》，转引自张敏如：《中国人口思想简史》，北京：中国人民大学出版社，1982年版，第182页。

③ 陈长蘅：《中国人口论》，上海：商务印书馆，1928年版，第104-105页。

④ 陈达：《人口问题》，转引自《人口问题资料》，北京：商务印书馆，1960年版，第157、167页。

⑤ 许仕廉生于1896年，湖南湘潭人，早年留学美国，获爱荷华大学哲学博士学位。著名社会学家，主要从事社会学、人口学的调查研究与教学工作。抗战前夕赴美定居，后不知所终。

⑥ 许仕廉：《中国人口问题》，北京：商务印书馆，1930年版，第128页。

马寅初（1882—1982年）首先探讨了人口与经济的关系，面对人口多、就业难的问题，他提出可从供给与需求两个方面同时解决：在减少劳动力供给方面，一是节制生育，减少人口和劳动力的增长；二是移民，主要是人口稠密地区向人口较少的东三省等地的人口流动和迁移；三是发展教育，使更多的人"具有专门技艺""人人均得高等工作"。在扩大对劳动力的需求方面，主要是发展民族工业，主张"事业发达""工厂增多"等。在此基础上，他还提出了"最适宜数之人口"的观点。他认为，"今日论坛的重心，在寻求一最适宜数之人口（optimum population）"[①]。

从以上回顾我们可以看出，中国人口思想与人口理论的萌生与发展是从两千多年前的春秋战国时期开始的。主张人口众多以富国强兵、增加社会财富、承续后嗣的观念，一直是中国社会人口思想的主流。从清朝中后期开始，面对迅猛增长的人口态势，主张节制人口的思想开始出现，并渐次形成气候。到19世纪末20世纪初，人口猛增所导致的一系列人口问题日益凸显出来，再加上以马尔萨斯为代表的近代西方人口学说在中国的传播，民国时期已有越来越多的有识之士意识到中国的人口问题，但由于国民政府不置可否的态度，节制人口思想未能成为与增殖人口思想并重的思想流派。

中华人民共和国成立前夕，毛泽东在《唯心历史观的破产》一文中表达了他关于人口的思想。针对艾奇逊把中国革命的发生归因于人口太多的谬论，他认为：中国革命的发生不是由于人口太多，而是由于统治阶级对劳动人民的压迫和剥削。因此，解决中国人口问题的根本途径是革命加生产，"革命加生产即能解决吃饭问题"。在此基础上，他提出了"世间一切事物中，人是第一个可宝贵的。在共产党领导下，只要有了人，什么人间奇迹也可以造出来"以及"人口众多是一件极大的好事。再增加多少倍人也完全有办法，这办法就是生产"的著名论断。[②] 这对1949年之后相当长时间内的人口思想和人口理论产生了很大的影响。

1949年以后的人口思想以马寅初的《新人口论》最具代表性。马寅初以1953年人口普查和深入调查得到的第一手材料为依据，分析了人口迅速增长同生产设备、工业原料、资金积累、就业压力、教育事业、科学技术、粮食增产、人民生活水平等方面的矛盾，认为人口增长必须同国民经济发展相适应，并在量上保持一定的比例关系，从而明确提出了要积极发展生产、控制人口数量、提高人口质量的观点。怎样控制呢？马寅初提出的系统方法包括：① 实行定期的人口普查，建立人口动态统计，以便为制定正确的人口政策和经济政策提供准确的数据；② 实行计划生育；③ 加强

---

① 马寅初：《经济学概论》（增订本），上海：商务印书馆，1947年版，第122页。
② 毛泽东：《唯心历史论的破产》，参见《毛泽东选集》（第4卷），北京：人民出版社，1991年版，第1511-1512页。

控制人口重要性的宣传工作；④ 提倡晚婚晚育；⑤ 运用经济手段推行计划生育；⑥ 运用行政手段控制人口；⑦ 运用避孕的办法，达到降低人口出生率的目的。[①]

基本概念

重商主义人口理论；适度人口论；马尔萨斯人口理论；马克思、恩格斯人口理论；马寅初《新人口论》；孩子成本-效益论；人的本质论

思考题

1. 简述近代以来西方人口理论重要流派的代表人物和基本观点。
2. 试述马尔萨斯《人口原理》的主要观点及其社会方法论意义。
3. 试述马克思主义人口理论的主要内容。

---

① 马寅初：《新人口论》，北京：北京出版社，1979年版，第2-12页。

第三章

人口资料收集及研究方法

孔子曰："工欲善其事，必先利其器。"就是说：要做好一件事，准备工作非常重要。人口资料的收集及研究方法的确定是做好人口社会学的重要前提工作。本章首先介绍人口资料的几种收集方法；其次介绍我国的人口调查基本情况及数据分析，最后重点介绍人口社会学的研究过程、研究方法。

第一节 人口资料收集方法

人口资料来源于多种渠道、多个层面和多项方法。不同的资料来源各有特点和局限性。根据不同的获取途径，人口资料的来源可以分为两种：一种是直接方法，如人口普查、抽样调查和经常性的户口登记等；另一种是间接方法，如历史文献记录等。

一、人口普查

人口普查以及人口抽样调查得到的数据是人口学家研究人口现象、人口问题非常重要的数据。人口普查以及人口抽样调查涉及一个国家全国性规模的统计观察，它不同于日常的人口统计。人口普查以及人口抽样调查的是一定时点的人口状况，即静态人口；而日常的人口统计是通过平时的户口登记，随时记载人口的变动，即动态人口。

人口普查是指在国家统一规定的时间内，按照统一的方法、统一的项目、统一的调查表和统一的标准时点，对全国人口普遍地、逐户逐人地进行的一次性调查登记。人口普查工作包括对人口普查资料的收集、数据汇总、资料评价、分析研究、编辑出版等全部过程，它是当今世界各国广泛采用的收集人口资料的一种最基本的科学方法，是提供全国基本人口数据的主要来源。

现代人口普查随着资本主义经济发展而日臻完善，人口普查始于北美、北欧的一些国家。超越一个县或者一个城镇的范围，在一个州、一个省的范围内进行人口普查，首先是加拿大1665年及以后在魁北克省和新斯科舍省举行的人口普查。1749年，瑞典和芬兰也进行过不完全的人口普查，但其项目、标准时间的选择以及资料的整理、计算不完善。国际公认的现代人口普查是从美国1790年的第一次全国人口普查开始的。1787年制定的美国宪法把人口普查作为一项条款写进第一条。同年，美国国会做出决定：在1790年举行全国性人口普查，以后每隔10年举行一次。人口普查之所以在美国得以坚持并受到政府和政界的重视，一个重要原因就在于人口的变动直接涉及政治力量的变动，尤其是国会众议院席位的分配。1790年以后，美国已经举行了20多次人口普查。英国、法国的第一次全国性人口普查是在1801年；沙皇俄国的第一次全国性人口普查是在1897年。在人口普查的早期，普查的内容比较简单，项目比较少。随着各国政治和经济方面对人口资料提出的要求日益广泛，普查的项目逐渐增多，内容也日渐丰富。虽然世界各国对人口普查内容的要求不完全相同，一个国家不同时期人口普查的重点也有变化，但人口普查以人为中心、以人的基本特征为中心这一点一直未变。所以，各个国家人口普查的内容有很多相同之处；一个国家不同时期人口普查的项目也有连续性，有许多内容如关于人的最基本的特征长期保持不变。

第二次世界大战以来，人口普查已成为世界各国收集人口资料的重要手段。全世界有200多个国家和地区进行过人口普查，联合国等国际组织也积极关心和协助许多国家进行人口普查。这一时期，普查的人口数已占世界人口的98%左右；同时，为了适应各国政治和经济发展的需要，随着普查项目的增多，许多国家都应用计算机来计算和处理普查得到的数据。特别地，为了增加人口普查数据的可比性，联合国曾经倡导各国尽量在尾数为"0"的年份进行人口普查。但由于各国的具体情况不同，绝大多数国家采用每十年举行一次人口普查的做法，如美国、英国、中国等，但也有一些国家采用每五年举行一次人口普查的做法，如日本、韩国、澳大利亚等。中华人民共和国成立以来，共进行了七次人口普查。最近一次人口普查是标准时点为2020年11月1日零时进行的第七次全国人口普查。

二、抽样调查

抽样调查是一种非全面调查，它是从全部调查研究对象中，挑选一部分对象进行调查，并据此对全部调查研究对象做出估计和推断的一种调查方法。抽样调查的类型主要有以下几种：概率抽样（简单随机抽样、系统抽样、分层抽样、整群抽样、多段抽样），非随机抽样（偶遇抽样、判断抽样、定额抽样、雪球抽样），等等。人口抽样调查和人口普查一样也有其规定的调查标准时点、空间范围及调查项目，并且采取特定的抽样方式。例如，2015年全国1%人口抽样调查（以2015年11月1日零时为标准时点）就是以全国为总体，以各地级市（地区、盟、州）为子总体，采取分层、二阶段、概率比例、整群抽样方法进行的，最终样本量为2131万人，占全国总人口的1.55%。

三、户口登记

户口登记属于经常性的人口统计工作，它是对某一国家或地区居民的名册及其特征（如姓名、性别、年龄、职业、受教育程度等）和出生、死亡、结婚、离婚、过继等事件的记录，并且是对一个国家或地区常住人口中每一个成员所选信息的连续记录。通过户口登记我们可以获得特定时间间隔内的人口规模、结构及其变化的信息。

户口登记工作一般由公安部门进行。如《中华人民共和国户口登记条例》有下列规定。城市和设有公安派出所的镇，以公安派出所管辖区为户口管辖区；乡和不设公安派出所的镇，以乡、镇管辖区为户口管辖区。乡、镇人民委员会和公安派出所为户口登记机关。居住在机关、团体、学校、企业、事业等单位内部和公共宿舍的户口，由各单位指定专人，协助户口登记机关办理户口登记；分散居住的户口，由户口登记机关直接办理户口登记。居住在军事机关和军人宿舍的非现役军人的户口，由各单位指定专人，协助户口登记机关办理户口登记。农业、渔业、盐业、林业、牧畜业、手工业等生产合作社的户口，由合作社指定专人协助户口登记机关办理户口登记；合作社以外的户口，由户口登记机关直接办理户口登记。

通过人口普查及人口抽样等方法收集的一系列关于人口基本特征的统计资料，如人口总数、人口性别构成、人口年龄构成、婚姻家庭构成、人口分布以及人口变迁等，这些都是人口社会学研究的基础性数据。

人口普查、抽样调查、户口登记是收集人口、社会、经济等数据的三种主要方法，由于其对象、项目和内容等存在一些不同之处，三者之间有着各自的优缺点（见表 3-1）①。

表 3-1 人口普查、抽样调查、户口登记的比较

数据收集方法	优点	缺点
人口普查	覆盖面广，包括每一个居民点的每人每户；可提供详细的地理数据；可提供多层次、详细交叉汇总的数据；数据可作为其他普查或调查的基础	每五年、十年举行一次；调查访问受时间限制，不能对所有项目做深入的探索；动态数据如生、死、收入等误差较大；普查时外出常住人口误差较大；调查覆盖面广，不易控制；费用较高，工作量大
户口登记	覆盖面广，包括每一个居民点的每户或每人；可提供详细的地理数据；经常不断地登记，可提供连续性人口数据；登记资料具有法律效力；登记体制有连续性	登记项目有限，不能做试探性询问；登记项目与方法依法制定，不易更改；登记站遍布全国，管理不易；登记人员素质不齐；登记体制受法律和行政体制不健全的限制；容易迟报和漏报；登记制度为行政管理而建立，统计为副产品
抽样调查	调查目的、项目选择性大；调查组织较小，容易管理；调查覆盖面窄，规模较小，容易控制；可做深入探索性询问；可以常做调查；花费较小	调查结果不能对小地区做估计；详细汇总的抽样误差大；动态数据如生、死、收入等误差较大；有人为及非人为的各种抽样误差；集体户抽样误差大；需要仔细管理和监督

第二节　我国人口调查

我国的人口调查有着 4000 多年的历史，有非常丰富的人口史料。早在公元前 22 世纪的虞舜时代，就有"平水土，分九州，数万民"的记载。这里所谓的"数万民"就是对当时人口数量进行统计。

在长达两千多年的封建社会里，历代统治者出于征收赋税、组织军队、管理臣民的目的，很注重人口数量状况，有所谓"不知齐民之数无以治国"之说。因此，历

---

① 游允中：《收集人口数据的方法》，北京：中国统计出版社，1996 年版，第 4 页。

代封建王朝都非常重视人口调查。从周朝的"乡遂法"① 开始，历经秦朝和汉朝"算赋法"②、隋朝"输籍法"③、唐朝"户籍法"和"里保户口制度"④、宋朝"三保法"⑤、元朝"村社制"和"乡都制"⑥、明朝"黄册编查法"⑦、清朝前期的"保甲法"⑧ 直至清朝中期的"摊丁入亩"⑨，这些都是依靠平时对人口的调查登记、汇总人口数据得以实现的。

近代以后，中国长期受制于外国列强的强权政治，国势衰微、危机四伏，政局如浮萍一般飘摇不定。由于没有进行有效的全国性人口普查，中国人口数量一直未得到准确的统计数据。

近代中国具有一定意义的人口普查有两次。第一次是在清末宣统年间（1909—1911年），这次人口普查是根据光绪三十四年（1908年）《民政部奏调查户口章程折》进行的。该章程规定："调查户口分两次办理，第一次调查户数，第二次调查口数。""调查户口应按照所定年限一律报齐，分期汇报民政部，由部奏明立案。① 人户总数应自本年起于第二年十月前汇报一次，至第三年十月前一律报齐。② 人口总数应自本年起于第三年及第四年十月前各汇报一次，至第五年十月前一律报齐。③ 其人口

---

① 西周时期国家管理臣民的方式。"乡"是国人（指居住在大邑内的人，指工商业者）居住之地，"遂"为野人（指居住在国城之郊野的人，指农民）居住之所。其具体管理方式为：采用5家为比、5比为闾、4闾为族、5族为党、5党为州、5州为乡；边远农村地区实行"遂"制，即5家为邻、5邻为里、4里为酂、5酂为鄙、5鄙为县、5县为遂，分别设邻长、里宰、酂长、鄙师、县正和遂大夫。

② 秦朝和汉朝时期国家管理臣民的方式。算赋是政府向成年人征收的人头税。

③ 隋朝制定各户等级和纳税标准的办法。规定每年农历正月初五，县令巡查，令百姓5党或3党为1团，根据标准定户等高低，重新规定应纳税额。

④ 唐朝时期国家管理臣民的方式。唐时朝廷设户部，县级由县令、县丞管理户籍，制定有《户籍法》，实行4户为邻、5邻为保、5保为里、5里为乡的四级编制。后改为里保户口制度，20户为保，设保长；5保为里，设里正。由里正、保长负责管理户口。

⑤ 宋朝时期国家管理臣民的方式。宋朝颁发《三保法》，以10家为1保，50家为1大保，10大保为1都保，由此来掌握户口情况。

⑥ 元朝时期国家管理臣民的方式。元时县司吏掌管全县户籍，县以下实行"村社制"和"乡都制"，以50家为1社，设村社长；250户或600户为1都。村社长、都主首负责基层户口管理，后期以乡都为户口管理编制。

⑦ 明朝时期国家管理臣民的方式。明时县由知县或县丞掌管户籍。地方编制户籍册，称《户帖》，后改称《赋税黄册》，实行甲里户籍管理，即10户为1甲，设甲长；110户为1里，设里长。由里长、甲长调查登记户口。后改为保甲制度，10户为甲，10甲为保。

⑧ 清朝时期国家管理臣民的方式。清时实行以保甲为基础的管理制度，按门牌造保甲册，分别登记家长姓名、年龄、职业及丁口。以10户为1牌，设牌头；10牌为1甲，设甲长；10甲为1保，设保正，负责户口的登记以及迁入、迁出的记载工作。

⑨ 清朝统治者将历代相沿的丁银并入田赋征收的一种赋税制度，它源于康熙年间，在雍正、乾隆年间得到普遍实行，其主要内容即为废除人头税。

总数业已查明的地方,应将调查人口事宜提前办理。"① 这次清查至宣统二年(1910年)完成。多数省份只报户数,而口数则依规定的每户平均人数推算。后根据相关资料,推算当时我国人口约为3.7亿。

第二次是在民国十七年(1928年)进行的全国人口调查。1928年5月,内政部呈准江苏、浙江、安徽三省援用前内务部民国四年颁布的"县治户口编查规则""警察厅户口调查规则"以及各项表式,在全国率先进行户口调查,"责成各省民政厅督饬各县县长,限于文到三个月内一律办竣"。② 同年7月,内政部又将拟定的户口调查报告规则和调查表式四种、统计表三种③,呈奉核准,以部令公布后,通令其他各省民政厅遵照办理,并限于民国十七年底前一律办竣。由于这次人口调查项目繁多,前期准备工作不甚周全,内政部在发布调查命令时,仅发出调查表和布置人口调查任务,对调查的准备工作均未安排,任由各省市民政厅局自行处理,致使各省所用表格与部颁表格不尽一致,所得数字不准确,推算出当时中国人口约为3.7亿,包括边民的全国人口总计约为4亿。

另外,中华民国政府还在民国元年至十六年(1912—1927年)进行过全国人口调查与户口统计,民国二十五年(1936年)进行过全国户口统计,民国二十六年至三十八年(1937—1949年)进行过全国户口统计。但由于种种原因,这三次全国性的户口调查都没有取得预期效果。

中华人民共和国成立至今,我国共进行了七次人口普查。分别详述如下。

(1) 以1953年6月30日24时为标准时点进行的第一次全国人口普查。普查的项目有:总人口(其中分男、女,15~49岁育龄妇女),总户数,各年龄组人口(其中分0~6岁、7~14岁、劳动年龄、男60岁/女55岁以上),市、镇、县人口。1954年11月1日,国家统计局发布了普查结果公报。

(2) 以1964年7月1日零时为标准时点进行的第二次全国人口普查。普查的项目除保留第一次人口普查的6个项目外,又增加了本人成分、文化程度、职业这3个项目。④

(3) 以1982年7月1日零时为标准时点进行的第三次全国人口普查。普查的项

---

① 《民政部奏调查户口章程折》,见《大清法规大全》卷六,政学社印本(宣统二年)。
② 内政部统计司:《民国十七年户口调查统计报告》,南京京华印书馆,1931年,第1-2页。
③ 本次人口调查方案如下:① 调查表分住户、船户、寺庙、公共户四种,规定调查常住人口;② 调查项目表和住户、船户调查表内容为姓名、性别、与户主关系、已/未嫁娶、有无子女、年龄及出生年月日、籍贯、曾否加入国民党、住居年数、职业、受教育程度、宗教、残疾及其他共14项,公共户与寺庙的调查项目较为简单;③ 分区调查方法,除已实行自治章程的省份,按自治区划分办理外,其余省市均依警区办理,未设警区的由该地方官署,按保卫团或民间习惯划分。
④ 我国从1960年起,暂停公布统计数字,因此第二次全国人口普查数据当时没有公布。1981年国家统计局发布了《第二次全国人口普查结果的几项主要统计数据》。

目与第二次人口普查相比，主要增加了婚姻状况、在业人口的行业与职业状况和妇女生育状况等19项。同年10月27日，国家统计局发布了《关于1982年人口普查主要数据的公报》。

（4）以1990年7月1日零时为标准时点进行的第四次全国人口普查。普查的项目除保留第三次人口普查的项目外，又增加了"1985年7月1日常住地状况"和"迁来本地的原因"两个项目。同年10月30日，国家统计局发布了《关于1990年人口普查主要数据的公报》。

（5）以2000年11月1日零时为标准时点进行的第五次全国人口普查。第五次全国人口普查共有四种表式，分别是普查表短表①、普查表长表②、死亡人口调查表和暂住人口调查表。2001年3月28日、4月2日，国家统计局分别发布了《关于2000年人口普查主要数据的公报》（第一号、第二号）。与以往的人口普查表相比，第五次人口普查表有以下三点不同。

① 第五次人口普查采用了长表、短表。普查方案要求在全国抽取10%的住户填写长表，另外90%的住户填写短表，即全国大约90%的人口填短表，10%的人口填长表，由不同的普查员或普查指导员分别入户登记短表和长表。

② 为了进一步掌握我国日益增多的流动人口数量和结构，以及减少漏报人口，核实全国人口总量，这次人口普查增加了暂住人口调查表。暂住人口调查表比较简单，主要有性别、年龄和暂住人口登记地几个项目。此表按调查小区进行登记，每小区一份，按户编号的顺序依次登记。普查员进入每一户都要仔细询问该户是否有暂住人口，凡是填报了暂住人口表的人，一律不能填报本户所登记的长表或短表项目。

③ 为了解普查标准时间前一年人口的死亡状况，计算人口死亡率和平均预期寿命，这次人口普查增加了死亡人口调查表。它要求对过去一年中各户的死亡人口进行登记，共有8个项目，主要包括性别、年龄、民族、受教育程度、婚姻状况等。普查员入户登记时，要以规范、礼貌的问话和语气询问该住户是否有死亡人口，若有死亡人口，就在死亡表上登记。死亡人口调查表按调查小区登记，每小区一份，按户编号的顺序依次登记。凡是填报了死亡人口表的人，就不再填报本户的长表或短表项目。

---

① 普查表短表只登记传统的、常规性的少数几个普查项目，如每户的出生人口、死亡人口、住房间数和面积，家庭成员的年龄、性别、民族、户口登记状况、受教育程度等，其中按户登记的有10项，按人登记的有9项。

② 普查表长表既包括所有的短表项目，又增加了一些有关人口迁移、文化教育、经济活动、婚姻生育以及住房设施等项目；其中许多项目资料只有通过人口普查才能获得，如与人口相联系的户住房建筑结构、费用、内部设施情况，人口迁移状况、经济活动分布和生活来源等；长表中共有户记录23个项目，人记录26个项目。

（6）以 2010 年 11 月 1 日零时为标准时点进行的第六次全国人口普查。本次人口普查主要调查人口和住户的基本情况。普查内容包括性别、年龄、民族、受教育程度、行业、职业、迁移流动、社会保障、婚姻生育、死亡、住房情况等。人口普查的对象是在中华人民共和国境内（不包括香港、澳门和台湾地区）居住的自然人。2011 年 4 月 28 日、4 月 29 日，国家统计局分别发布了《关于 2010 年人口普查主要数据的公报》（第一号、第二号）。

（7）以 2020 年 11 月 1 日零时为标准时点进行的第七次全国人口普查。本次人口普查为普查标准时点在中华人民共和国境内的自然人以及境外但未定居的中国公民，不包括在中华人民共和国境内短期停留的境外人员。普查主要调查人口和住户的基本情况，内容包括姓名、居民身份证号码、性别、年龄、民族、受教育程度、行业、职业、迁移流动、婚姻生育、死亡、住房情况等。2021 年 5 月 11 日，国家统计局分别发布了《关于 2020 年人口普查主要数据的公报》（第一号至第八号）。

我国 1953 年、1964 年、1982 年、1990 年、2000 年、2010 年、2020 年的七次全国人口普查基本情况见表 3-2。

表 3-2　我国七次全国人口普查基本情况

指标	1953 年	1964 年	1982 年	1990 年	2000 年	2010 年	2020 年
总人口（万人）	59435	69458	100818	113368	126583	133972	141178
男	30799	35652	51944	58495	65355	68685	72334
女	28636	33806	48874	54873	61228	65287	68844
育龄妇女（15～49 岁）	13314	15161	24829	30635	—	35725	32555
性别比	107.56	105.46	106.30	106.60	106.74	105.20	105.07
家庭户规模（人/户）	4.33	4.43	4.41	3.96	3.44	3.10	2.62
各年龄组人口（万人）							
0～6 岁	11700	13542	13456	15548	—	10507	11302
7～14 岁	8884	14525	20269	15752	—	11625	14036
男 16～59、女 16～54 岁人口	29983	34149	55087	67903	—	87564	82647
男 60、女 55 岁以上人口	5170	5407	9304	11684	—	21782	31460
各年龄组人口所占百分比（%）							
0～14 岁	36.28	40.69	33.59	27.69	22.89	16.60	17.95
15～64 岁	59.31	55.75	61.50	66.74	70.15	74.53	68.55
65 岁及以上	4.41	3.56	4.91	5.57	6.96	8.87	13.50
城乡人口（万人）							
城镇人口	7726	12710	21082	29971	45844	66557	90199

续表

指标	1953年	1964年	1982年	1990年	2000年	2010年	2020年
乡村人口	50534	56748	79736	83397	80739	67415	50979
市、镇、县人口（万人）							
市	—	—	—	14525	21122	—	—
镇	7726	9455	6106	8492	—	—	—
县	50534	59667	79769	83437	—	—	—
其他类人口							
15岁及以上人口（万人）	—	—	—	66548	81751	10554	115837
未婚	—	—	—	19012	20541	22792	—
有配偶	—	—	—	42376	55737	75287859	—
丧偶	—	—	—	4764	4989	1456283	—
离婚	—	—	—	396	484	6005301	—
预期寿命（岁）							
平均预期寿命	—	—	67.77	68.55	71.40	74.83	—
男	—	—	66.28	66.84	69.63	72.38	—
女	—	—	69.27	70.47	73.33	77.34	—

资料来源："一普"至"五普"数据引自国家统计局《中国统计年鉴》（1993年），中国统计出版社1993年版，第84页；国家统计局《中国统计年鉴》（2006年），中国统计出版社2006年版，第102页。2010年"六普"、2020年"七普"数据来自国家统计局网站，见 http://www.stats.gov.cn/tjsj/pcsj/rkpc/7rp/indexch.htm。

资料说明："—"表示该次人口普查时没有此项目或者没有公布此项目数据。

我国人口统计数据的整理和发布主要由三个部门负责，从不同的层面反映全国人口状况。

第一，国家统计局（各省、直辖市、自治区统计部门以及各地市级统计部门）每年发布的《统计公报》中的"人口"部分数据，以及《统计年鉴》中"人口"部分中的数据；国家统计局人口和社会发展司（各省、直辖市、自治区以及各地市级统计部门的对应机构）每年发布的《人口统计年鉴》。这些数据主要包括：人口数及构成，人口出生率、死亡率和自然增长率，各地区人口出生率、死亡率和自然增长率，各地区人口的城乡构成，各地区人口平均预期寿命，按年龄和性别区分的人口数，各地区户数、人口数、性别比和住户规模，各地区按性别、户口登记状况区分的人口，各地区人口年龄构成和抚养比，等等。

第二，各级公安部门发布的人口及其变动情况的年报数，主要有年末总人口数，本年度人口变动数，等等。

第三，各级人口和计划生育部门发布的计划生育统计年鉴，主要有人口自然变动情况，人口结构变动情况，人口计划生育数据，等等。

第四，国家统计局（各省、直辖市、自治区统计部门以及各地市级统计部门）发布的关于人口普查以及人口抽样调查的数据。

与此同时，我国还进行人口抽样调查以掌握人口变动情况。我国的人口抽样调查主要采取定期人口抽样调查和不定期专项人口抽样调查两种形式。

定期人口抽样调查主要有两种形式：一是每年进行一次的人口变动情况抽样调查；二是两次普查之间进行一次简易的人口普查。① 人口变动情况抽样调查从1982年开始，每年进行一次，并形成了制度。这些人口数据公布在国家统计局当年出版的《关于国民经济和社会发展计划执行结果的公报》以及当年出版的《统计年鉴》"人口"部分的数据中。简易的人口普查至今已进行了四次，分别在1987年、1995年、2005年、2015年进行了全国1%人口抽样调查。

1982年以来，我国进行的不定期专项人口抽样调查主要有：1982年全国1‰人口生育率抽样调查；1984年全国儿童基本情况抽样调查；1985年第一期深入生育力抽样调查；1987年第二期深入生育力抽样调查；1987年全国残疾人抽样调查；1987年全国儿童情况抽样调查；1987年60岁以上老年人口抽样调查；1988年全国生育、节育抽样调查；1992年全国生育率抽样调查；1992年国家计划生育管理信息系统首次调查；1992年全国儿童情况抽样调查；1997年全国人口与生殖健康调查；2001年全国计划生育/生殖健康调查；2006年全国人口和计划生育抽样调查；2007年第二次全国残疾人抽样调查；2017年全国生育状况抽样调查；等等。这些调查紧紧围绕不同时期人口与计划生育的中心工作，在社区、住户、个人三个层面上，从生育水平、生育意愿、生育养育服务、避孕节育、生殖健康、住户规模、家庭收入、养老保障、人口流动、服务设施、社区服务等方面进行了内容广泛的数据收集活动，给人口社会学的分析和研究提供了重要的基础。

第三节
人口社会学研究过程

所谓研究，就是一个认真地提出问题，并以系统的方法寻找问题答案的过程。作为一种系统、科学的认识过程，社会研究遵循一套比较固定的程序，从大的方面

---

① 为了全面准确地掌握全国人口状况，我国在1986年建立了一套定期人口普查制度，即每十年进行一次全国人口普查（在年号末位逢零的年份进行普查），两次普查中间进行一次全国1%的人口抽样调查，即简易的人口普查。

来看，社会研究的过程一般分为以下五个阶段[①]。

第一，选择问题阶段。确定研究问题并将其系统化。从程序上看，选择研究问题是一项社会研究活动的起点，是整个研究工作的第一步。研究问题一旦确定，整个研究活动的目标和方向也就随之确定。但选择问题阶段受到众多主、客观因素的制约，主要包括研究者理论素养、生活阅历、观察角度、研究兴趣、社会环境等。选择问题阶段非常重要，研究问题选择的好坏在一定程度上决定了这项研究工作的成败。选题阶段主要有两个任务：一是选取研究主题，即从现实生活存在的众多现象、问题中，根据研究者的兴趣、需要和动机确定一个研究主题；二是形成研究问题，即进一步明确研究的范围，集中研究的焦点，将最初比较含糊、笼统、宽泛的研究领域或研究现象具体化、精确化，将其转化为既有价值又有新意，还切实可行的研究问题。一般来说，研究者首先选取一个研究主题，再在这一主题领域中选择和形成一个研究问题。这一过程既包含着从一般到特殊的"过滤"过程，也是一种从模糊到清晰的"聚焦"过程。

第二，研究设计阶段。研究设计阶段由道路选择和工具准备两部分组成。道路选择是指为了实现研究目标而进行的研究设计工作，它涉及研究的思路、策略、方式、方法以及具体技术工具等各个方面，从研究目标、研究用途、研究方式、分析单位，直到具体的研究方案。工具准备是指对研究所依赖的测量工具或信息收集工具如问卷、量表、实验手段等的准备。

第三，研究实施阶段。这个阶段的主要任务就是具体贯彻研究设计中所确定的思路和策略，按照研究设计中所确定的方式、方法和技术进行资料的收集工作。在这个阶段，研究者往往要深入实地，接触被研究者；或者要设计出实验环境，实施实验刺激和测量；或者要收集大量的文献资料。

第四，资料处理与分析阶段。这一阶段的主要任务是对研究所收集到的原始资料进行系统的审核、整理、归类、统计和分析。这个阶段既有对原始数据资料的清理、转换和录入工作，也有对原始文字资料、图片资料、音像资料等的整理、分类和加工工作；既有对数据资料进行的各种定量分析，也有对定性资料进行的综合、归纳和解读分析。

第五，得出结果阶段。这一阶段的主要任务是撰写研究报告、评估研究质量、交流研究成果。研究报告是一种以文字和图表将整个研究工作所得到的结果系统、集中、规范地反映出来的形式，是社会研究成果的集中体现。

图3-1反映了社会研究从选择研究问题开始直到得出研究结果为止的全过程，以及这一过程中的五个主要阶段和每一阶段的基本内容。社会研究的过程始于研究问

[①] 风笑天：《社会学研究方法》（第2版），北京：中国人民大学出版社，2005年版，第14-16页。

题的选择，经过若干个不同的阶段后，最终得出研究结果。图中的箭头表明，从问题到结果的路径不止一条，即社会研究可以有多种不同的选择方式。

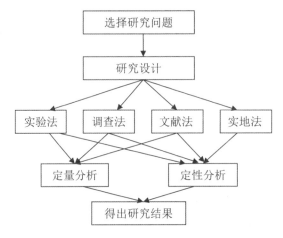

图 3-1 社会研究的基本过程

社会科学的研究方法是相通的。人口社会学的研究过程也包括选择问题、研究设计、研究实施、资料处理与分析、得出结果五个阶段。陈达曾说："人口问题的研究，须要采取科学方法，特别是下列各点：第一，事实的搜集；第二，事实的整理与分类；第三，解释、结论或假设；第四，证误。人口的研究以事实为基础，以结论或者解释为指归，所以学理的发展或证明是有可能的。"[①] 说的就是同一个意思。

第四节 人口社会学的研究方法

一、社会研究的方法体系[②]

社会研究方法是一个包含不同层次和方面的综合体系，这一体系中包括众多内容，各个部分之间有着紧密的内在联系。一般地，将社会研究的方法体系分为三个层次，即方法论、研究方式、具体方法及技术。

方法论主要涉及社会研究过程的逻辑和研究的哲学基础，用于规范一门学科的原理、原则和方法的体系。探讨的主要问题包括：① 社会现象的性质及其理解；

---

① 陈达：《人口问题》，上海：商务印书馆，1934 年版，第 2 页。
② 风笑天：《社会学研究方法》（第 2 版），北京：中国人民大学出版社，2005 年版，第 6-10 页。

② 社会研究的哲学基础及其假定；③ 社会研究过程和结果的客观性问题；④ 社会研究者的价值观与研究问题之间的关系；⑤ 社会研究中的不同范式及其应用；⑥ 不同研究方式的内在逻辑等。

在社会研究中，存在着两种基本的、相互对立的方法论——实证主义方法论和人文主义方法论。实证主义方法论是指社会研究应该对社会现象及其相互联系进行类似于自然科学那样的探讨；要通过非常具体的、客观的观察，概括得出结论。同时，这种研究过程应该是可以重复的，定量分析是其最典型的研究方式。人文主义方法论则是指充分考虑人的特殊性，发挥研究者在研究过程中的主观性，定性研究是其典型的研究方式。

研究方式是指研究所采取的具体形式或研究的具体类型。社会研究的具体方式可划分为四种主要类型，分别为调查研究、实验研究、实地研究、文献研究。

表 3-3 是社会研究基本方式的具体内容。

表 3-3　社会研究的基本方式

研究方式	方法论	子类型	资料收集方法	资料分析方法	研究性质
调查研究	实证主义	普遍调查、抽样调查	统计报表、自填式问卷、结构式访问	统计分析	定量
实验研究	实证主义	实地实验、实验室实验	自填式问卷、结构式访问、结构式观察、量表测量	统计分析	定量
实地研究	人文主义	参与观察、个案研究	无结构访问、无结构观察	定性分析	定性
文献研究	实证主义	统计资料分析、二次分析、内容分析	官方统计资料、他人原始数据、文字声像文献	统计分析	定量

社会研究的具体方法及技术是指在研究过程中所使用的各种资料收集方法、资料分析方法，以及各种特定的操作程序和技术。资料收集和分析是社会研究过程中的两项重要任务，与四种不同的研究方式相对应，研究者可以采用多种不同的资料收集方法和分析方法，如问卷法、访问法、观察法、量表法、抽样方法、测量方法、统计分析方法、定性资料分析方法、计算机应用技术等。这些方法处于社会研究方法体系中最具体的层面，具有专门性、技术性、可操作性的特点。

表 3-4 是社会研究方法体系包含的主要内容。

表 3-4　社会研究的方法体系

社会学研究方法体系	方法论 （实证主义方法论、 人文主义方法论）	哲学基础 逻辑 范式 价值 客观性
	研究方式	调查研究 实验研究 实地研究 文献研究
	具体方法及技术	问卷法 访问法 观察法 量表法 抽样方法 测量方法 统计分析方法 定性资料分析方法 计算机应用技术

二、定量研究与定性研究

事物的质与量两个方面的属性，决定了社会研究存在定量研究与定性研究两种不同的探讨方式[①]。

定量研究侧重于且较多地依赖于对事物的测量和计算，它较多地用数字和量度来描述，而不是用语言文字。定性研究则侧重于和依赖于对事物的含义、特征、隐喻、象征的描述和理解，它较多地用语言文字，而不是数字和量度来描述。

定量研究与定性研究的比较如表 3-5 所示。

---

① 风笑天：《社会学研究方法》（第 2 版），北京：中国人民大学出版社，2005 年版，第 10-13 页。

表 3-5　定量研究与定性研究的比较

比较项目	定量研究	定性研究
哲学基础	实证主义	人文主义
研究范式	科学范式	自然范式
逻辑过程	演绎推理：一般→特殊	归纳推理：特殊→一般
理论模式	理论检验	理论建构
主要目标	确定相关关系和因果联系	深入理解社会现象
分析方法	统计分析	文字描述
主要方式	实验、调查	实地研究
资料收集技术	量表、问卷、结构观察	参与观察、深度访问
研究特征	客观	主观

三、人口社会学的研究方法

人口社会学通过对人口过程、人口结构、人口事件、人口变迁与发展等人口基本概念的研究，在人口变量、社会变量的相互关系中，探讨社会事件、社会发展对人口过程的影响，研究人口变化与社会变化、社会发展之间的相互关系。因此，人口社会学的研究方法集人口学研究方法和社会学研究方法之长，同时还综合运用了统计学、经济学、生物学、地理学等多门学科的研究方法。

人口学具备一套独特的数据收集、处理和运用的技术和方法，十分重视对事物的定量分析和使用准确的描述语言，以尽可能地使分析过程和结果接近于客观事实。早期的人口学非常重视对各种基本的人口变量进行资料收集、整理和分析。比如，格兰特希望能够计算出伦敦的死亡人数、出生的男孩与女孩数、伦敦出生人数是否超过死亡和伤残人数等；威廉·配第在《政治算术》一书中提到，人口学就是"用数字、重量和尺度来表达自己想说的问题"。

随着新的人口现象、人口问题的不断出现，人口学研究方法也同步得到了极大的发展。第二次世界大战初期由于人口基本数据的缺乏，出现了利用不完全和有缺陷的人口数据进行估计推算的人口学研究方法；之后，随着人口普查及世界生育率调查等人口数据库的完善，人口学研究方法日臻完善。在稳定人口理论和模式中出现了许多对实际分析很有用的方法，如重新构建原来的生命统计指标，利用稳定和准稳定人口来估计人口资料残缺不全国家的人口变量；以人口普查的已生子女数和存活子女数作为对出生率的估算等。在生命表中无论是编制方法还是使用方法都有许多创新，如模型生命表的编制、多元衰减生命表、各种类型的婚姻表和工作年龄表等。在人口预测方法上，出现了因素分析法等人口分析方法。在生育率的分析上，由于实践的需要，研究方法的更新加快。如采用队列分析法同时间分析法相比有了质的差别；生育率分布、胎次和胎次递进比等对生育的概率的估算比以前更优。

从社会学的角度来看，人口社会学还较多地运用了调查研究、实验研究、实地研究、文献研究等社会研究的具体方式，以及问卷法、访问法、观察法、量表法、抽样方法、测量方法、统计分析方法、定性资料分析方法、计算机应用技术等具体的手段，对人口现象、人口过程进行了细致的研究。

基本概念

人口普查；抽样调查；户口登记

思考题

1. 简述我国人口调查的历史。
2. 试述人口社会学的研究过程。
3. 试述人口社会学的研究方法。

第二编

人口过程

第四章

人口生育

人口生育是最基本的人口过程之一，是具有决定性意义的人口现象。人口生育对于个人、家庭和社会来说具有重要意义，新出生人口的数量和质量在人口增加的方向上影响着人口再生产的过程。一个新生儿的诞生意味着一个新生命的到来，他将在自己生活的社会和地区度过个人的生命历程；同时，一个社会如果没有人口生育的持续发展，就不可能有一个自我替换和更新的持续发展。出生是人口自然变动的基本因素和人类更替的前提条件。本章首先介绍人口生育的主要概念及其测量内容；其次介绍我国人口出生率及生育率发展情况；再分析影响生育率的社会、经济因素；最后介绍生育文化与生育意愿的概念、内容和特征。

第一节 生育及其测量

一、生育力

生育作为人口再生产过程中的一个重要环节，它从正的方向影响人口总量变动。所谓生育，是指在一定的社会条件下，男女两性结合生育子女、繁衍后代的一种人口现象。人类的生育行为并非一种单纯的生理过程，生活在一定社会中的人，必然要受到社会的制约和影响，因此，人类的生育活动不仅是一种生物现象，也是一种社会现象，因此可以分别用生物学的生育力和社会学的生育率对其进行测量。

生育作为一种生物过程，首先通过生物学上生育力（fecundity）表现出来。生育力也称生殖力，是指一个妇女（尤其是指育龄妇女）在不实行任何限制的条件下一生中生育子女的能力或生殖潜力。人的生育能力从古到今几乎不变。从生理上来说，女性理论上育龄期是 15~49 岁，在这 35 年间，一个妇女能生育多少个小孩，或者说一个妇女能怀孕多少次，是由其生理规律所决定的。20 世纪 50 年代初，美国学者古特马赫认为，理论上一个妇女一生最多可以生育 15~20 个孩子。他推断的依据是，亲自哺乳的妇女每 24 个月可生一胎，不亲自哺乳的 19 个月即可生一胎。如果照此计算，一个妇女的生育若不加限制且所生婴儿全部由自己哺乳，则在 30 年左右的实际育龄期（15~44 岁）中最多可生 15 胎，在更为通用的 35 年理论育龄期（15~49 岁）中最多可生 18 胎。若所生婴儿一部分不由生母哺乳，则在 35 年育龄期中最多可生 20 胎甚至更多。[①] 人口学者邦戈茨在研究生育率模型时，把生育力作为基本指数，定义每个妇女的生育能力为 13~17 个孩子，平均为 15.3 个孩子。但是，这种生育上的最大生物潜能在历史上和在目前都未在绝大多数人群中实现过。这说明，生物因素只是给人的生育提供了可能，但要把这种可能变为现实，还要受到人们所处的社会经济环境等因素的制约。一定时期、一定地区人口的生育活动不仅受到生物规律的支配，同时也是社会、经济及文化水平等因素作用于人口再生产的结果。

二、生育测量

（一）出生率

出生是指以夫妇双方为基础，女方怀孕后，胎儿出生时具有脐带颤动，或心脏跳动，或有呼吸及肯定的随意肌收缩等生命现象的婴儿完全脱离母体降临到人间的过程。出生是人口自然变动的基本因素和人类更替的前提条件。

出生率（birth rate）是指某一地区一定时期内（通常为一年）育龄妇女生育的活产婴儿数与同一时期总人口数（或年中人口数）的比例，一般用千分比来表示。人口出生率反映了人口出生强度，因此，它所考察的是出生时有生命现象的婴儿，不包括死产婴儿（即出生时没有心跳、呼吸等生命特征的婴儿）。根据世界卫生组织的建议，活产意味着不管母亲妊娠期的长短，只要她所孕育的胎儿完全脱离母体并在脱离后有呼吸和诸如心脏搏动、脐带跳动、随意肌的明显运动等生命现象存在。

---

① 魏津生：《现代人口学》，重庆：重庆出版社，1992 年版，第 54-55 页。

出生率的计算公式为：

$$出生率 = 年出生人数 / 年平均人数 \times 1000‰$$

式中，年出生人数是指一年内活产婴儿数；年平均人数是指年初、年底人口数的平均数，也可用年中人口数代替。

世界各国的人口出生率差别较大。一般认为，出生率大于 20.0‰ 的为高出生率；出生率小于 20.0‰ 的为低出生率。

（二）自然增长率

人口自然增长率是表征人口自然增长的趋势和程度（或速度）的指标，即某一地区一定时期内（通常为一年）人口自然增长数（出生人口数减死亡人口数）与总人口数之比，用千分比表示。其计算公式为：

$$人口自然增长率 = (某地某一时期出生人口数 - 死亡人口数) / 同期总人口数 \times 1000‰$$

人口自然增长率还可以通过出生率、死亡率的关系计算出来：

$$人口自然增长率 = 人口出生率 - 人口死亡率$$

当某地一定时期出生人口数等于死亡人口数时，人口自然增长率为零，表示人口既不增加也不减少；当某地一定时期出生人口数大于死亡人口数时，人口自然增长率为正值，表示人口增加；反之，表示人口减少。

根据人口自然增长率的高低可以判断人口增长水平的高低。一般认为：① 如果人口自然增长率低于零，那么人口增长水平就是负增长，人口数量就会不断减少；② 如果人口自然增长率小于 10.0‰，那么人口增长水平就是低增长；③ 如果人口自然增长率大于 10.0‰ 且小于 20.0‰，那么人口增长水平就是高增长；④ 如果人口自然增长率大于 20.0‰，那么人口增长水平就是高速增长。

（三）生育率

生育率（fertility rate）不同于生物学概念的生育力，它是一个与社会相关的统计概念和指标。生育率是指不同时期、不同地区育龄妇女的实际生育水平，表现出来的是一个人口总体中育龄妇女的生育水平。它是按生育的活产婴儿数相对于一定性别、年龄的一定量（每千人）人数而计算出来的。

出生率与生育率是两个不同的概念。一方面，出生率是出生婴儿数与同一时期的总人口数的比率，而生育率则是出生婴儿数与同一时期相关的育龄妇女人数的比率。另一方面，生育率只反映妇女生育的强度，就不同地区而言，妇女生育小孩的绝对数量不尽相同，育龄妇女人数在总人口中占的比重较大，生育率相对较高，出生婴儿也较多；反之则较少。出生率的高低能够反映一定的生育水平下出生婴儿的多少。生育率水平是出生率水平的基础，两者成正比关系。生育率愈高，出生率愈高；

生育率愈低,出生率愈低。

生育率是系列指标的一个总称,它包括一般生育率、年龄别生育率、总和生育率等多个指标。生育率度量的是妇女群体的实际生育水平,而不是单个妇女或某一妇女的生理生育能力(生育力)。不同类别的生育率有一个共同点,即作为分母的是不同类别的育龄妇女人数,因此,生育率只能是"妇女生育率",而出生率则是"人口出生率"。

1. 一般生育率

一般生育率(general fertility rate)指某一地区一定时期内(通常为一年)出生的活产婴儿与同期育龄妇女(15~49岁)平均数之比。通常用千分比表示,说明每千名育龄妇女生育的活产婴儿数。其计算公式为:

一般生育率=一年内活产婴儿数/同期平均育龄(15~49岁)妇女总数×1000‰

一般生育率是生育率度量中的基本指标,能综合反映人口的生育水平。它比出生率要精确一些,因为它将生育同可能生育的特定性别年龄的人口联系起来(通常是15~49岁的育龄妇女),排除了年龄性别结构不同引起的偏差。因此,一般生育率比出生率更能揭示生育水平的变化。

但一般生育率仍然受到育龄妇女内部年龄结构及其生育水平的影响。如果测定的一类妇女中生育旺盛妇女(20~29岁)和生育比较旺盛妇女(30~34岁)所占的比例越大,一般生育率就越高;反之,一般生育率就越低。对不同年龄结构妇女的生育率进行比较准确的测量,还需要计算和考察年龄别生育率这一生育指标。

2. 年龄别生育率

年龄别生育率又称特殊生育率(age specific fertility rate),反映了育龄妇女各个年龄组的生育水平,是某一地区一定时期内(通常为一年)某个年龄组育龄妇女所生育的活产婴儿数与相应年龄组的育龄妇女总人口数的比率。通常用千分比表示,说明每千名某个年龄组育龄妇女生育的活产婴儿数。不同年龄育龄妇女的生育水平是不相同的,年龄别生育率这个指标则完全排除了人口性别和年龄构成对生育水平的影响。其计算公式为:

年龄别生育率=一年内某个年龄组妇女活产婴儿数/同期该年龄组育龄妇女人数×1000‰

一般地,年龄别生育率对育龄妇女(15~49岁)各个年龄组的划分以1岁组和5岁组两种分组形式进行计算。1岁组年龄分组形式即为:15岁、16岁、17岁……47岁、48岁、49岁;5岁组年龄分组形式一般为:15~19岁、20~24岁、25~

29岁、30～34岁、35～39岁、40～44岁、45～49岁。不同年龄组的生育率有较明显的差异，一般来说，低年龄组、高年龄组的妇女生育率较低，而中年龄组的妇女生育率较高；20～29岁为生育旺盛年龄组，30～34岁为生育比较旺盛年龄组。

3. 总和生育率

总和生育率（total fertility rate）是衡量生育水平最常用的指标之一，是指假设妇女按照某一年的年龄别生育率度过育龄期，平均每个妇女在育龄期生育的孩子数。总和生育率将特定时点上全体妇女的生育率综合起来，以一个数字来表示。实际上，它就是假设一个妇女在整个育龄期都按照某一年的年龄别生育率生育，她所生育孩子的总数。

由于总和生育率避开了育龄妇女不同的年龄结构对生育的影响，因此可以用于比较不同情况下的生育率，是最方便的测量生育率的指标。同时，总和生育率还是测量妇女当前生育水平的一个重要指标，在社会相对稳定的情况下，它可以反映妇女生育率变化的趋势和不同地区妇女生育水平的差别。

在数值上，总和生育率是将年龄别生育率从低龄到高龄（一般为15～49岁）累计相加即可。

如果育龄妇女年龄组的划分以 N 岁组为单位时，其计算公式为：

$$总和生育率＝各年龄别生育率之和 \times N$$

例如，育龄妇女年龄组的划分以1岁组为单位，其计算公式为：总和生育率＝各年龄别生育率之和。育龄妇女年龄组的划分以5岁组为单位时，其计算公式为：总和生育率＝各年龄别生育率之和×5。

总和生育率的更替水平是一个十分重要的指标。更替水平是指同一批妇女生育女儿的数量恰好能替代她们本身。由于在出生时，男孩数量会略大于女孩数量，且有一部分女孩可能会在育龄前死亡，故总和生育率的更替水平肯定大于2.0。[①] 一般认为，总和生育率等于2.1称为生育率的更替水平，表明人口数量会维持现状；如果总和生育率小于2.1，则人口数量经过一段时间后就会减少；如果总和生育率大于2.1，则人口数量经过一段时间后就会增长。经验数值表明，发达国家达到更替水平的总和生育率为2.1，而发展中国家达到更替水平的总和生育率大于2.1。如受出生性别比失衡等因素影响，中国达到更替水平的总和生育率为2.26。[②]

表4-1列出的是2020年第七次全国人口普查（以下简称"七普"）的分年龄组育龄妇女年龄别生育率、总和生育率的计算过程。第（2）列是全国"七普"时5岁

[①] 杨菊华、靳永爱：《人口社会学》（第二版），北京：中国人民大学出版社，2020年版，第52页。
[②] 王金营、翟振武、杨江澜等：《亚洲发展中国家和地区妇女实际生育水平与更替生育水平的评估》，载《人口研究》2007年第4期，第20-26页。

一组的育龄妇女人数，第（3）列是该年龄组妇女生育子女数，第（4）列表示妇女在育龄期内每年生育的可能性，近似于妇女生育的概率。表4-1中的年龄别生育率都以"七普"时作为统计标准，如果这一批妇女在其一生中的各个年龄阶段，都以"七普"时相应的年龄别生育率生育，即她们在15~19岁按6.07‰生育率生育、20~24岁按55.22‰生育率生育、25~29岁按98.98‰生育率生育……40~44岁按6.34‰生育率生育、45~49岁按1.61‰生育率生育，那么这一批妇女平均每人在整个生育期间内将生育1.30个孩子，计算过程为：总和生育率＝(6.07＋55.22＋98.98＋65.05＋26.91＋6.34＋1.61)‰×5＝1.30。即2019年11月1日—2020年10月31日我国育龄妇女总和生育率为1.30。

表4-1 全国"七普"时育龄妇女分年龄组的生育率（‰）、总和生育率

年龄组（1）	该年龄组妇女人数（2）	该年龄组妇女生育子女数（3）	年龄别生育率（4）＝（3）/（2）
15~19岁	3647362	22132	6.07
20~24岁	3546605	195859	55.22
25~29岁	4490336	444455	98.98
30~34岁	5925543	385477	65.05
35~39岁	4728349	127235	26.91
40~44岁	4559392	28902	6.34
45~49岁	5657801	9084	1.61
总和生育率＝(6.07＋55.22＋98.98＋65.05＋26.91＋6.34＋1.61)‰×5＝1.30			

资料来源：国务院第七次全国人口普查领导小组办公室《2020中国人口普查年鉴》，表6-3"全国育龄妇女分年龄、孩次的生育状况"（2019.11.1—2020.10.31），见 http://www.stats.gov.cn/tjsj/pcsj/rkpc/7rp/zk/index-ch.htm。

资料说明：表中总和生育率＝各年龄别生育率之和×5，下同。

表4-2所列为2020年全国"七普"时城市育龄妇女分年龄组的生育率、总和生育率。人口普查数据表明，2019年11月1日—2020年10月31日我国城市育龄妇女总和生育率为1.12。

表4-2 全国"七普"时城市育龄妇女分年龄组的生育率（‰）、总和生育率

年龄组（1）	该年龄组妇女人数（2）	该年龄组妇女生育子女数（3）	年龄别生育率（4）＝（3）/（2）
15~19岁	1588414	3943	2.48
20~24岁	1792532	58814	32.81
25~29岁	2171306	191245	88.08
30~34岁	2873524	186631	64.95

续表

年龄组（1）	该年龄组妇女人数（2）	该年龄组妇女生育子女数（3）	年龄别生育率（4）=（3）/（2）
35～39岁	2305122	63466	27.53
40～44岁	2063811	13261	6.43
45～49岁	2288551	3226	1.41

城市总和生育率 =（2.48+32.81+88.08+64.95+27.53+6.43+1.41)‰×5=1.12

资料来源：国务院第七次全国人口普查领导小组办公室《2020中国人口普查年鉴》，表6-3a"全国育龄妇女分年龄、孩次的生育状况"（2019.11.1—2020.10.31）（城市），见 http://www.stats.gov.cn/tjsj/pcsj/rkpc/7rp/zk/indexch.htm。

表4-3所列为2020年全国"七普"时镇育龄妇女分年龄组的生育率、总和生育率。人口普查数据表明，2019年11月1日—2020年10月31日我国镇育龄妇女总和生育率为1.40。

表4-3 全国"七普"时镇育龄妇女分年龄组的生育率（‰）、总和生育率

年龄组（1）	该年龄组妇女人数（2）	该年龄组妇女生育子女数（3）	年龄别生育率（4）=（3）/（2）
15～19岁	1004672	4995	4.97
20～24岁	747273	48730	65.21
25～29岁	1039893	112135	107.83
30～34岁	1427613	94279	66.04
35～39岁	1129845	30183	26.71
40～44岁	1108839	7247	6.54
45～49岁	1336846	2322	1.74

镇总和生育率 =（4.97+65.21+107.83+66.04+26.71+6.54+1.74)‰×5=1.40

资料来源：国务院第七次全国人口普查领导小组办公室《2020中国人口普查年鉴》，表6-3b"全国育龄妇女分年龄、孩次的生育状况"（2019.11.1—2020.10.31）（镇），见 http://www.stats.gov.cn/tjsj/pcsj/rkpc/7rp/zk/indexch.htm。

表4-4所列为2020年全国"七普"时乡村育龄妇女分年龄组的生育率、总和生育率。人口普查数据表明，2019年11月1日—2020年10月31日我国乡村育龄妇女总和生育率为1.54。

表4-4 全国"七普"时乡村育龄妇女分年龄组的生育率（‰）、总和生育率

年龄组（1）	该年龄组妇女人数（2）	该年龄组妇女生育子女数（3）	年龄别生育率（4）=（3）/（2）
15～19岁	1054276	13194	12.51

续表

年龄组（1）	该年龄组妇女人数（2）	该年龄组妇女生育子女数（3）	年龄别生育率（4）＝（3）/（2）
20～24 岁	1006800	88315	87.72
25～29 岁	1279137	141075	110.29
30～34 岁	1624406	104567	64.37
35～39 岁	1293382	33580	25.97
40～44 岁	1386742	8394	6.05
45～49 岁	2032404	3536	1.74
乡村总和生育率＝（12.51＋87.72＋110.29＋64.37＋25.97＋6.05＋1.74)‰×5＝1.54			

资料来源：国务院第七次全国人口普查领导小组办公室《2020 中国人口普查年鉴》，表 6-3c "全国育龄妇女分年龄、孩次的生育状况"（2019.11.1—2020.10.31）（乡村），见 http：//www.stats.gov.cn/tjsj/pcsj/rkpc/7rp/zk/indexch.htm。

人口普查数据表明，2019 年 11 月 1 日—2020 年 10 月 31 日我国城市、镇和乡村育龄妇女总和生育率分别为 1.12、1.40 和 1.54。可见，这一时期我国育龄妇女总和生育率从低到高排序分别为城市（1.12）、全国（1.30）、镇（1.40）、乡村（1.54）。

上述生育率指标各有优点。第一，粗出生率的优点是资料容易得到，而且计算简单、直接，是国际上通用的评价出生状况的指标；但粗出生率的高低受到人口年龄构成和性别构成的影响，不能很准确地反映生育水平，难以进行比较研究。第二，一般生育率指标考虑了育龄妇女在总人口中的比例。第三，使用年龄别生育率可进行生育高峰年龄的比较研究。第四，总和生育率是最具有代表性的数据，具有直观、易理解的特点，在社会相对稳定的情况下，总和生育率可反映妇女生育率的趋势。[1]

（四）不孕率

无论是在公共卫生领域、临床医学领域，还是在人口学、社会学领域，不孕不育（infertility）都是一个重要的话题。世界卫生组织基于临床医学、流行病学和人口学三大研究领域，提供了 5 种关于不孕的定义。① 临床医学：在超过 12 个月有规律的、无保护的性交后仍未怀孕的一种生殖系统疾病；一对性活跃的、无避孕措施的夫妇无法在 1 年内怀孕。② 流行病学：面临怀孕风险（未怀孕、性活跃、未避孕、未哺乳）的育龄妇女（15～49 岁）尝试怀孕超过 2 年仍未成功。③ 人口学：暴露于怀孕风险中长达 5 年的育龄人口（15～49 岁）无法怀孕；暴露于怀孕风险中（处于持续的同居状态、未使用避孕措施、未哺乳、有生育子女的意愿）长达 5 年仍无活产子女。

---

[1] 佟新：《人口社会学》，北京：北京大学出版社，2000 年版，第 66 页。

不孕率是评估生殖健康服务项目的重要指标之一,也是分析人口变动趋势的一个要素。不孕率是指受调查群体中不孕者的数量占受调查群体总数的比例,通常用百分比表示。其计算公式为:

$$\text{不孕率} = \text{一定时期内不孕者的数量} / \text{同期平均育龄妇女总数} \times 100\%$$

利用历次人口普查和1%人口抽样调查数据、2017年全国生育状况抽样调查数据,分别对我国40~64岁、40~60岁妇女不孕率的分析发现:我国40岁及以上妇女中终身无活产子女者的比例为0.42%~6.07%,终身不孕者的比例为0.27%~1.00%。[①]

第二节 我国人口出生率及生育率情况

自近代到1953年第一次全国人口普查,我国对出生率一直没有进行过系统的调查和统计,只有少数学者做过零碎的统计调查。表4-5是当时一些学者对1928—1933年部分地区若干乡村人口出生率的调查数据。表中数据显示,该时期我国乡村人口出生率一般高于31.2‰,最高达到了44.1‰,说明出生率较高。又据国民政府实业部编纂的《中国经济年鉴续编》,1931—1933年我国北平、南京、杭州、汉口、上海和广州六大城市的平均人口出生率分别为29.3‰、21.2‰、19.2‰、17.8‰、16.7‰和15.5‰。

表4-5 1928—1933年部分地区乡村人口出生率(‰)

地区	调查乡村数目(个)	人口出生率
全国	101	38.9
华北	44	38.1
河北、山西、陕西、山东、河南、安徽	37	38.9
绥远、山西、陕西	7	31.2
华南	57	39.8
福建、广东	6	37.8
江西、浙江	4	38.5
云南、贵州	3	53.4

[①] 翟振武、刘雯莉:《中国妇女终身不孕水平究竟有多高?——基于人口调查数据的分析》,载《人口研究》2020年第2期,第3-17页。

续表

地区	调查乡村数目（个）	人口出生率
四川	15	44.1
江苏、安徽、浙江、湖北	27	37.2
四川、云南	2	38.3

资料来源：中华民国实业部《中国经济年鉴》，转引自姜涛：《人口与历史——中国传统人口结构研究》，人民出版社1998年版，第274页，表7-1。

表4-6是1949年以来的我国县、市及全国主要年份人口出生率。横向数据综合比较，县出生率一般高于市及全国人口出生率；纵向数据比较，20世纪50—70年代人口出生率较高。随着始于20世纪80年代初期的全国范围内严格的人口控制政策，我国人口出生率持续下降。21世纪初期在10.00‰～15.00‰范围内波动，2020年降至8.52‰，2021年为7.52‰。

表4-6 主要年份我国县、市及全国人口出生率（‰）

年份	县出生率	市出生率	全国出生率
1949	—	—	36.00
1954	37.51	42.45	37.97
1959	23.78	29.43	24.78
1960	19.35	28.03	20.86
1965	39.53	26.59	37.88
1971	31.86	21.30	30.65
1975	24.17	14.71	23.01
1980	18.82	14.17	18.21
1985	19.17	14.02	17.80
1990	22.80	16.14	21.06
1995	18.08	14.76	17.12
1999	16.13	13.18	15.23
2000	—	—	14.03
2002	—	—	12.86
2005	—	—	12.40
2008	—	—	12.14
2010	—	—	11.90
2011	—	—	13.27
2012	—	—	14.57
2013	—	—	13.03

续表

年份	县出生率	市出生率	全国出生率
2014	—	—	13.83
2015	—	—	11.99
2016	—	—	13.57
2017	—	—	12.64
2018	—	—	10.86
2019	—	—	10.41
2020	—	—	8.52
2021	—	—	7.52

资料来源：1999 年以前数据，参见国家统计局《中国统计年鉴》（1984），中国统计出版社 1984 年版，第 83 页；《中国统计年鉴》（2001 年），中国统计出版社 2001 年版，第 91 页。2000 年、2005 年数据，参见国家统计局人口和社会统计司《中国人口统计年鉴》（2006 年），中国统计出版社 2006 年版，第 225 页。2008 年数据，参见国家统计局《2008 年国民经济和社会发展统计公报》。2010 年后数据来源于国家统计局网站，见 https://data.stats.gov.cn/easyquery.htm? cn=C01。

伴随着人口出生率的持续下降，我国生育率及总和生育率也持续下降。表 4-7 所列为 1940—2021 年主要年份全国总和生育率情况。1949 年以后，我国妇女总和生育率经历了迅速上升（1950—1957 年）、大幅下降（1958—1961 年）、猛烈反弹（1962—1963 年）、高位整理（1964—1971 年）、逐渐下降（1972—1990 年）、低位徘徊（1991 年至今）等几个阶段。目前已降低到人口更替水平以下，长期低于 2.1。中国妇女总和生育率的变化与各个历史时期的经济形势、人口政策有很强的相关性。生育率和总和生育率的持续下降直接促使我国生育水平的大幅下降。1964 年，我国育龄妇女的生育峰值（年龄别生育率的最大值）接近 350.0‰，1982 年下降到 250.0‰，1990 年为 250.0‰。进入 21 世纪，育龄妇女的生育峰值继续下降，2000 年低于 120.0‰，2010 年低于 100.0‰。[①]

表 4-7　1940—2021 年主要年份全国总和生育率

年份	总和生育率	年份	总和生育率	年份	总和生育率
1940	5.25	1970	5.81	2008	1.62
1943	5.30	1975	3.57	2010	1.63
1945	5.29	1978	2.72	2011	1.63
1948	5.51	1979	2.75	2012	1.64

---

① 杨菊华、靳永爱：《人口社会学》（第二版），北京：中国人民大学出版社，2020 年版，第 58 页。

续表

年份	总和生育率	年份	总和生育率	年份	总和生育率
1949	6.14	1980	2.24	2013	1.65
1950	5.81	1990	2.17	2014	1.66
1951	5.70	1993	1.85	2015	1.67
1953	6.05	1995	1.78	2016	1.68
1955	6.26	1998	1.80	2017	1.68
1960	4.02	2000	1.60	2018	1.69
1963	7.50	2002	—	2019	
1965	6.08	2004	—	2020	—
1968	6.45	2005	1.80	2021	—

资料来源：1940—1990年数据，参见姚新武《中国生育数据集》，中国人口出版社1995年版，第3页。2000—2007年数据，参见国家人口和计划生育委员会《中国人口和计划生育史》，中国人口出版社2007年版，第327页。2007年后的数据，见国家统计局网站。

关于我国20世纪90年代及目前的妇女总和生育率，学术界和有关部门的分歧比较大。统计数据显示，我国妇女总和生育率早在20世纪80年代初期就开始接近更替水平。经过大约10年的徘徊，自1990年以来开始持续稳定地保持在更替水平以下。人口变动抽样调查结果显示，1995—1999年我国妇女总和生育率分别为1.78、1.78、1.82、1.80、1.80。根据人口发展自身的规律，2000年的人口总和生育率约为1.80，但"五普"公布的全国妇女总和生育率只有1.218，不仅远低于世界平均水平，还低于1.50的政策生育率。数据公布以后，许多相关研究机构和学者质疑这一数据。于学军、王广州、张为民、崔红艳、郭志刚、王金营、张广宇、R.D.雷瑟福等人分别采用"普查留存法""胎次递进比法""亲生子女法""生育史重构法""多来源数据相互校验法"对2000年总和生育率进行考证，数据显示该年总和生育率为1.50～1.80。[①] 同时，国家统计局人口和社会统计科技司、国家计划生育委员会、中国人口信息研究中心、美国人口咨询局、亚太经济合作组织等机构也都估计我国人口总和生育率为1.8。[②] 翟振武教授基于2015年户籍登记数据中5～7岁组的人口数据，估

---

① 陈卫：《中国生育率研究方法：30年回眸》，载《人口学刊》2009年第3期，第3-8页。
② 国家计划生育委员会：《2001年全国计划生育/生殖健康调查公报》，2002年；中国人口信息研究中心课题组：《中国九十年代以来生育水平研究》，中国人口信息研究中心，2003年。美国人口咨询局、亚太经济合作组织等机构估计我国人口总和生育率为1.8，分别参见国家统计局人口和社会科技统计司：《中国人口统计年鉴》（2003年），北京：中国统计出版社，2003年版；*World Population Data Sheet*，PRB，1971—2001年和 *ESCAP Population Data Sheet*，ESCAP，1991—2001年。

计出 2008—2010 年我国育龄妇女总和生育率为 1.63~1.66，并推断出 2008 年、2009 年、2010 年我国总和生育率应该在 1.66、1.66 和 1.63 以上。[①] 有学者根据 2010 年"六普"汇总数据，直接推算出我国 2010 年的总和生育率为 1.18，并认为这是我国实际的生育水平。[②] 基于 2020 年第七次全国人口普查数据分析发现，2006—2017 年，我国总和生育率维持在 1.6 以上的水平，2017 年后总和生育率持续下降，到 2020 年降至 1.3。同期，年度总和生育率波动较大，2020 年为 1.3 的最低值；2012 年、2017 年为高峰值，分别为 1.89 和 1.88。2006—2017 年总和生育率均值为 1.7。[③]

第三节　人口生育率的影响因素

生育率转变是当代社会最深刻的革命性变化之一。对生育率的关注与研究一直是人口研究的主题。可以说，人口研究基本上是围绕生育率变动及其社会经济后果而展开和变化的。随着人们生活水平的改善和医疗技术的提高，虽然世界不同国家和地区人口生育率下降的速度并不相同，但从总体上来说，人口生育率的变动呈现出下降趋势。表 4-8 是 20 世纪 50—80 年代世界及主要地区生育水平变动状况。1985—1990 年与 1950—1955 年相比较，世界人口粗出生率下降了 27.5%，总和生育率下降了 31.2%；相对来说，北美洲下降的速度快一些，分别达到了 39.0%、47.8%，而非洲只有 8.6%、5.7%。21 世纪以来，伴随着经济社会发展和卫生医疗水平的提高，除不发达国家外，世界上绝大多数国家和地区的总和生育率都低于更替水平。2000 年，全世界平均总和生育率为 2.80，发达国家为 1.60，发展中国家为 3.20，亚洲为 2.70；中国为 1.60。2010—2015 年，美国、澳大利亚、瑞典、加拿大、意大利、日本和韩国的平均总和生育率分别为 1.89、1.92、1.92、1.61、1.43、1.40 和 1.26。[④] 总和生育率的持续下降对人口年均增长率的影响非常明显。2010 年，

---

① 翟振武、陈佳鞠、李龙：《现阶段中国的总和生育率究竟是多少？——来自户籍登记数据的新证据》，载《人口研究》2015 年第 6 期，第 22-34 页。
② 穆光宗：《科学把握中国人口的规律和趋势》，豆丁网，https://www.docin.com/p-1074569276.html。
③ 翟振武、金光照、张逸杨：《中国生育水平再探索——基于第七次全国人口普查数据的分析》，载《人口研究》2022 年第 4 期，第 3-13 页。
④ Population Division of the Department of Economic and Social Affairs of the United Nations Secretariat. *World Population Prospects: the 2015 revision.* (2015-08-07) [2019-10-10]. http://esa.un.org/unpd/wpp/DVD/.

新加坡人口增长率为 1.8%，到 2017 年已降至 0.1%；2009—2015 年，年均增长率分别为 1.1%、0.9%、0.8%、0.9%、0.9%、0.9%、0.9%。

表 4-8　20 世纪 50—80 年代世界及主要地区生育水平变动状况

地区	粗出生率（‰）			总和生育率		
	1950—1955 年	1985—1990 年	变动率（%）	1950—1955 年	1985—1990 年	变动率（%）
世界	37.4	27.1	-27.5	5.00	3.44	-31.2
发达地区	22.6	14.6	-35.4	2.84	1.90	-33.1
发展中地区	44.6	30.9	-30.7	6.18	3.92	-36.6
非洲	48.9	44.7	-8.6	6.61	6.23	-5.7
拉丁美洲	42.5	29.1	-31.5	5.86	3.61	-38.4
北美洲	24.6	15.0	-39.0	3.47	1.81	-47.8
亚洲	42.9	27.6	-35.7	5.92	3.45	-41.7
欧洲	19.8	13.0	-34.3	2.59	1.74	-32.8
大洋洲	27.6	20.1	-27.2	3.83	2.57	-32.9

资料来源：魏津生《现代人口学》，重庆出版社 1992 年版，第 68-69 页。

由于生育是一种极其复杂的社会现象，其影响因素涉及社会生活的诸多方面。美国学者 A. 寇尔在《人口转变》中提出了导致生育率下降的三个前提条件：① 生育行为是一种理性行为，生育抉择是一种理性的决定，节制生育为社会道德和社会规范所接受；② 育龄夫妇认为生育控制在经济和社会效益上是有利的；③ 持续的生育下降，只有在具备充足而有效的节育工具和措施时才成为可能。他还认为，虽然经济因素对生育率下降有极其重要的作用，但是不应当忽视社会文化因素的作用，而且由于各国的社会经济条件不同，影响生育率下降的因素不是单一的，而是多种多样的，如图 4-1 所示。

根据这些复杂因素对生育率下降的不同作用形式，可以将其分为两类：一类是生育率的直接决定因素，包括性交、怀孕和分娩等，它们可以直接对生育发生作用；另一类是生育率的根本决定因素，包括自然环境、社会经济状况、文化教育、宗教信仰、医疗卫生、政府政策法令干预等宏观因素，也包括个人或夫妻的婚姻家庭状况和社会经济特征等微观因素。生育率的根本决定因素虽然最后都要通过生育率的直接决定因素才能施加影响，但它们对决定人们的生育态度和行为具有根本性的意义。由此可见，生育率的高低是多种因素综合作用的结果。[1]

---

[1] 李竞能：《人口理论新编》，北京：中国人口出版社，2001 年版，第 47 页。

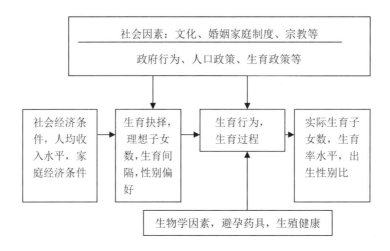

图 4-1 影响生育率的主要因素

一、直接决定因素

生育率的直接决定因素是指可以直接影响生育的各种生物的和行为的因素，同时社会、经济和其他因素也只有通过这类因素才能对生育施加影响。生育率的直接决定因素也称生育的中介变量。

生育是在个人、群体和社会中发生的出生现象，其基础是个人的生育，必须要由男女双方生殖系统共同来完成。它主要包括生殖细胞的形成、性交、受精、胚胎发育和分娩等过程。其中性交、怀孕和分娩在生育过程中起着决定性的作用。

K. 戴维斯和 J. 布莱克在《社会结构与生育率：一种分析框架》中提出，社会、经济和文化条件只有通过一系列中介变量才能影响生育率。他们认为这样的中介变量共有 11 个，包括男女开始同居（包括初婚）年龄、永久独身、不同居时间、自愿不同房、非自愿不同房、性交频率、无生育能力、避孕、绝育、非自愿的胎儿死亡、人工流产。[①]

在此基础上，美国人口学家邦加茨通过测量、分析和选择，归纳出四个最重要的变量，即晚婚、避孕、人工流产和产后不孕（由于哺乳和禁欲）。他把四个中介变量表述为四个指数，用来建立中介变量对生育率发生影响的数学模型。该模型的数学表达式为：

总和生育率＝总和生育能力×婚姻指数×避孕指数×人工流产指数×哺乳指数

[①] K. 戴维斯、J. 布莱克：《社会结构与生育率：一种分析框架》。转引自顾宝昌：《社会人口学的视野——西方社会人口学要论选择》，北京：商务印书馆，1992 年版，第 160-161 页。

上面数学表达式的四个指数值都在 0～1。总和生育率是假定的，数值在 15.3 左右。①

一个育龄妇女生育孩子数目的多少直接取决于她的再生产周期和生育间隔的长短。如果没有生育上的限制，再生产周期长的妇女比再生产周期短的妇女生育孩子的数量少；两次生育间隔长的妇女比生育间隔短的妇女生育孩子的数量少。在此基础上，生育率的直接决定因素可分为三类：一是可影响两性性交频率的因素；二是可影响怀孕机会的因素；三是关系妊娠结果的因素。由于性交、怀孕和分娩在生育过程中起着决定性的作用，因此，这三个因素也是影响生育率高低的直接决定因素。

性交是生育的必要前提，而它又必须在男女两性的结合中才能实现。一般来说，两相情愿婚姻的性交频率较高，其生育也比较多。性交虽然是生育的必要前提，但绝非每一次性交都会导致生育。生育和女性的生理周期有着重要的关系。

性交并不意味着生育，只有当男女间的性行为导致妇女怀孕，继而成功分娩之后，生育才得以实现。因此，怀孕是另一类生育率的直接决定因素。怀孕对生育的影响指的是妇女在性交后怀孕的可能性大小。这种可能性受到夫妻的生育能力和他们是否采用避孕措施这两个方面的制约。前者主要是一种自然的生理因素，也有社会文化的影响；后者完全是一种个人和社会的有意识的行为。

分娩对生育的成功具有重要作用。妇女只有通过成功的分娩，导致活产婴儿的出现，生育过程才算完成。

影响分娩成功与否的因素有两个：一是非自愿原因导致的终止妊娠。终止妊娠的原因有多种，但非自愿原因导致的终止妊娠同夫妻双方自身有很大的关系；二是人工流产，即用人工方法终止妊娠。人工流产作为一种节育手段有着非常久远的历史，对生育率的影响仍非常明显。人工流产对日本 1950 年生育率下降的贡献率为 28.0%，1960 年为 38.0%，1970 年为 21.0%，1983 年为 13.0%。② 韩国和泰国的人工流产对生育率下降的影响也非常明显，如表 4-9 所示。1960—1970 年，韩国的总和生育率由 6.1 降至 4.0，其中人工流产对生育率下降所起到的作用达到了 30.0%。泰国的情况也差不多。

年龄对育龄妇女的生育也会产生一定的影响。在 15 岁以前或 49 岁以后，由于机体发育不成熟或机体已衰退，女性受孕的机会大为减少。排除个体差异的影响，妇女怀孕的机会在 20～35 岁时最大。

---

① John Bongaarts. *A Framework for Analyzing the Proximate Determinants of Fertility*. Population and Development Review，1978，4 (1)：105-132.

② United Nation. *International Family Planning Perspectives*. 1987，13 (1).

表 4-9　人工流产对韩国和泰国生育率下降的影响

国家	时期	总和生育率变化	人工流产对生育率下降作用（%）
韩国	1960—1970 年	6.1~4.0	30.0
泰国	1968—1978 年	6.1~3.4	10.0

资料来源：United Nations. *World Population Prospects*. 1988，New York.

二、根本决定因素

一般来说，妇女一生实现生育的生理能力是一个定值，它不受种族、民族、生活环境以及食物构成的影响，只与内在的生理规律有关。但在实际生活中，制约人口生育水平的生物规律，是通过一定社会生产方式下的家庭关系和婚姻制度，并在人们一定的生育观支配下实现的。因此，社会经济因素对生育率有着巨大的影响和制约作用。

社会经济发展水平影响着妇女生育率的高低和生育模式的变化，社会经济发展到一定阶段必然导致生育率的下降。就整体而言，经济水平越高，总和生育率越低；反之，总和生育率越高。世界上一些生育率较高的国家，几乎都是生产力水平低、人均国民生产总值低、经济欠发达的国家，如埃及 1976 年生育率为 160.7‰，马来西亚 1979 年生育率为 122.3‰，墨西哥 1978 年生育率为 103.4‰。相反，一些生育率低的国家，几乎都是经济比较发达的国家，如日本 1980 年生育率为 51.6‰，美国 1979 年生育率为 61.5‰，法国 1980 年生育率为 62.5‰。由于中国各省、区、市社会经济发展水平的不平衡，全国生育率大致表现出北低南高、东低西高的总体分布趋势。近年来，我国总和生育率的不断下降，与我国社会经济发展水平不断提高有关。

此外，育龄妇女生育率的高低还与其受教育程度存在非常明显的关系。无论是生育率、多孩率，还是平均孩次，文化程度较高者都低于文化程度较低者，并且文化程度愈高，生育率、多孩率和平均孩次愈低，两者呈明显的相反关系。一般来说，初中及以上文化程度育龄妇女的生育水平，与小学及以下文化程度育龄妇女的生育水平有很大差异，生育率、一孩率、多孩率及平均孩次都是如此。

表 4-10 所列为 2020 年"七普"全国按受教育程度、活产子女数的 15~64 岁妇女人数及其计算的生育率。数据表明，受教育程度高的妇女不论是平均生育率还是活产子女数都远低于受教育程度低的妇女。以活产 2 个孩子为例，大学本科文化程度 15~64 岁妇女生育率为 125.64‰，不及未上过学（429.57‰）、学前教育（416.70‰）15~64 岁妇女的 1/3。

表 4-10　"七普"按受教育程度、活产子女数的 15~64 岁妇女人数及生育率

受教育程度	15~64岁妇女人数（人）	活产人数（人）						生育率（‰）					
		活产0个	活产1个	活产2个	活产3个	活产4个	活产5个及以上	活产0个	活产1个	活产2个	活产3个	活产4个	活产5个及以上
总计	46789337	10708157	15950793	15726420	3392945	757068	253954	228.86	340.91	336.11	72.52	16.18	5.43
未上过学	926652	66314	150353	398060	201365	72709	37851	71.56	162.25	429.57	217.30	78.46	40.85
学前教育	31824	4815	6702	13261	4898	1507	641	151.30	210.60	416.70	153.91	47.35	20.14
小学	7958864	320703	1967682	3936117	1264379	340679	129304	40.30	247.23	494.56	158.86	42.80	16.25
初中	18219818	2115516	6378590	7780706	1578630	290707	75669	116.11	350.09	427.05	86.64	15.96	4.15
高中	8962313	3222596	3406608	2023766	260433	40171	8739	359.57	380.10	225.81	29.06	4.48	0.98
大学专科	5362227	2235795	2143293	914452	59631	7797	1259	416.95	399.70	170.54	11.12	1.45	0.23
大学本科	4766962	2437239	1705066	598898	22087	3221	451	511.28	357.68	125.64	4.63	0.68	0.09
硕士研究生	507936	279122	172021	55148	1363	248	34	549.52	338.67	108.57	2.68	0.49	0.07
博士研究生	52741	26057	20478	6012	159	29	6	494.06	388.27	113.99	3.01	0.55	0.11

资料来源：国务院第七次全国人口普查领导小组办公室《2020 中国人口普查年鉴》，表 6-6 "全国按受教育程度、活产子女数分的 15~64 岁妇女人数"（2019.11.1—2020.10.31），见 http://www.stats.gov.cn/tjsj/pcsj/rkpc/7rp/zk/indexce.htm。

第四节　生育文化与生育意愿

一、生育文化

文化是一种社会历史现象，有了人类就有了文化，它体现在物质产品和精神产品中。文化是由人类创造的，是人类创造历史成就的总和，"凡是由人类调适于环境而产生的事物，就叫文化"[①]。从一般意义上讲，文化是人们在长期的生活中凝聚起来的以知识为载体的思想、观念、精神和价值系统，以及由一定的习俗、观念和规范所形成的某一群体的生活方式或行为模式。它不仅包括了作为人类认识成果的知识

---

① 孙本文：《社会的文化基础》，上海：世界书局，1929年版，第3页。

和人类从事精神创造活动的内在精神世界，而且还超越了思想观念的内在空间，指向了由一定价值观念所形成的习俗和生活的具体模式。

中国传统的生育文化是在深厚的社会经济基础和文化土壤里发展、成熟起来的。中国古代典籍对"生"和"育"有许多不同的解释："生，出也""生，活也""生，抚养也""生谓性也""生谓生长也""生谓滋长"；"育，生也""育，养也""育，生也长也""育，养子使作养也"等。如果将这些对"生"和"育"不同的解释放在一起，可以看出"生"和"育"都有"生长""抚养"之意。将"生育"合在一起作解释，它便是人们孕育、繁衍、抚养、教育的整个过程。由于人类生育观念是在传统文化的背景下滋生并发展起来的，因此，生育和文化又融合在一起，形成了具有特定内涵的生育文化。生育文化是指与人的生育活动相关的各种社会文化现象，即人们在婚姻、家庭、生育和节育等活动中形成的思想理念、价值观念、知识能力、风俗习惯、伦理道德以及相应的法规、制度的总和。[①]

中国传统生育文化的源头是原始社会的生殖崇拜，它包括母性孕体崇拜、男性生殖器崇拜，是人类生育行为的社会意志化的表现形式。于是，诞生于人类初期的生殖崇拜，植根于原始生育文化深厚的土壤中，伴随着社会的发展不断地兼容并包各种仪式、礼制、风俗等生育信仰，经过奴隶社会和封建社会的发展，传统的生育文化逐渐发展成熟，形成了复杂多绪的生育文化集合体，演绎成具有顽强生命力的生育文化，融进寻常百姓的家庭生活中，渗透在民族文化里，影响着不同历史时期的生育行为。

从生育文化的价值体系上看，中国传统生育文化无疑是一种"早、多、男"生育价值体系。中国传统生育文化是在农业耕作方式基础上形成的，农耕社会的经济形态必然在生育文化中有所反映。从价值层面看，生育满足了人生终极意义与世系继嗣上的要求；在经济层面上，生育满足了扩大体力型劳动力的社会需求，表现出对孩子数量的追求；在家庭养老、继承和生产劳动层面上，形成了生男和多男的追求。因此，传统生育文化世代承袭特色突出。孟子记录了当时的伦理观念："不孝有三，无后为大。"孝是社会规定的子女对父母应有的态度，要从许多行为上具体表现出来，其中最重要的是承前启后，生个传宗接代的后继者。因此，"生殖作用在人类社会中已成为一种文化体系。种族的需要绵续并不是靠单纯的生理行动及生理作用而满足的，而是一套传统的规则和一套相关的物质文化的设备活动的结果"[②]。其主要内容、特征通过生育目的和意义、性别的价值取向、生育子女数及对子女未来的希望这几个方面表现出来。生育目的和意义包括：多子多福，妇凭夫贵，母凭子贵，养儿防老，不孝有三、无后为大，等等；性别的价值取向包括：无子不成家，三千之

---

① 张纯元、陈胜利：《生育文化学》，北京：中国人口出版社，2004年版，第1-2页。
② 马林诺夫斯基：《文化论》，费孝通译，北京：中国民间文艺出版社，1987年版，第25页。

责、莫大无后,等等;生育子女数的期望包括:多子多孙,多子多福,香火兴旺,等等;对子女未来的希望包括:早生贵子,望子成龙,养儿防老,等等。这些以"早、多、男"为主要内容的生育价值体系的产生和发展有其厚重的物质基础,并以制度形式的保证而传承为相对稳定的生育文化传统。

首先,自给自足的封建小农经济需要大量的劳动力尤其是男性劳动力。这种小农经济是以家庭为单位的个体经济,生产工具落后,生产力水平很低,全靠手工操作,家庭人口的多少往往决定了经济状况,多一个劳动力生产就多一份收入,多增加一个劳动力,家庭的生活就多一份保障。这种全靠体力的劳动,男性自然比女性强,因而,反映在人们生育观念上就是早生、多生、生男孩。同时,这种以家庭为单位的小农经济形成了以父系血缘为中心的继嗣制度。在代际继承中,父母有培养子女长大成人的义务,子女有赡养父母的义务;父母有维持和保护家庭财产并分配给子女的权利,子女有继承家庭财产的权利。但这种以父系血缘为中心的继嗣制度剥夺了女儿应有的权利,所有义务和权利均由儿子来完成,更强化了生男孩的生育文化。以家族为代表的家庭单位成为社会的基本单位后,每个家庭单位对人口的要求成为社会的主流;再加上儿子成为父母养老的实际承担者,于是在生育文化深层次里进一步强化了早生、多生、生男孩的观念。

其次,中国两千多年儒家孝文化所造就的宗法制度和伦理制度以及封建王朝所制定的人口增殖政策确保了早生、多生、生男孩的观念得以一代一代延续下来。在传统社会中,由于历代学者文人不遗余力地鼓吹,早婚早育成为家庭生育文化的主要内容和特征。先秦诸子有关人口的言论反映了他们"早、多、男"的思想。孔子说:"地有余而民不足,君子耻之。"提倡施仁政于民,"则四方之民,襁负其子而至矣"。① 孟子云:"诸侯之宝三:土地,人民,政事。"他把繁衍后代看作人们"奉先思孝"的首要前提,要求成年男女及时婚配,做到"内无怨女,外无旷夫"。② 管子认为:"地大国富,人众兵强,此霸王之本也。"③ 在当时社会生产力水平很低的情况下,如何实现"人民之众""国家之富"呢?墨子认为生儿育女是实现"人有可倍"的唯一途径,并主张早婚、早育、多育,把男子二十而娶、女子十五而嫁称为"圣王之法"。④ 先秦诸子的这些思想,对中国多生多育的传统生育文化无疑产生了非常重

---

① 《礼记·亲记下》《论语·子路》,转引自张敏如:《中国人口思想简史》,北京:中国人民大学出版社,1982年版,第15-17页。

② 《孟子·尽心下》《孟子·梁惠王上》,转引自张敏如:《中国人口思想简史》,北京:中国人民大学出版社,1982年版,第41-42页。

③ 《管子·重令》,转引自张敏如:《中国人口思想简史》,北京:中国人民大学出版社,1982年版,第47页。

④ 《墨子·节用上》,转引自张敏如:《中国人口思想简史》,北京:中国人民大学出版社,1982年版,第22页。

要的影响。汉朝以后，孔孟之道渐次成为封建统治阶级的正统思想，儒家文化进一步强化了中国早、多、男传统生育文化的色彩。自此以降直至明、清，历代封建王朝都极力鼓吹以"早、多、男"为主要内容的人口思想。

与此同时，历代封建王朝还极力强化以"早、多、男"为主要内容的人口政策。婚嫁是当时实现人口繁衍的唯一途径，体现在人口政策上，则是封建王朝以法律的形式干预婚嫁。如唐朝将人口繁衍作为一项重要的国策。唐太宗《令有司劝勉民间嫁娶诏》诏令云："宜令有司，所在劝勉，其庶人之男女无室家者，并仰州县官人，以礼聘娶。皆任同类相求，不得抑取。男年二十女年十五已上，及妻丧达制之后，孀居服纪已除，并须申以媒媾，命其好合。"

再次，封建家族、宗族、国家一体性也是我国传统生育文化的一个主要特点。家庭观念和宗族意识占主导地位，且与当时的社会需求相一致。国家、家族都想通过早育多生扩大人口势力范围，突显封建政权作用。在奴隶社会就基本形成的传统生育文化体系，到封建社会更趋完善。生育意识和生育行为表现出清晰的生育目的和婚育的社会属性。为了确保后代丈夫血统的纯正性，婚姻、嫁娶、从夫居、休妻、纳妾等逐渐规范化和程序化。同时，生育观念、婚育习俗、婚育制度和生育政策等相互依存、相互融合，逐渐形成了生育文化一体态势。政权的有限干预和婚姻道德的广泛约束，将人们的生育行为与国家利益结合起来，推动生育文化的发展从家庭层面进入社会和国家层面，进一步昭示了生育文化的社会属性。完整的适应社会需要的生育观念，以及一套行之有效的生育习俗，加之封建政权以律令形式颁发并强有力推行的生育制度和生育政策，多方面铸就了传统的生育文化。[①]

儒家文化还强调"大一统"。人口众多是国家富庶的象征、家族兴旺的标志，因而，"早、多、男"生育文化为封建国家和家族共同拥护并极力维护。统治阶级通过制定法律法规鼓励早婚、早育，家族则通过族规、族矩干预生育行为，于是形成了"女者，奴也；子者，孽也；女子者，言如男子之教而长其义理也，故谓之妇人"的生育价值观。在统治阶级和家族的极力维护下，形成于小农经济社会基础之上的"早、多、男"生育价值体系，逐渐成为社会各阶层所恪守的伦理道德准则。在封建制度的维护下，中国传统生育文化历经社会变迁演绎成与生育价值体系相伴随的伦理制度。

就这样，传统"早、多、男"生育文化在封建正统思想的支配下，形成了一种特质的文化现象。它以不同形式影响并决定人们的生育价值观，反映着人们随社会生活的发展而引起的生育心态的变化，这种变化转换为社会对人们生育行为的规范要求，对各个时期的人口发展产生巨大的影响。

---

① 张纯元、陈胜利：《生育文化学》，北京：中国人口出版社，2004年版，第36页。

最后，生育文化作为社会思想因素，由于惯性的作用，在特定的民族文化氛围里，一直是人口变化的诱因之一。受中国传统"早、多、男"生育文化的影响，人口数量变化一般是一种增殖性的变化。原始社会生产力水平低下，医疗水平也很低，人们赖以存活和发展的手段十分有限，难以获取满足人们所需的食物。"上古之世，人民少而禽兽众，人民不胜禽兽虫蛇。有圣人作，构木为巢以避群害，而民悦之，使王天下，号曰有巢氏。""天下人民，野居穴处，未有室屋，则与禽兽同域。"由于环境恶劣和社会生产力的极其低下，人口死亡率相当高，人口预期寿命很短，人口增长极其缓慢，其数量也非常有限。我国自夏代至战国时期的2000年左右，由于生存环境恶劣，人口年平均增长率为2.7‰[①]，婴儿死亡率高达275.0‰[②]，也就是说，每年有1/4的婴儿等不到长大成人就死去了。在这种社会条件下，早婚几乎是一种必然，一种社会存在的最佳选择。在这样的情况下，生育文化对传统社会人口的发展起到了积极的推动作用。这一时期的生育文化"其深层涵义是祈望生殖繁盛，亦即解决增加人口问题"[③]。在社会生产力水平落后的状态下，生育文化对人类繁衍的保证作用具体表现在：通过生育观念保证社会经济发展所需要的人口数量和质量，通过生育习俗保证生育观念转化为生育行为，再通过生育制度保证生育过程的圆满完成，通过生育政策保证生育目标的实现。[④] 因此，正是在生育文化的作用下，人口再生产显示出勃勃生机。

在漫长的封建社会里，统治阶级的穷兵黩武引发了大规模战争，战争又引发了灾荒、饥馑、疫病等，严重地破坏了社会生产力。这一时期，社会的人口发展极不稳定，呈现出大起大落的局面。为了巩固其统治，封建王朝一直实行的是为增加社会劳动力而鼓励人口增长的生育政策。同时，以个体家庭和宗族为社会基本单位的封建社会，也多是鼓励族中的每个小家庭多生育，以增加族中人口。在国家制度及宗族的保护下，传统的"早、多、男"生育文化对人口的增加、社会的发展起了促进作用。人口增加，社会劳动力相应增多，这就为社会经济向前发展奠定了物质基础。

二、生育意愿

生育意愿是指人们在生育子女方面的愿望和要求，体现在对生育孩子的数量、时间、性别、素质等方面的期望。它主要包括四个方面的内容：一是人们的生育目的，即为什么要生育子女；二是对生育数量的看法，即生育子女的理想数目；三是关

[①] 张纯元、陈胜利：《生育文化学》，北京：中国人口出版社，2004年版，第27页。
[②] 陈达：《人口问题》，上海：商务印书馆，1934年版，第163-164页。
[③] 赵国华：《生殖崇拜文化论》，北京：中国社会科学出版社，1990年版，第391页。
[④] 张纯元、陈胜利：《生育文化学》，北京：中国人口出版社，2004年版，第59页。

于子女性别的看法，即希望生育什么性别的子女；四是人们的生育时间，即什么年龄段生育最好。

生育意愿直接支配人们的生育行为。宏观上，生育意愿反映了社会的生育文化；微观上，生育意愿体现了个体行动者的理性选择。从生育意愿的价值体系上看，中国传统生育意愿体现了浓厚的"早、多、男"特征和内容。

生育意愿与教育水平以及收入水平之间有着非常密切的关系。表 4-11 是苏联 1969—1972 年进行的关于不同受教育程度和收入水平妇女的生育意愿调查。结果表明：生活比较富裕和受过较高教育的妇女与生活不够富裕和受教育不多的妇女相比较，前者生育子女的理想数目以及期望子女数目都要少。

表 4-11　1969—1972 年苏联不同教育水平和收入水平妇女的平均理想和期望子女数

按家庭成员平均收入分组	按不同教育水平的妇女分组			
	高等教育	中等教育	不完全的中等教育	初等教育
平均理想子女数（个）				
Ⅰ	4.10	3.98	3.88	3.96	4.29
Ⅱ	3.01	3.22	2.96	2.97	3.07
Ⅲ	2.71	2.74	2.63	2.72	2.83
Ⅳ	2.58	2.56	2.53	2.63	2.68
Ⅴ	2.57	2.51	2.54	2.64	2.77
按各组收入平均	2.88	2.67	2.72	2.90	3.25
平均期望子女数（个）				
Ⅰ	4.23	3.91	3.59	4.00	4.65
Ⅱ	2.65	2.78	2.50	2.60	2.87
Ⅲ	2.15	2.09	2.03	2.20	2.39
Ⅳ	1.92	1.84	1.84	2.01	2.17
Ⅴ	1.87	1.71	1.85	2.03	2.15
按各组收入平均	2.41	1.99	2.12	2.47	3.10

资料来源：乌尔拉尼斯《世界各国人口手册》，魏津生等译，四川人民出版社1982年版，第101页。

资料说明：各组按收入增加的顺序排列，Ⅰ～Ⅴ表示收入从最低到最高的家庭。

另一方面，随着社会的发展，生育意愿也在不停地发生变化。关于我国目前生育意愿的现状，各种理论及实证研究都表明它同传统的生育意愿有了明显的改变，并由此导致生育行为发生了重大变化，主要表现在以下几个方面。① 妇女平均初婚年龄持续走高。从 1949 年的 18.57 岁提升至 1990 年的 21.40 岁，再提高到 2017 年的 25.7 岁，并有继续走高趋势；平均初育年龄也从 1990 年的 23.4 岁提高到 2017 年的26.8岁。② 妇女高孩次生育明显下降。从1982年到2017年，三孩及以上孩次占比从30.3%下降到6.7%。2000年至2010年，我国一孩生育占比都保持在60%以上。2017年新一轮政策调整以后，一孩生育占比有所下降，但低孩次生育已成主流选择。① ③ 家庭户平均人口规模持续减少。我国七次人口普查这一数据分别为4.33、4.43、4.41、3.96、3.44、3.10和2.62人/户。

21世纪以来，随着社会经济发展、人们生活水平提高和社会保障制度的完善，人们生育意愿持续走低。2013年"单独二孩"生育政策启动后，国家卫计委、中国人口信息中心组织的2013年全国生育意愿调查数据推断，全国约有80.0%的家庭希望能够生育两个孩子②；江苏省99.0%的妇女理想孩子数量为"1个"或者"2个"，"想要1个孩子"比例为53.97%；③ 2013年5月国家卫计委对福建省泉州市关于"流动人口动态监测调查问卷"数据显示，在泉州生活半年以上的流动人口中"单独夫妇"二孩生育意愿超过70.0%。④ "全面二孩"政策实施后的调查数据显示，城市地区符合"全面二孩"政策的育龄妇女中，打算生育二孩的比例为53.6%；到2015年呈现出进一步下降的态势；在北、上、广等一线城市中，打算生育二孩的比例更低，只有44.3%。⑤ 表4-12所列为2020年"七普"全国乡村育龄妇女分年龄、分孩次的生育情况。数据显示，该年全国乡村育龄妇女总和生育率为1.54‰，这一数据和生育意愿基本相一致。

表4-12 "七普"全国乡村育龄妇女分年龄、分孩次的生育情况

年龄组（岁）	平均育龄妇女人数（人）	出生人数（人）	生育率（‰）	一孩		二孩		三孩及以上	
				出生数（人）	生育率（‰）	出生数（人）	生育率（‰）	出生数（人）	生育率（‰）
15～19	1054276	13194	12.51	10472	9.93	2459	2.33	263	0.25
20～24	1006800	88315	87.72	52632	52.28	29127	28.93	6556	6.51
25～29	1279137	141075	110.29	59490	46.51	61720	48.25	19865	15.53
30～34	1624406	104567	64.37	25653	15.79	53115	32.70	25799	15.88

---

① 国家统计局：《统筹人口发展战略 实现人口均衡发展——改革开放40年经济社会发展成就系列报告之二十一》，见 http://www.stats.gov.cn/ztjc/ztfx/ggkf40n/201809/t20180918_1623598.html。
② 乔晓春：《"单独二孩"政策的实施会带来什么——2013年生育意愿调查数据中的一些发现》，载《人口与计划生育》2014年第3期，第18-22页。
③ 茅倬彦、罗昊：《符合二胎政策妇女的生育意愿和生育行为差异——基于计划行为理论的实证研究》，载《人口研究》2013年第1期，第84-93页。
④ 泉州市人口计生委：《泉州市流动人口发展报告》，泉州：泉州市人口计生委，2014年。
⑤ 王朝君：《全面两孩政策在期盼中落地》，载《中国卫生》2015年第12期，第16-17页。

续表

年龄组（岁）	平均育龄妇女人数（人）	出生人数（人）	生育率（‰）	一孩		二孩		三孩及以上	
				出生数（人）	生育率（‰）	出生数（人）	生育率（‰）	出生数（人）	生育率（‰）
35～39	1293382	33580	25.97	6277	4.85	15451	11.95	11858	9.17
40～44	1386742	8394	6.05	1663	1.20	3494	2.52	3237	2.33
45～49	2032404	3536	1.74	894	0.44	1593	0.78	1049	0.52
总和生育率	—	—	1.54	—	0.66	—	0.64	—	0.25

资料来源：国务院第七次全国人口普查领导小组办公室《2020中国人口普查年鉴》，表6-3c"全国育龄妇女分年龄、孩次的生育状况"（2019.11.1—2020.10.31）（乡村），见http://www.stats.gov.cn/tjsj/pcsj/rkpc/7rp/zk/indexch.htm。

资料说明：表中总和生育率的计算公式为：① 总和生育率＝各年龄别生育率之和×5；② 总和生育率＝分孩次别生育率之和×5。

基本概念

生育；生育力；生育文化；生育意愿

思考题

1. 简述影响生育率的因素。
2. 简述生育文化及生育意愿对生育的影响。

第五章

人口死亡

有这样一个趣谈：一户人家生了孩子，非常高兴；满月的时候，抱出来给大家看，众人纷纷称赞；当听到有人说"这孩子将来是要死的"时，主人非常不高兴。其实，一个人出生以后，在成长的过程中可能有千变万化，但一定是要死亡的。死亡是必然的发展趋势，是不以个人的意志为转移的。可以说，死亡既是人生无法避免的归宿和终点，也是每个民族、社会、文化都面临的自然事件和社会事件。本章首先介绍人口死亡的概念及其测量内容；其次分析人口死亡的变化趋势和我国人口死亡的变化态势；再次分析人口死亡率的性别、年龄格局；最后分析人口死因、中国人口死因。

第一节
死亡及其测量

一、死亡

人口生育是生命的开始，人口死亡则是生命的结束。死亡是除生育之外的又一种基本人口过程，是一个重要的人口事件。早在1662年，约翰·格兰特在《关于死亡率表的自然和政治观察》一书中，运用近代人口统计学方法，讨论了当时伦敦死亡率状况与政治、宗教、商业和市政发展状况之间的关系以及不同年龄死亡人口分布规律，第一次把死亡现象与社会结构联系在一起。

传统上对死亡的定义是心脏停止跳动且无自主性的呼吸运动，死亡可分为濒临死亡期、临床死亡期与生物学死亡期三个阶段。处于濒死状态（死亡的第一阶段）的人，若未及时救治或者挽救无效，就会发展到临床死亡期，这是生物学上死亡前的一个短暂阶段。临床死亡期又称躯体死亡期或个体死亡期，此时中枢神经系统的抑制过程由大脑皮质扩散至皮质下部位，延髓也处于深度抑制状态。临床表现为心跳、呼吸停止，各种反射消失，瞳孔散大，但各种组织细胞仍有短暂而微弱的代谢活动。此期维持时间一般为 5~6 分钟，若时间过长，则大脑将发生不可逆的变化；此期若得到及时、有效的急救措施，病人生命仍有复苏的可能。

目前公认的医学上的死亡是以脑细胞死亡作为脑死亡的标准，一旦出现脑死亡现象，就意味着一个人的实质性与功能性死亡。1968 年，美国哈佛医学院特设委员会把死亡定义为不可逆的昏迷或脑死亡。脑死亡的特征有：① 对外界刺激完全无反应；② 无呼吸和活动，包括人工呼吸器停止 3 分钟后仍无自主性呼吸；③ 完全缺乏反射功能，瞳孔对光无反射且扩散；④ 脑电图平直；⑤ 24 小时内重复测试仍呈以上特征（不包括体温低于 32 ℃ 的低体温患者和因药物滥用而致深度中枢神经抑制的患者）。联合国和世界卫生组织将死亡定义为："出生后的任何时间生命现象的永久性消失。"

死亡既是一种生物现象，又是一种社会现象。导致一个人生命结束的因素，除了生物因素之外，还有非生物因素。一方面，死亡人数的多少是社会经济文化水平高低的折射；另一方面，死亡作为人口再生产的一个组成因素，是从负的方向影响人口再生产的规模和速度。

二、死亡测量

度量人口死亡状况的最基本数据是某一地区某一时期内的死亡人数。死亡人数是人口统计中最基础、最重要的指标之一，是和出生登记一样重要的一项基本内容。但由于人口总数以及统计时段不同，死亡人数也随之不同。一般来说，人口总数越大，统计时段越长，死亡人数就越多。因此，死亡人数这个概念不能进行比较和分析。为了便于在不同的人群之间建立一种可以比较的度量关系，在进行死亡测量时引入了"死亡率"这个指标。死亡率是反映一定地区、一定时期内人口死亡强度的统计指标，它客观地表明了总人口中平均每一千人的死亡人数。

死亡率的高低，既表示总人口的死亡水平，也反映了社会经济因素对人口死亡水平的影响程度。大量观察证明，死亡率在数量表现上具有某种规律性。它的曲线分布呈现出近似的"U"形。不同年龄的人群死亡率是不相同的。由于自身发育的脆弱，婴儿死亡率较高；随着年龄的增长，人体抗御疾病的能力不断增强，死亡率呈现下降趋势；到了老年，死亡率又呈现出上升的趋势。所以，分年龄段的死亡率曲线表现出"两头高、中间低"的"U"形。此外，不同性别的人群死亡率也是不相同的。一般来说，男性死亡率比女性死亡率要大。

人口死亡率即人口死亡的频率或强度，一般分为人口死亡率（又称粗死亡率、总死亡率）、死因死亡率、婴儿死亡率、分年龄分性别死亡率等。

（一）人口死亡率

人口死亡率（crude death rate）也称粗死亡率或总死亡率，它是指某一地区一定时期内（通常为一年）全部死亡人数与同一时期该地区总人口数的比例，一般用千分比来表示。它是反映实际人口死亡水平的重要指标，计算公式为：

$$人口死亡率 = 年内死亡人数 / 同期该地区总人口数 \times 1000‰$$

式中，同期该地区总人口数可用年平均人数（指年初、年底人口的平均数）或者年中人口数来表示。

正常情况下，人口死亡率在6.0‰～35.0‰变动。人口死亡率小于10.0‰，属于低死亡率；人口死亡率为10.0‰～20.0‰，属于中等水平的死亡率；人口死亡率大于20.0‰，属于高死亡率。

（二）死因死亡率

死因死亡率（cause-specific death rate）是指某一地区一定时期内（通常为一年）每十万人中因某种或某组原因致死的人数。这个指标和粗死亡率不同，用十万分比来表示。其计算公式为：

$$死因死亡率 = 年内因某种或某组原因死亡人数 / 同期该地总人口数 \times 100000/10万$$

式中，同期该地区总人口数可用年平均人数（指年初、年底人口数的平均数）或者年中人口数来表示。

死因死亡率对分析影响人口死亡的主要原因有重要意义。如果有两种及以上的多种原因导致人口死亡，一般以主要死亡原因来测度。由于不同性别以及不同年龄组的死亡原因往往不相同，在分析比较不同国家、地区某种原因的死亡率水平或做动态分析时，要考虑性别、年龄构成及其变动的影响。

在进行死因分析时，孕产妇死亡率是常用的指标，它是指某一地区一定时期内（通常为一年）每十万个活产婴儿出生时因怀孕、分娩或围生期并发症致死的孕产妇人数。一般用十万分比来表示。计算公式为：

$$孕产妇死亡率 = 年内孕妇死亡人数 / 同期该地活产婴儿数 \times 100000/10万$$

(三) 婴儿死亡率

婴儿期指婴儿从出生到满1岁之间的这段时期。婴儿在这个阶段生长发育特别迅速,是人一生中生长发育最旺盛的阶段。但这一时期由于婴儿身体较弱,对母体外的环境适应能力较差,容易生病死亡。婴儿死亡人数在总死亡人数中的比重是相当高的,尤其是在死亡率高的地区,婴儿死亡人数可占总死亡人数的30.0%~40.0%。因此,婴儿死亡率(infant morality rate)是各个年龄组中最重要、最敏感且最具有综合性的一个指标,它是指婴儿自出生到满一周岁时期内的死亡率。其计算公式为:

$$婴儿死亡率 = 年内婴儿死亡人数 / 同期该地活产婴儿数 \times 1000‰$$

婴儿死亡率不仅反映某一地区某一时期的医疗卫生水平,也在一定程度上反映了该地区人口的健康状况及其生活质量。因此,对比不同地区不同时期的婴儿死亡率是十分有意义的,它是年龄别死亡率中具有特殊意义的一个人口学指标。

(四) 分年龄分性别死亡率

分年龄分性别死亡率(sex/age-specific death rate)是指某一地区一定时期内(通常为一年)男、女某年龄(组)别死亡人口数与同一时期该地区相应的男、女总人口数(或年中男、女人口数)的比例,一般用千分比来表示。其计算公式为:

$$分年龄分性别死亡率 = \frac{年内男、女某年龄(组)别死亡人口数}{同期该地男、女性总人口数} \times 1000‰$$

不同性别不同年龄(组)别人口的死亡率有很大的差异。年龄(组)别死亡率的特征是不满周岁的婴儿死亡率很高,随着年龄(组)别的提高人口死亡率下降;但到了老年组以后,人口死亡率又上升。

三、生命表

通过各种不同指标的死亡率可以对不同人群的死亡情况进行量的比较,但是,要回答诸如"1949年某地出生的10万人,他们活到50岁时还有多少人?他们平均能活到多少岁?在每个年龄段上能存活下来的有多少人?"这些问题时,就要用到生命表(life table)这个指标。生命表又称"死亡表""死亡率表",它根据分年龄死亡率编制,是反映一批人(通常为10000人)从出生后陆续死亡的全部过程的一种统计表。1662年,约翰·格兰特根据对英国教区1538年起的人口死亡记录数据的分析,完成了《关于死亡率表的自然和政治观察》专著。该专著根据每百名出生婴儿死亡的年龄,编制了人类历史上第一张反映生存和死亡规律的死亡表。该死亡表包括了年龄组、年龄段中死亡人数和年龄段截止时存活人数,并据此推算出死亡率、存活率和寿命估计等人口学指标,由此成为生命表的雏形(见表 5-1)。

表 5-1 约翰·格兰特编制的生命表

年龄组(岁)	年龄段中死亡人数(人)	年龄段截止时存活人数(人)
0~6	36	64
6~16	24	40
16~26	15	25
26~36	9	16
36~46	6	10
46~56	4	6
56~66	3	3
66~76	2	1
76~86	1	0

资料来源:梁在《人口学》,中国人民大学出版社 2012 年版,第 319 页。

1693 年,埃德蒙·哈雷(1656—1742 年)在《根据弗罗茨瓦夫城出生与下葬统计表对人类死亡程度的估计》一文中,首次以生命表的形式给出了人类死亡年龄的分布,哈雷由此被称为生命表的创始人。

生命表通常被用于模拟某一人口从出生到死亡的过程。也就是说,生命表是追踪一批人,逐年记录该人群的死亡人数,得到该人群从出生到死亡为止的各年龄死亡率,并进一步构成表格式模型。假定有 10 万人同时出生,根据人口的年龄别死亡率,每个年龄(组)都有人相继死亡,于是人口数量越来越少;到了生命表的最后一行,所有存活到高龄的人都去世了。

表 5-2、表 5-3、表 5-4 分别是 2020 年"七普"全国全部人口简略生命表、2020 年"七普"全国男性人口简略生命表、2020 年"七普"全国女性人口简略生命表。第 1 列是年龄或者年龄组,用 x 表示。当年龄间隔(用 N 表示)为 1 岁,该生命表称为完全生命表;当 $N=5$ 岁或者 10 岁时所编制的生命表为简略生命表(由于婴儿死亡率问题的特殊重要性,在简略生命表仍然也要将 0 岁组单独列出)。第 2 列为死亡率,用 m_x 表示,"七普"中"全国分年龄、性别的死亡人口状况"(2019.11.1—2020.10.31)可以得出相关数据。第 3 列是每一年龄组人口生存到下一个年龄组之前死亡的比例,用 q_x 表示,这一数据是实际观测得来的。第 4 列指在每一年龄组起点存活的人数,用 l_x 表示。在出生时为 10 万,每个年龄组包括从上一组存活下来的人口。第 5 列指在该年龄组内死亡的人数,用 d_x 表示。第 6 列是指每一年龄组总的存活人年数,用 L_x 表示。第 7 列指至当前年龄组的累计存活人年数,用 T_x 表示,它考虑了当前及以下的年龄组的死亡人数。随着年龄的增大,这批人越来越少,可存活的总人年数必然随之减少。第 8 列是平均预期寿命,用 e_x 表示。用每个年龄组

对应的存活总人年数除以这个年龄组初始的人数，就等于一定年龄的人口预期可以存活的平均寿命。

表5-2为"七普"全国全部人口简略生命表，数据显示，2020年"七普"时我国人口平均预期寿命为81.08107934岁。

表5-2 "七普"全国全部人口简略生命表

年龄（岁）	死亡率（‰）	死亡概率	留存人口（人）	死亡人口（人）	留存人年	累计留存人年	平均寿命（岁）
x	m_x	q_x	I_x	d_x	L_x	T_x	e_x
0	1.53	0.00153	100000	153	99860.77	8108107.934	81.08107934
1~4	0.47	0.001877529	99847	187	398863.0962	8008247.164	80.20518557
5~9	0.14	0.000699755	99660	70	498123.3286	7609384.068	76.35379914
10~14	0.18	0.000899595	99590	90	497725.0091	7111260.739	71.4055149
15~19	0.29	0.00144895	99500	144	497140.6059	6613535.73	66.46755778
20~24	0.33	0.00164864	99356	164	496370.6732	6116395.124	61.56037804
25~29	0.39	0.001948101	99192	193	495478.0763	5620024.451	56.65790812
30~34	0.51	0.002546753	98999	252	494364.6702	5124546.375	51.76361911
35~39	0.78	0.00389241	98747	384	492773.447	4630181.704	46.88940171
40~44	1.25	0.00623053	98363	613	490280.4125	4137408.257	42.06285862
45~49	1.94	0.009653182	97750	944	486389.2981	3647127.845	37.31090162
50~54	2.99	0.014839078	96806	1437	480439.0283	3160738.547	32.65021303
55~59	4.51	0.022298583	95370	2127	471531.2319	2680299.518	28.10435341
60~64	7.48	0.036713458	93243	3423	457656.54	2208768.287	23.68831576
65~69	11.72	0.056931895	89820	5114	436314.3522	1751111.747	19.49585984
70~74	20.26	0.096416504	84706	8167	403112.6842	1314797.394	15.5218796
75~79	35.63	0.163579184	76539	12520	351394.5566	911684.7102	11.91137389
80~84	62.86	0.271615607	64019	17389	276622.8116	560290.1536	8.751960396
85~89	102.76	0.408783515	46630	19062	185497.2844	283667.342	6.083325589
90~94	161.65	0.575625389	27569	15869	98170.05754	170545.0443	6.186204763
95~100	206.95	0.681934261	11699	7978	38551.50048	56532.57602	4.832085045
>100	237.43	0.744960231	3721	2772	11675.58346	15672.76075	4.211767679

表 5-3 为"七普"全国男性人口简略生命表，数据显示，2020 年"七普"时我国男性人口平均预期寿命为 78.81033195 岁。

表 5-3 "七普"全国男性人口简略生命表

年龄（岁）	死亡率（‰）	死亡概率	留存人口（人）	死亡人口（人）	留存人年	累计留存人年	平均寿命（岁）
x	m_x	q_x	l_x	d_x	L_x	T_x	e_x
0	1.66	0.00166	100000	166	99848.94	7881033.195	78.81033195
1~4	0.51	0.002037091	99834	203	398766.5614	7781184.255	77.94122498
5~9	0.16	0.00079968	99631	80	497953.9637	7382417.694	74.09787295
10~14	0.21	0.001049449	99551	104	497493.598	6884463.73	69.15517417
15~19	0.36	0.001798381	99446	179	496785.307	6386970.132	64.22519886
20~24	0.44	0.002197583	99268	218	495792.8282	5890184.825	59.33640431
25~29	0.54	0.00269636	99049	267	494579.7734	5394391.997	54.46158209
30~34	0.71	0.00354371	98782	350	493036.9501	4899812.223	49.60206802
35~39	1.10	0.005484916	98432	540	490812.0763	4406775.273	44.76957769
40~44	1.78	0.00886057	97892	867	487293.8853	3915963.197	40.00270146
45~49	2.71	0.013458817	97025	1306	481860.8204	3428669.312	35.33796744
50~54	4.14	0.02048795	95719	1961	473693.4858	2946808.491	30.78595702
55~59	6.28	0.03091464	93758	2898	461544.5094	2473115.005	26.37759984
60~64	10.23	0.049874461	90860	4532	442969.3203	2011570.496	22.13931541
65~69	15.57	0.074933224	86328	6469	415468.2772	1568601.176	18.17023208
70~74	25.79	0.121139529	79859	9674	375110.8993	1153132.899	14.43956857
75~79	43.66	0.196817383	70185	13814	316391.4926	778021.9993	11.08528341
80~84	74.22	0.313019274	56371	17645	237743.968	461630.5067	8.189080192
85~89	116.92	0.45237174	38726	17519	149834.0747	223886.5388	5.781280645
90~94	172.77	0.603278803	21208	12794	74052.46409	122749.9851	5.788041905
95~100	207.06	0.682173097	8413	5739	27718.74513	40633.00834	4.829518014
>100	205.64	0.679083284	2674	1816	8830.41854	13003.43971	4.862867146

表 5-4 为"七普"全国女性人口简略生命表，数据显示，2020 年"七普"时我国女性人口平均预期寿命为 83.52543185 岁。

表 5-4 "七普"全国女性人口简略生命表

年龄（岁）	死亡率（‰）	死亡概率	留存人口（人）	死亡人口（人）	留存人年	累计留存人年	平均寿命（岁）
x	m_x	q_x	I_x	d_x	L_x	T_x	e_x
0	1.38	0.00138	100000	138	99874.42	8352543.185	83.52543185
1~4	0.42	0.001678027	99862	168	398978.8009	8252668.765	82.64073186
5~9	0.12	0.00059982	99694	60	498322.6477	7853689.964	78.77762128
10~14	0.15	0.000749719	99635	75	497986.406	7355367.316	73.82340158
15~19	0.20	0.0009995	99560	100	497550.8857	6857380.91	68.8769142
20~24	0.21	0.001049449	99460	104	497041.1636	6359830.024	63.94332432
25~29	0.23	0.001149339	99356	114	496494.7325	5862788.861	59.0078737
30~34	0.30	0.001498876	99242	149	495837.37	5366294.128	54.07289514
35~39	0.44	0.002197583	99093	218	494921.0788	4870456.758	49.15031255
40~44	0.69	0.003444059	98875	341	493525.3344	4375535.679	44.25305625
45~49	1.14	0.005683801	98535	560	491273.8727	3882010.345	39.39735321
50~54	1.83	0.009108329	97975	892	487642.7765	3390736.472	34.60826923
55~59	2.74	0.013606793	97082	1321	482109.3616	2903093.695	29.90341017
60~64	4.69	0.023178235	95761	2220	473257.9629	2420984.334	25.2814263
65~69	8.00	0.039215686	93542	3668	458538.2483	1947726.371	20.82198884
70~74	14.99	0.072242705	89873	6493	433135.7222	1489188.123	16.56982512
75~79	28.40	0.132586368	83381	11055	389266.07	1056052.4	12.66541577
80~84	53.66	0.236564828	72326	17110	318853.925	666786.3305	9.219225286
85~89	92.96	0.377150276	55216	20825	224017.9089	347932.4055	6.301304335
90~94	155.08	0.558766304	34391	19217	123914.4966	221764.4401	6.448284756
95~100	206.89	0.681803951	15175	10346	50007.64306	73346.074	4.833486394
>100	251.39	0.771857106	4828	3727	14825.183	19207.16009	3.977882971

资料来源：国务院第七次全国人口普查领导小组办公室《2020 中国人口普查年鉴》，表 6-4 "全国分年龄、性别的死亡人口状况"（2019.11.1—2020.10.31），见 http://www.stats.gov.cn/tjsj/pcsj/rkpc/7rp/zk/indexce.htm。

在生命表中，死亡概率是最基本的指标，其他指标都是由它派生出来的。所谓死亡概率，就是在活到 x 周岁的留存人数 I_x 中，有 d_x 人将在这一岁中死去，可能死亡的这一部分人在留存人数 I_x 中所占的比例，即为死亡概率（q_x）。

其计算公式为：

$$q_x = d_x / I_x$$

为了计算方便，一般假定出生人数为 10 万（也可以假定出生人数为 1 万、100 人），此人口数为 0 岁时出生人口数。2020 年"七普"时全部人口、男性人口、女性人口 0 岁的死亡概率分别为 0.00153、0.00166、0.00138，表示出生时的 10 万人中在不满周岁前分别有 1.53‰、1.66‰、1.38‰ 的全部人口、男性人口、女性人口死去，由此可以计算出 0 岁的全部人口、男性人口、女性人口死亡人数分别为 153 人（d_0 = 100000 × 0.00153）、166 人（d_0 = 100000 × 0.00166）、138 人（d_0 = 100000 × 0.00138）。反过来，如果能够知道 0 岁全部人口、男性人口、女性人口的死亡人数分别是 153 人、166 人、138 人，也可以求出 0 岁的全部人口、男性人口、女性人口死亡概率分别为 0.00153（q_x = 153/100000）、0.00166（q_x = 166/100000）、0.00138（q_x = 138/100000）。

四、人口平均预期寿命

人类的死亡是不以人的意志为转移的。那么，人类到底能活多少年呢？也就是说，人类寿命到底有多长呢？研究表明，各种动物的寿命期是自身生长期的 5~7 倍。人的生长期为 20~25 年，那么人类自然寿命应该是 100~175 岁。如果从胚胎细胞分裂次数来分析，认为人类细胞分裂次数为 50 次，平均每次分裂周期为 2.4 年，那么人类的寿命为 120 岁左右。还有科学家认为，一般哺乳动物最高寿命相当于它的性成熟期的 8~10 倍。人的性成熟期是 14~15 岁，据此推算，人的自然寿命应该在 110~150 岁。[1] 从理论上来说，人类自然寿命可以达到 100 岁以上，但人类的实际寿命并没有这么长。2000 年，中国人口实际寿命为 71.40 岁，其中男、女分别为 69.63 岁、73.33 岁。这里所说的人口实际寿命就是指人口平均预期寿命（life expectancy）。

每一个人的寿命是他死亡时的确切年龄。如一个人在 1945 年 3 月出生，2007 年 11 月死去，那么他的确切寿命为 62.75 岁。对于同年出生的同一批人来说，他们的平均寿命是根据其中每一个人的寿命而计算的一个平均数。即对同时出生的一批人进行追踪调查，先分别记录下他们在各年龄（组）的死亡人数直至最后一个人的生命结束，再根据这一批人活到各种不同年龄（组）的人数来计算人口的平均寿命。用

---

[1] 王洪春、张占平、申越魁：《新人口学》，北京：中国对外经济贸易出版社，2003 年版，第 64 页。

这批人的平均寿命来假设一代人的平均寿命即为统计年份该代人的人口平均预期寿命。

人口平均预期寿命的长短受两个方面的制约。一方面，社会经济条件、卫生医疗水平限制着人们的寿命，所以处于不同的社会、不同的时期，寿命的长短有很大的差别；另一方面，由于个人体质、遗传因素、生活条件等的差异，每个人的寿命长短悬殊。由于要跟踪同时出生的一批人的完整生命过程有很大的实际困难，在计算时可以利用当前各年龄（组）的死亡概率，来代替同一代人在不同年龄（组）的死亡率水平，然后计算出各年龄（组）人口的平均生存人数，由此推算出这一年的人口平均预期寿命。这就是人口平均预期寿命（通常用 e^0 来表示）。

人口平均预期寿命是生命表中的重要指标之一。它是指假若当前的分年龄（组）死亡率保持不变，同一时期出生的一批人预期能继续生存的平均年数。通常所说的平均寿命，是指出生时的人口平均预期寿命，故用 e^0 表示。0 岁（出生时）的人口平均预期寿命具有特别重要的意义，它表示出生后的同一批人平均一生可能生存的年数，即 $e^0 =$ 同一批人一生可能生存的总人年数（T_0）/出生人数（I_0）；由此，x 岁的平均预期寿命等于活到 x 岁以后还能继续生存的人年数与留存人数之比，即 $e_x =$ 累计留存人年（T_x）/留存人口（I_x）。例如，2020 年"七普"全国全部人口、男性人口及女性人口大于 100 岁年龄组的 e_x 分别为 4.211767679、4.862867146 和 3.977882971 岁。

人口平均预期寿命既能综合反映全体人口的死亡水平，消除实际人口年龄构成的影响，又能反映总人口死亡率和年龄（组）别的死亡率；同时，人口平均预期寿命还能对同一时期的不同人口或者同一人口的不同时期的生存年限进行比较，具有非常重要的意义。1980 年"三普"至 2010 年"六普"，我国总人口平均预期寿命分别为 67.77、68.55、71.40 和 74.83 岁，提高了 7.06 岁；2020 年"七普"人口平均预期寿命为 77.30 岁，比"六普"再提高了 2.47 岁。

第二节
人口死亡率变化趋势

在影响人口再生产的诸多因素中，死亡率是非常重要的因素之一。死亡率的变动程度，可以决定人口再生产的速度与规模。研究人口死亡率的变化趋势，对于掌握人口再生产状况、确定人口再生产类型都具有重要的意义。

死亡率的高低与社会经济发展水平有着密切的关系，因此，不同社会的死亡率是不相同的。一般来说，生产力水平发达的社会，其人口死亡率较低。随着社会生产的发展、人类社会的进步，人口死亡率呈现出不断下降的趋势，也就是说，人口死亡率变化的一般趋势是从高死亡率模式向低死亡率模式转变，这也是人口死亡率变化的一般规律。高死亡率模式的特点是：低年龄组（尤其是婴儿和儿童）死亡率极高，高年龄组死亡率也较高，人口的平均寿命短，其分年龄死亡率曲线图表现为一条明显的"U"形曲线。在不同年龄组中，低年龄组死亡人数在总死亡人数中的比重较大。人类社会初期及奴隶社会、封建社会、资本主义社会早期及目前一些经济不发达国家和地区都属于高死亡率模式。低死亡率模式的特点是：低年龄组死亡率较低，死亡率高的高年龄组年龄后移，人口平均寿命延长，其分年龄死亡率曲线图表现为一条近似平放的"L"形曲线。高年龄组的死亡人数占总死亡人数的比重上升。目前，经济发达国家和地区的死亡率都属于低死亡率模式。

在生产力极其低下的原始社会以及以血缘关系为纽带的生产关系条件下，人口出生率很高，有40.0‰～50.0‰，这种高出生率是靠早婚和毫无节制的两性关系来维持的。由于当时人口的平均寿命很短，在20～25岁，生育时期短；再加上饥荒、疾病、野兽的袭击，各部落间的互相残杀和自然灾害，死亡率很高，有时甚至超过出生率。因此，在相当长的时期内，人口处于极其缓慢的增长或停滞状态。虽然奴隶社会生产力比原始社会有所提高，但奴隶主对奴隶的剥削和压迫非常残酷，奴隶还要为奴隶主殉葬，再加上奴隶主之间的频繁战争，造成了奴隶的大量死亡。由于人口死亡率高，人口发展非常缓慢。根据对墓志铭的研究，在公元前4世纪古希腊人口平均寿命只有30岁。在封建社会，随着社会生产力进一步的解放，新兴地主阶级采取了鼓励人口和生产增长的政策。但由于地主阶级对农民的残酷剥削和压榨，人们生活贫困，抵抗自然灾害的能力不强，加上不同的地主统治集团周期性地进行大规模的割据战争等原因，多数国家人口死亡率都非常高。从13世纪到18世纪，欧洲各国平均寿命在20～40岁；而稳定的高死亡率（40.0‰～50.0‰）又因疾病流行和歉收引起的饥荒而成倍增加。[①]

由于人们征服自然、改造自然的能力有限，人口死亡率还较多地受到外界因素（如气候、饥荒、地震、战争或瘟疫等）的影响。14世纪中期，欧洲曾有三年流行黑死病（鼠疫），夺去了当时欧洲1/4人口（有2500～3000万人）的生命。1665年伦敦流行黑死病，夺去了约8万人的生命。1755年葡萄牙里斯本地震死亡人数约为4万人，当时该城市人口约为25万。在1877—1879年光绪年间的大饥荒中，死亡人数大约900万人。同样地，印度在1837年、1863年和1900年的三次大饥荒中，当年都有100万人死亡；而1845年爱尔兰大饥荒的死亡人数也有75万人。[②]此外，在一个

---

① 乌尔拉尼斯：《世界各国人口手册》，魏津生等译，成都：四川人民出版社，1982年版，第222-223页。

② C. B. NAM, S. G. Philliber. *Population*. 1984：77-78.

王朝初建时，统治者多采取鼓励农耕、发展经济、减轻赋税徭役、促进生育增殖的措施，人口增长速度加快；到了各代王朝末期，统治阶级日趋奢侈淫逸，地主豪绅大肆掠夺土地，疯狂剥削农民，致使民不聊生，百姓颠沛流离，阶级矛盾日益尖锐，进而农民暴动风起云涌，统治集团残酷镇压，战乱不断，天灾频仍，造成人口数量大减。由于人口死亡率高，从原始社会到封建社会的人口增长速度非常缓慢。研究表明，公元前2000年至公元元年，世界人口年平均增长率约为0.76‰；公元元年至1000年，世界人口年平均增长率约为0.2‰；1000—1299年，世界人口年平均增长率约为1.0‰；1400—1650年，世界人口年平均增长率约为2.0‰。此阶段世界人口平均寿命没有超过30岁。①

以社会化的机器大生产为物质条件的资本主义社会极大地提高了社会生产力。随着住房条件的改善、营养和卫生水平的提高，从19世纪中期开始，人口死亡率开始持续地下降。这一现象最初只出现在西欧一些国家，后来逐渐扩大到整个欧洲和北美的国家。20世纪40—50年代，发达资本主义国家的死亡率已经下降到非常低的水平。1950年，美国、加拿大、法国、英国、西班牙、意大利等国的人口死亡率分别为9.6‰、9.0‰、12.6‰、11.6‰、10.9‰、9.8‰。

第二次世界大战后，随着广大发展中国家民族解放和独立后医疗技术的普及，其人口死亡率下降的速度非常快。他们仅用了20多年的时间就使人口死亡率降低到了欧洲国家用了19世纪3/4的时间所达到的水平。比如，瑞典把死亡率从25.8‰降到16.9‰用了70年时间（1820—1890年），而埃及的死亡率从19.1‰降到15.0‰，只用了20年时间（1950—1970年）。同一时期，随着社会经济条件的改善、卫生保健服务的发展，无论是发达国家还是发展中国家，其婴儿死亡率也大幅下降。从1950年到1975年的20多年间，美国的婴儿死亡率从29.2‰下降到16.1‰，下降了44.86%；发展中国家埃及的婴儿死亡率从1950年的152.8‰下降到1973年的97.9‰，下降了35.93%。虽然下降的速度差不多，但发达国家的婴儿死亡率绝对数仍远远低于发展中国家（见表5-5）。同一时期，发达国家的人口死亡率也有所下降。1950—1991年，日本的人口死亡率从1950年的10.9‰下降到1991年的7.0‰，法国从12.8‰下降到9.0‰，下降的趋势和速度都非常明显。据统计，目前发达国家的人口死亡率几乎都在7.0‰以下；而发展中国家的人口死亡率在7.0‰以下的只有44个国家，其中亚洲17个、拉丁美洲17个、大洋洲6个、非洲4个。2019年，日本婴儿死亡率仅为0.9‰，比1967年的16.2‰下降了94.44%；新加坡婴儿死亡率为1.1‰，韩国、挪威为1.5‰；2020年，中国婴儿死亡率为5.4‰，5岁以下儿童死亡率为7.5‰。

---

① 吴忠观：《人口学》，重庆：重庆大学出版社，2005年版，第291-292页。

表 5-5 20 世纪下半叶主要国家的婴儿死亡率（‰）

国家	1950 年	1955 年	1960 年	1965 年	1970 年	1975 年
美国	29.2	27.0	26.0	24.7	20.1	16.1
法国	52.0	38.6	27.4	22.0	18.2	13.6
日本	60.1	39.8	30.7	18.5	13.1	10.8（1973 年）
英国	29.9	25.0	21.8	19.0	18.4	16.3（1974 年）
意大利	63.8	50.9	43.9	25.6	29.6	20.7（1974 年）
苏联	80.7	59.6	35.3	27.2	24.7	27.9
匈牙利	85.7	60.0	47.6	38.8	35.9	33.0
印度	127.1	121.2	—	139.0	139.0	—
埃及	152.8	129.6	—	118.0	118.0	97.9（1973 年）
墨西哥	96.2	—	74.2	60.7	68.5	—
波兰	111.2	82.2	54.8	43.2	36.7	29.0

资料来源：乌尔拉尼斯《世界各国人口手册》，魏津生等译，四川人民出版社 1982 年版，第 233-234 页。

目前，发达国家和发展中国家的人口死亡率有较大的差异。发达国家由 20 世纪 50 年代初的 10.1‰ 下降到 20 世纪 90 年代初的 9.8‰，仅下降了 0.3 个千分点；而发展中国家则由 24.4‰ 下降到 10.0‰ 以下。尽管如此，由于发展中国家的人口死亡率基数较大，死亡人数仍远远高于发达国家。《世界人口展望 2022》数据显示，世界人口平均死亡率为 8.41‰，北非及西亚为 5.46‰，中亚及南亚为 8.41‰，东亚及东南亚为 7.80‰，拉丁美洲为 7.58‰，大洋洲（不包括澳大利亚、新西兰）为 6.37‰，澳大利亚及新西兰为 6.77‰，欧洲及北美地区为 11.54‰；高收入国家死亡率为 9.56‰，中等收入国家为 8.26‰，低收入国家为 7.23‰；主要国家死亡率情况为：埃及 6.39‰，中国 7.40‰，日本 12.66‰，印度 9.07‰，意大利 10.67‰，法国 9.40‰，美国 9.31‰。[①]

第三节 我国人口死亡变化态势

中国传统人口的发展与封建王朝的兴衰紧密地联系在一起。随着封建王朝不断更迭，在王朝初建时，统治者多采取促进生育增殖的措施，人口增长速度较快；到了各代王朝末期，社会动荡剧烈，造成人口数量大减。新王朝建立，又如此循环往复，形成了人口波浪式增长的周期性规律。这种周期性"变化的模式大致是：一段时期

---

① 联合国：《世界人口展望 2022》，见 https://www.maigoo.com/news/634226.html。

较高速度的增长,更长时期的停滞,短时间内的锐减,然后走向恢复,进入一个新的周期,形成比较典型的波浪式曲线"[①]。中国封建社会从战国末期(公元前221年)到清道光二十年(1840年)鸦片战争前夕为止的2000多年间,人口由2000万增至41281万,年平均增长率为1.5‰。[②]

从鸦片战争到1949年以前的近代中国,我国人口出生率为35.0‰~38.0‰,但人口死亡率高达25.0‰~33.0‰,人口自然增长率在5.0‰~10.0‰。[③] 其中,1919年人口死亡率为40.0‰(按旧中国人口平均预期寿命在30~40岁来测算)。表5-6是国民政府实业部编的《中国经济年鉴》中公布的1936年各省区人口死亡率。表5-6中数据显示,1936年我国普通人口死亡率、婴儿死亡率分别高达27.6‰、156.2‰。此外,其他资料显示,1937年婴儿死亡率为163.8‰;1938年,国民政府内务部编制的《卫生统计》公布的各省区人口死亡率为20.0‰至45.0‰不等。低的如陕西、山西、江西、云南等省,人口死亡率在20.0‰左右;高的如绥远、四川等在45.0‰左右;各省区平均在28.2‰。[④]

表5-6 1936年中国各省区人口死亡率 (‰)

省区	普通人口死亡率	婴儿死亡率	省区	普通人口死亡率	婴儿死亡率
全国	27.6	156.2	华南	30.4	157.0
			福建、广东	34.3	184.4
华北	24.5	155.2	浙江、江西	25.9	154.1
河北、山西	25.1	157.1	云南、贵州	26.9	171.4
陕西、山东	25.1	157.1	四川	40.0	191.2
河南、安徽	25.1	157.1	江苏、安徽	27.8	135.4
绥远、山西	19.3	136.1	浙江、湖北	27.8	135.4
陕西	19.3	136.1	四川、云南	25.1	200.5

资料来源:国民政府实业部《中国经济年鉴》(第三辑),商务印书馆1936年编印,第37-38页。

同时,近代中国人口的平均预期寿命是比较低的。1933年,肖浮德等通过对南京金陵大学调查的当时17省101个区域1929—1931年2718名男性死亡人口和2682名女性死亡人口(生前均为农业人口)资料的计算,得出男、女人口平均预期寿命分别为34.85、34.63岁。研究表明,近代中国人口的平均预期寿命为30.0~40.0岁。

[①] 胡焕庸、张善余:《中国人口地理》(上册),上海:华东师范大学出版社,1984年版,第12页。
[②] 王育民:《中国人口史》,南京:江苏人民出版社,1995年版,第23页。
[③] 陈达:《人口问题》,上海:商务印书馆,1934年版,第170-171页。
[④] 国民政府内务部:《卫生统计》,1938年编印,第114-118页。

按照静止人口理论[①]，如果以 35 岁来估计近代中国人口的平均预期寿命，那么人口死亡率应为 28.6‰；如果以 40 岁来估计平均预期寿命，那么人口死亡率应为 25.0‰；如果以 30 岁来估计平均预期寿命，那么人口死亡率应为 33.3‰。

中华人民共和国成立以后，由于医疗卫生水平的提高，我国人口死亡率下降速度很快。全国人口死亡率从 1949 年的 20.0‰下降到目前的 6.0‰~7.0‰，并维持在这一个非常低的水平上。

表 5-7 是我国主要年份部分地区乡村婴儿死亡率数据。1954 年乡村婴儿死亡率为 138.5‰。1950—1980 年，我国婴儿死亡率的年平均下降速度在 5.0%以上，它既高于同期发展中国家 2.5%的平均下降速度，也高于发达国家 4.6%的平均下降速度。20 世纪 80 年代以来，我国婴儿死亡率下降的速度更快。1985 年、1989 年我国乡村婴儿死亡率分别为 25.1‰、21.7‰。20 世纪 90 年代，婴儿死亡率、5 岁以下儿童死亡率的年平均下降速度分别为 6.50%、5.85%。2000 年，我国婴儿死亡率下降到 32.30‰，其中城市下降到 11.80‰，农村下降到 37.00‰。2005 年 1%人口抽样调查数据显示，我国 0 岁人口死亡率为 12.82‰，其中男、女人口分别为 11.50‰、14.41‰。2010 年、2020 年"六普""七普"全国人口、男性人口和女性人口的死亡率分别为 5.66‰、6.40‰、4.87‰ 和 5.58‰、6.30‰、4.82‰；2010 年"六普"、2020 年"七普"全国 0 岁人口、0 岁男性人口和 0 岁女性人口的死亡率分别为 1.58‰、1.66‰、1.38‰ 和 3.82‰、3.73‰、3.92‰。

表 5-7 我国部分地区乡村婴儿死亡率

年份	乡村婴儿死亡率（‰）	统计范围
1954	138.5	据 14 省 5 万余人的调查
1958	89.1	河北等 18 省市的大部分县
1975	32.4	上海、江苏等 8 省市的 18 个县全县或部分公社
1983	26.5	上海、江苏等 12 省市的 58 个县全县或部分公社
1985	25.1	上海、江苏等 15 省市 72 个县全县或部分乡
2000	32.3	全国
2005	12.8	2005 年全国 1%人口抽样调查数据
2010	7.30	全国
2020	8.35	全国

资料来源：《中国卫生年鉴》编辑委员会《中国卫生年鉴》（1984 年），人民卫生出版社 1984 年版，第 29 页；卫生部《中国卫生统计提要》（1985 年），人民卫生出版社 1985 年版，第 46 页；国家统计局网站 2010 年"六普"、2020 年"七普"的数据。

---

① 静止人口是一个总人口数长期保持不变（既不增加也不减少）的人口，即每年出生人口数与死亡人口数总是相等的。静止人口具有以下特性：每年的出生人数与死亡人数不变，且彼此相等；人口性别、年龄构成不变；出生率与死亡率相同，并与平均预期寿命互为倒数。

表 5-8 是主要年份我国县、市及全国人口死亡率数据。从表中可以看出，我国人口死亡率变动大致分为以下几个阶段：① 1949—1957 年，死亡率迅速下降；② 1958—1964 年，因受困难时期的影响，人口死亡率变动较大，这一时期的人口死亡率经历了由低到高，再从高到低的变化；③ 1965—1981 年，死亡率持续稳步下降；④ 1982 年到目前，死亡率始终停留在一个较低水平上。1985 年人口死亡率为 6.57‰，其中市、县分别为 5.96‰、6.66‰。目前，中国人口死亡率属于世界上最低之列，并且这种低死亡率还将持续相当长的时间。

表 5-8 主要年份我国县、市及全国人口的死亡率

年份	县死亡率（‰）	市死亡率（‰）	全国死亡率（‰）
1949	—	—	20.00
1954	13.71	8.07	13.18
1959	14.61	10.92	14.59
1960	28.58	13.77	25.43
1965	10.06	5.69	9.50
1971	7.57	5.35	7.32
1975	7.59	5.39	7.32
1980	6.47	5.48	6.34
1985	6.66	5.96	6.57
1990	7.01	5.71	6.67
1995	6.99	5.53	6.57
1999	6.88	5.51	6.46
2000	—	—	6.45
2005	—	—	6.51
2008	—	—	7.06
2009	—	—	7.08
2010	—	—	7.11
2012	—	—	7.13
2014	—	—	7.12
2106	—	—	7.04
2018	—	—	7.08

续表

年份	县死亡率（‰）	市死亡率（‰）	全国死亡率（‰）
2019	—	—	7.09
2020	—	—	7.07
2021	—	—	7.18

资料来源：1999 年以前数据来自国家统计局《中国统计年鉴》(1984 年)，中国统计出版社 1984 年版，第 83 页；《中国统计年鉴》(2001 年)，中国统计出版社 2001 年版，第 91 页；2000 年、2005 年数据来自国家统计局人口和社会统计司《中国人口统计年鉴》(2006 年)，中国统计出版社 2006 年版，第 225 页；2008 年数据来自国家统计局《2008 年国民经济和社会发展统计公报》；2009 年后数据来自国家统计局网站，见 https://data.stats.gov.cn/easyquery.htm? cn=C01。

第四节 人口死亡率的性别、年龄格局

按人口性别和年龄组计算的人口死亡率指标相对来说比较准确。年龄构成的特点对指标数值的大小没有太大的影响；分性别年龄系数还可以了解人口死亡率的动态变化过程。

一、人口死亡率的性别格局

关于分男女性别人口死亡率的变化，从其总趋势来看，除怀孕和分娩的高峰年龄段外，一般表现为女性人口死亡率水平低于男性人口，这也称为女性的存活优势。从现存的人口死亡率的统计数据来看，女性死亡率偏高的现象较多地出现在婴幼期、围生期的女性以及高年龄组人口，所以女性人口平均预期寿命高于男性人口。其原因主要有两个方面：一是生理因素的作用（从遗传学来说女性的抗病能力较强）；二是社会因素作用的结果（男性往往更多地承受家庭经济重担）。

表 5-9、表 5-10 分别是 2005 年中国 1% 人口抽样调查分年龄组分性别的死亡人口状况、2020 年"七普"全国分年龄分性别的死亡人口状况。表中数据显示，2005 年、2020 年我国低、中年龄组人口，随着总死亡率的平稳下降，男、女性人口死亡率也随之下降；高年龄组人口，总死亡率又逐渐上升；但对于同一年龄段来说，女性人口死亡率要低于男性人口。

表 5-9 2005 年我国 1‰人口抽样调查分年龄组分性别的死亡人口状况

年龄（岁）	分年龄组分性别人口死亡率（‰）		
	合计	男	女
0	12.82	11.50	14.41
0～4	3.28	2.99	3.64
5～9	0.42	0.53	0.29
10～14	0.39	0.49	0.27
15～19	0.66	0.87	0.44
20～24	0.87	1.26	0.51
25～29	1.00	1.41	0.60
30～34	1.25	1.73	0.79
35～39	1.61	2.18	1.06
40～44	2.13	2.98	1.29
45～49	3.27	4.32	2.20
50～54	4.57	5.86	3.27
55～59	7.06	8.85	5.20
60～64	11.69	14.29	8.95
65～69	19.48	23.70	15.14
70～74	32.53	39.19	26.07
75～79	53.56	63.02	45.33
80～84	86.31	100.56	75.95
85～89	131.66	155.27	118.52
90～94	202.01	224.88	191.82
95～99	256.03	319.36	235.95
≥100	338.77	397.16	320.01

资料来源：国家统计局人口和社会统计司《中国人口统计年鉴》（2006 年），中国统计出版社 2006 年版，第 152-154 页。

表 5-10 "七普"全国分年龄分性别的死亡人口状况

年龄组（岁）	死亡人口（人）			死亡率（‰）		
	合计	男	女	合计	男	女
总计	7965772	4617095	3348677	5.66	6.40	4.87
0	20822	11906	8916	1.53	1.66	1.38
0～4	37629	21712	15917	0.47	0.51	0.42
5～9	12629	7561	5068	0.14	0.16	0.12

续表

年龄组（岁）	死亡人口（人）			死亡率（‰）		
	合计	男	女	合计	男	女
10～14	15526	9606	5920	0.18	0.21	0.15
15～19	20613	13974	6639	0.29	0.36	0.20
20～24	25224	17680	7544	0.33	0.44	0.21
25～29	37390	26820	10570	0.39	0.54	0.23
30～34	61721	44129	17592	0.51	0.71	0.30
35～39	75743	55129	20614	0.78	1.10	0.44
40～44	117774	85970	31804	1.25	1.78	0.69
45～49	227493	161922	65571	1.94	2.71	1.14
50～54	358779	250025	108754	2.99	4.14	1.83
55～59	435151	303598	131553	4.51	6.28	2.74
60～64	563353	387660	175693	7.48	10.23	4.69
65～69	849997	554957	295040	11.72	15.57	8.00
70～74	970861	602909	367952	20.26	25.79	14.99
75～79	1088174	631271	456903	35.63	43.66	28.40
80～84	1256049	663470	592579	62.86	74.22	53.66
85～89	1077086	501468	575618	102.76	116.92	92.96
90～94	548871	217924	330947	161.65	172.77	155.08
95～99	157606	51882	105724	206.95	207.06	206.89
≥100	28103	7428	20675	237.43	205.64	251.39

资料来源：国务院第七次全国人口普查领导小组办公室《2020中国人口普查年鉴》，表6-4"全国分年龄、性别的死亡人口状况"（2019.11.1—2020.10.31），见http：//www.stats.gov.cn/tjsj/pcsj/rkpc/7rp/zk/indexce.htm。

二、人口死亡率的年龄格局

人口死亡过程表现为机体功能衰退和消失的过程。在不同的年龄段，人口机体功能不相同，因此人口死亡率在不同年龄的分布上表现出明显的差异，形成了特定的死亡年龄格局：婴儿死亡率和老年人死亡率较高，而儿童少年死亡率和成人死亡率相对较低。具体来说，任何一个人口死亡的年龄分布或者年龄曲线都大约是由以下彼此联结的四个阶段构成：① 0～10岁的婴幼儿死亡率由高向低迅速下降的阶段；

② 10～35岁死亡率处于低水平或缓慢升高的阶段；③ 35～90岁死亡率快速升高的阶段；④ 90岁以后死亡率缓慢升高的阶段。

以中等收入水平的国家为例，分年龄段死亡率一般从千分之几十开始，进入儿童年龄段就下降至千分之几，最低时（在10～14岁）不到千分之一；然后逐步回升，在55岁左右达到千分之十几，之后迅速升高，到75岁时已接近或超过千分之二十。历史上，苏联分年龄分性别的人口死亡率也验证了人口死亡年龄格局的四个阶段（见表5-11）。

表5-11　1964—1972年苏联分年龄分性别的人口死亡率（‰）

年龄组（岁）	1964—1965年		1969—1970年		1971—1972年	
	男	女	男	女	男	女
全部人口	7.6	6.7	8.8	7.6	9.0	7.8
0～4	7.7	6.5	7.6	6.1	7.5	6.0
5～9	0.9	0.7	0.8	0.6	0.8	0.5
10～14	0.7	0.5	0.7	0.4	0.7	0.4
15～19	1.3	0.6	1.5	0.6	1.4	0.6
20～24	2.1	1.0	2.3	0.8	2.5	0.8
25～29	2.8	1.1	3.4	1.1	3.3	1.0
30～34	3.7	1.4	4.3	1.4	4.3	1.3
35～39	4.6	1.9	5.6	1.9	5.6	1.9
40～44	5.7	2.5	7.1	2.6	7.3	2.6
45～49	7.5	3.5	9.4	3.8	9.6	3.7
50～54	11.9	5.4	13.7	5.7	13.6	5.8
55～59	16.5	7.4	18.8	7.7	19.2	7.9
60～64	26.2	12.6	21.8	12.5	28.3	12.6
65～69	36.0	18.9	41.2	21.1	40.5	20.2

资料来源：乌尔拉尼斯《世界各国人口手册》，魏津生等译，四川人民出版社1982年版，第243页。

随着社会经济的发展和医疗技术水平的提高，目前分年龄人口死亡率已大幅下降。图5-1是2020年"七普"中国分年龄分性别人口死亡率曲线图。从图中可以发现，我国总人口、分性别人口的死亡率都稳定在一个较低的水平。0～4岁和5～9岁年龄组的总人口、男性人口、女性人口的死亡率分别为0.47‰、0.51‰、0.42‰和0.14‰、0.16‰、0.12‰。女性人口死亡率低于男性人口这一趋势随着年龄组的加大越来越明显，但"100岁及以上"年龄组女性死亡率又显著高于男性。

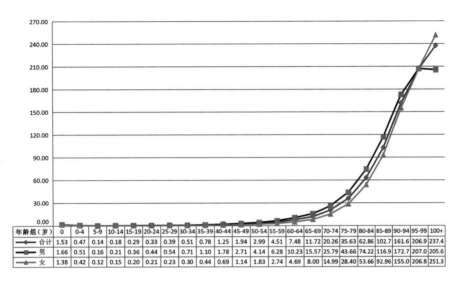

图 5-1　"七普"全国分年龄、分性别人口死亡率曲线（‰）

资料来源：国务院第七次全国人口普查领导小组办公室《2020 中国人口普查年鉴》，表 6-4 "全国分年龄、性别的死亡人口状况"（2019.11.1—2020.10.31），见 http://www.stats.gov.cn/tjsj/pcsj/rkpc/7rp/zk/indexce.htm。

第五节　人口死因分析

死亡原因分析是死亡问题研究的一个重要领域。死因分析可以揭示人口死亡率水平变化的内部结构，还可以认识人口死亡率差别形成的原因。世界卫生组织（WHO）的《国际疾病分类》将死亡原因定义为：所有直接导致或间接促进死亡的疾病、病情和损伤，以及造成任何这类损伤的事故或暴力的情况。

在不同历史时期，由于经济社会发展水平、医疗卫生状况和生活质量的差异，决定人口死亡的原因是多种多样的。1977 年，世界卫生组织公布了《疾病、受伤和死因的国际统计表》。这个统计表公布的疾病与死亡原因包括 17 大项和两个补充分类，其中 16 个大项包括了 671 种疾病和病态，最后一个大项是损伤与中毒。具体分类是：① 传染病和寄生虫病；② 肿瘤；③ 内分泌、营养、代谢及免疫性疾病；④ 血液与造血器官疾病；⑤ 精神病；⑥ 神经系统与感觉器官疾病；⑦ 循环系统疾病；⑧ 呼吸系统疾病；⑨ 消化系统疾病；⑩ 泌尿生殖系统疾病；⑪ 妊娠、分娩及产后并发症；⑫ 皮肤及皮下组织疾病；⑬ 肌肉骨骼系统及结缔组织疾病；⑭ 先天异常；⑮ 围生期特有的病态；⑯ 症状、体征与诊断不明确的疾病；⑰ 事故、中毒和暴力所致损伤，共有两个分类，一是根据致外因分类的 182 种损伤，二是根据性质分类的 187 种损伤，这两个分类是对损伤与中毒及影响健康因素的补充。威廉·彼得逊对上述分类做了如下评价:"国际分类统计表是一种非常有价值的工具。过去一个世纪以来,一些最优秀的流行病学家和人口统计学家,已经对此提出过许多设想和意见,然而在项目分析方面它还是很粗糙。作为一种实用的分析工具,它应当对现有的医学知识情况、对国际在使用上的差异,对任何一种疾病与医药、解剖或法律的关系,做出全面的综合的考虑。"①

在进行具体的死因统计时,若死者患有多种疾病和伤病,应从中选出最重要的致死原因(主死因)进行归类。归类原则为:① 传染病和寄生虫病,除丹毒、败血症、脓毒血症、器官坏疽需按具体情况判定或继发外,当和其他疾病共同存在时,一概选传染病和寄生虫病为主死因;② 恶性肿瘤与其他疾病共存时,选恶性肿瘤为主死因;③ 先天畸形与其他疾病共存时,选先天畸形为主死因;④ 复合死因中原发病与并发病共存时,选原发病为主死因;⑤ 衰老、诊断不明确的疾病和其他疾病在一起时,选其他疾病为主死因;⑥ 损伤与中毒和其他疾病并存时,选损伤与中毒为主死因。②

死亡原因方面,不同国家有不同的状况。一方面,在发达国家,来自慢性病和外伤的死亡"冲击"占有比较大的比例,传染病和寄生虫病的影响却大大地减小了。在发展中国家,不仅由心血管病、恶性肿瘤及外伤所带来的死亡率在增加,而且由传染病和寄生虫病所导致的死亡率也在增大(见表 5-12)。另一方面,在发达国家,心血管病引起的死亡数大约占总死亡数的一半,而在发展中国家只占总死亡数的 10.0%~15.0%。1960 年、1970 年,美国因心血管病引起的死亡率分别为 51.3%、51.0%;而同一时期墨西哥却分别只有 9.14%、10.6%。同时,发展中国家由于传染病和寄生虫病造成的死亡总数超过了 20.0%。1960 年、1970 年,墨西哥因传染病和寄生虫病引起的死亡率分别为 15.0%、23.3%。

表 5-12 部分国家 1960 年、1970 年每 10 万人中的常见病死亡率(‰)

国家/地区	传染病和寄生虫病			心血管病			恶性肿瘤			外伤和其他横向原因		
	1960 年	1970 年	变动(%)	1960 年	1970 年	变动(%)	1960 年	1970 年	变动(%)	1960 年	1970 年	变动(%)
美国	11.8	8.3	−29.7	513.3	509.8	−0.7	149.2	160.0	7.2	67.6	78.9	16.7
法国	29.5	15.5	−47.5	410.3	391.4	−4.6	196.8	207.4	5.4	76.6	92.7	21.0
日本	44.7	23.3	−47.9	256.1	284.8	11.2	100.5	115.7	15.1	65.3	59.8	−8.4

---

① 威廉·彼得逊:《人口学基础》,兰州大学人口研究室译,兰州:甘肃人民出版社,1984 年版,第 343 页。
② 田雪原:《人口学》,杭州:浙江人民出版社,2004 年版,第 166-167 页。

续表

国家/地区	传染病和寄生虫病			心血管病			恶性肿瘤			外伤和其他横向原因		
	1960年	1970年	变动(%)	1960年	1970年	变动(%)	1960年	1970年	变动(%)	1960年	1970年	变动(%)
英国	12.5	7.2	−42.4	596.4	594.2	−0.4	215.9	236.2	9.4	50.5	46.3	−8.3
荷兰	7.1	6.4	−9.9	330.3	381.3	15.4	168.3	194.6	15.6	43.6	58.2	33.5
香港	89.6	41.2	−54.1	102.7	132.0	28.5	64.5	100.1	55.2	35.6	42.3	21.6
瑞典	11.2	9.3	−17.0	521.8	526.1	0.8	185.7	203.2	9.4	64.4	68.9	7.0
芬兰	31.7	12.6	−60.0	430.0	508.8	18.3	155.3	168.6	8.6	74.5	85.4	14.6
意大利	27.3	17.8	−34.8	417.1	439.4	5.3	145.6	179.1	23.0	47.1	53.7	14.0
加拿大	9.7	6.3	−35.1	380.3	362.0	−4.8	130.1	142.6	9.6	61.8	67.6	9.3
新加坡	55.8	35.1	−37.1	90.4	140.3	55.2	62.8	76.9	22.4	31.5	41.3	31.1
墨西哥	150.0	232.7	55.1	91.4	105.9	15.9	35.3	38.2	8.2	77.0	72.1	−6.4

资料来源：乌尔拉尼斯《世界各国人口手册》，魏津生等译，四川人民出版社1982年版，第235-236页。

一方面，不同时期的人口死亡原因不尽相同。T. L. 史密斯和P. E. 祖波夫考察了1900—1970年美国人口死亡原因模式的转变。他们发现，结核病死亡率下降最快。美国1900年死于呼吸系统结核病的人数占全部死亡人口数的17.5‰，到1970年已经下降到0.3‰；下降速度非常快。传染病也出现了同样的变化。但是，同一时期死于心脏病、癌症、糖尿病综合征和其他与年龄老化有关的精神方面疾病的，其人数和死亡率都提高了。他们认为，影响死亡模式变化的另一个重要原因是人口年龄结构的变化。如同1900—1970年所发生的那样，美国少年儿童人口比重下降使得死于儿童疾病的人数减少了，但是上述这些疾病的死亡危险并没有真正减小；而随着人口老龄化（美国1900年以来所发生的情况），即使这些疾病对于个人来说其危险程度并没有发生本质上的变化，也使心脏病、癌症、肝硬化和其他机能衰退综合征的死亡率提高了。[①]

另一方面，不同模型的人口死亡原因也不尽相同。在联合国出版的《人口趋势的决定因素和后果》一书中，用四种模式说明了随着死亡率的下降，死亡模式的变化情况（见表5-13）。

---

① T. L. Smith, P. E. Zopf. *Demography: Principles and methods*. Alfred Publishing Co. Inc., 1976: 432-436.

表 5-13 不同模型的人口死亡原因的占比（%）

死亡原因	年轻型人口		老年型人口	
	模型 A ($e^0=50$)	模型 B ($e^0=70$)	模型 C ($e^0=50$)	模型 D ($e^0=70$)
传染病、寄生虫病、呼吸系统疾病	34.1	10.8	27.4	6.5
癌症	5.6	15.2	7.9	16.4
循环系统疾病	18.7	32.2	26.0	46.5
暴力	4.3	6.8	4.0	5.2
其他疾病	37.3	35.0	34.7	25.4
所有疾病	100.0	100.0	100.0	100.0

资料来源：United Nations. *The Determinants and Consequences of Population Trends*. World Population Prospects，1973.

随着出生时平均预期寿命（e^0）的提高，死亡模式也同时发生变化。例如，当平均预期寿命（e^0）从 50 岁提高到 70 岁时，传染病、寄生虫病、呼吸系统疾病占全部死因的比重下降，年轻型人口中由 34.1% 下降到 10.8%，老年型人口中由 27.4% 下降到 6.5%；而癌症则由年轻型的 5.6%、15.2% 分别上升到老年型的 7.9%、16.4%；循环系统疾病所占比重则分别从 18.7%、32.2% 上升到 26.0%、46.5%。这说明死亡率的下降和平均预期寿命（e^0）的提高，在很大程度上是传染病、寄生虫病、呼吸系统疾病的发病率和死亡率得到有效控制的结果。同时，表 5-13 也反映出年龄构成对死因构成模型的影响。例如，在相同的平均预期寿命（e^0）水平上，模型 A 的传染病、寄生虫病、呼吸系统疾病的死因比模型 C 要高出近 1/4，模型 B 要比模型 D 高出约 2/3；反之，循环系统疾病死因比重则出现另一种趋势，即模型 C 要比模型 A 高出约 2/5，模型 D 要比模型 B 高出 2/5 以上。[①]

第六节
中国人口死因分析

一个社会或者一个地区大量人口的死亡原因，在战争或严重的自然灾害的条件下无疑以非正常死亡为主，而在和平环境中致人死亡的主要原因则是各种疾病。一般来说，在社会经济和文化水平比较落后，医疗卫生条件、营养和生活质量较差的国家和地区，同高死亡率型死亡模式相伴而行的死因构成和死因顺位，通常表现为

---

① 李竞能：《现代西方人口理论》，上海：复旦大学出版社，2004 年版，第 127-128 页。

以急性病、烈性病（特别是可防治的急性病和烈性病）居前列和占主要比重。相反地，在社会经济与文化水平较先进的国家和地区，同低死亡率型死亡模式相伴而行的死因构成和死因顺位，通常表现为以慢性病、老年病、难以防治的顽症居前列和占主要比重。

1949年以前，我国较高的人口死亡率与严重营养不良、恶性传染病流行有着非常密切的关系。据20世纪20—30年代北京市和南京市的资料，在导致人口死亡的主要疾病中，各种传染病（特别是肺结核）占相当大的比例；呼吸系统和消化系统疾病也占有一定的比例。从死亡专率（按疾病的种类、年龄、性别、职业、种族等分类计算的死亡率）来看，传染病的死亡专率相当高，如表5-14所示。

表5-14　20世纪20—30年代北京、南京市死亡专率和死因构成

死因	1926—1931年死亡专率（1/10万）	1932—1933年死因构成占比（%）	顺位	1935年死亡专率（1/10万）	1934年死因构成占比（%）	顺位
肺结核	303	14.40	2	159.0	8.30	4
呼吸系统疾病	260	17.30	1	377.1	23.50	1
急性传染病	235	14.00	3	58.1	4.50	8
消化系统疾病	354	13.80	4	278.3	19.80	2
心肾病	166	6.70	6	64.0	1.90	10
抽风病	125	5.50	7	101.2	4.70	7
衰老及中风	120	6.90	5	80.3	5.60	6
初生产溺、早产	91	4.60	8	46.0	3.20	9
其他疾病	135	2.70	9	298.2	11.50	3
麻疹	88	2.60	10	147.9	6.00	5

资料来源：黄荣清《人口死亡水平》，引自路遇《新中国人口五十年》（上），中国人口出版社2004年版，第180页。

历史文献资料显示，在1918年原"关东州地区"人口死亡原因中，排在第一位的是传染病，死亡率为702.0/10万，其死亡人数占总死亡人数的27.89%；第二位的是呼吸系统疾病、胃肠疾病，死亡率分别为537.7/10万、430.0/10万，各占总死亡人数的21.36%、17.16%。1938年，呼吸系统疾病和精神疾病为第一、二位死因，死亡率为415.3/10万和387.2/10万，各占总死亡人数的20.65%、19.25%；排第三位的是胃肠疾病，占总死亡人数的14.35%；排第四位的是传染病，占总死亡人数的13.68%。[1]

---

[1] 赵锦辉、乔国良：《人口死亡学》，哈尔滨：黑龙江教育出版社，1995年版，第140页。

中华人民共和国成立后，随着社会生产力水平的提高以及医疗技术的普及，在较短的时间内，我国就基本上消灭了严重危害人民身体健康的流行病和急性传染病（如天花、霍乱、鼠疫、斑疹、伤寒等）；其他疾病的发病率和病死率也有所下降。除困难时期（该时期人口死亡的直接原因主要是饥饿浮肿和消化系统疾病）以外，其他时期我国人口的死因主要是一些慢性病、老年病、难以防治的顽症等。

表5-15是主要年份我国部分城市死因顺位构成及其变化表。表中数据显示，20世纪50—80年代我国城市死亡人口的死因构成表现出以下特点：① 占据前五位的死因，1957年主要是急性病、传染病，1975年已转为以脑血管病、心脏病、恶性肿瘤等慢性病、老年病为主；② 十种主要死因在死亡总人数中所占比例越来越大，1957年为65.57%，1975年、1982年、1989年分别为87.23%、87.54%、91.47%；③ 前四种病死因的比重也越来越高，1957年仅占39.61%，1989年达到了74.08%，而且恶性肿瘤已跃居死因第二位。

表5-15 主要年份我国部分城市死因顺位构成及其变化（%）

顺位	1957年		1975年		1982年		1989年	
	死因	比例	死因	比例	死因	比例	死因	比例
1	呼吸系统疾病	16.86	脑血管病	21.61	脑血管病	22.26	泌尿系统疾病	21.42
2	急性传染病	7.93	心脏病	19.49	心脏病	21.05	恶性肿瘤	20.94
3	肺结核	7.51	恶性肿瘤	18.84	恶性肿瘤	20.60	呼吸系统疾病	15.96
4	消化系统疾病	7.31	呼吸系统疾病	10.75	呼吸系统疾病	8.67	心脏病	15.76
5	心脏病	6.61	消化系统疾病	4.86	消化系统	4.37	损伤及中毒	7.43
6	脑溢血	5.46	肺结核	3.57	外伤	3.25	消化系统疾病	3.93
7	恶性肿瘤	5.17	外伤	2.85	中毒	2.07	新生儿病	1.70
8	神经系统疾病	4.08	传染病	2.23	肺结核	2.03	泌尿系统疾病	1.55
9	外伤和中毒	2.66	泌尿系统疾病	1.97	新生儿病	1.63	代谢病等	1.48

续表

顺位	1957年		1975年		1982年		1989年	
	死因	比例（%）	死因	比例（%）	死因	比例（%）	死因	比例（%）
10	其他结核	1.98	中毒	1.06	泌尿系统疾病	1.61	肺结核	1.30
合计	—	65.57	—	87.23	—	87.54	—	91.47

资料来源：中华人民共和国卫生部《中国卫生统计年鉴》（1992年），人民卫生出版社1992年版，第873-874页。

表5-16是2006年我国城市和农村人口前十位的死因及其构成表。2006年，恶性肿瘤、脑血管病、心脏病、呼吸系统疾病等慢性病、老年病是我国城市和农村人口的主要死因。排在前十位的还有损伤及中毒，内分泌系统和代谢疾病，消化系统疾病，泌尿、生殖系统疾病等。这十类疾病死亡人数占死亡总人数的比例超过了90%。十种主要死因在城市和农村死亡总人数中占比非常高，城市为90.38%，农村高达92.33%。城市和农村前四种疾病死因的比重也比较大，分别为75.07%、75.77%；恶性肿瘤、脑血管病跃居前两位。

表5-16　2006年我国城市、农村人口前十位的死因及其构成（%）

顺位	城市		农村	
	疾病死亡原因	占死亡总人数比例	疾病死亡原因	占死亡总人数比例
1	恶性肿瘤	27.25	恶性肿瘤	25.14
2	脑血管病	17.66	脑血管病	20.36
3	心脏病	17.10	呼吸系统疾病	16.40
4	呼吸系统疾病	13.06	心脏病	13.87
5	损伤及中毒	6.10	损伤及中毒	8.90
6	内分泌系统和代谢疾病	3.32	消化系统疾病	3.28
7	消化系统疾病	2.94	内分泌系统和代谢疾病	1.57
8	泌尿、生殖系统疾病	1.37	泌尿、生殖系统疾病	1.28
9	神经系统疾病	0.93	神经系统疾病	0.80
10	精神障碍	0.65	精神障碍	0.73
合计	—	90.38	—	92.33

资料来源：国家统计局《中国统计年鉴》（2007年），中国统计出版社2007年版，第873-874页。

表5-17是2020年我国城市、农村人口前十位的死因及其构成表。相比2006年，我国城市人口前十位的死因及其构成变化不大；但农村人口前十位的死因及其构成变化却较大，心脏病超过了恶性肿瘤，排到了第一位。特别地，2006年城市、农村

人口前十位的死因中没有传染病，但2020年传染病排到了第10位，占死亡总人数比例分别为0.86%、0.94%。

表5-17 2020年我国城市、农村人口前十位的死因及其构成（%）

疾病死亡原因	城市		农村	
	占死亡总人数比例	顺位	占死亡总人数比例	顺位
恶性肿瘤	25.43	1	23.11	3
脑血管病	21.30	3	23.53	2
心脏病	24.56	2	24.47	1
呼吸系统疾病	8.72	4	9.09	4
损伤及中毒	5.65	5	7.27	5
内分泌系统和代谢疾病	3.59	6	2.71	6
消化系统疾病	2.49	7	2.18	7
泌尿、生殖系统疾病	1.05	9	1.05	9
神经系统疾病	1.43	8	1.33	8
传染病	0.86	10	0.94	10
合计	95.08	—	95.68	—

资料来源：国家统计局网站《中国统计年鉴》（2021年），表22-16"部分地区城市居民主要疾病死亡率及其死因构成"、表22-17"部分地区农村居民主要疾病死亡率及其死因构成"，见 http://www.stats.gov.cn/tjsj/ndsj/2021/indexch.htm。

随着医疗技术水平的提高，一些早期的恶性传染病已基本被控制或者消灭，但一些新型的甚至人们不明病因的传染病偶尔出现。如2002年的严重急性呼吸综合征（SARS，即"传染性非典型肺炎"）、2009年由甲型H1N1流感病毒所引发的甲型H1N1流感、2014年西非肆虐的由埃博拉病毒（Ebola Virus）所引发的出血热、2015年韩国流行的中东呼吸综合征（MERS）、2019年全球流行的新型冠状病毒肺炎等。将来还可能出现一些更不为人所知的新型的不明病因的传染病，这应该引起人们的重视。

基本概念

死亡；生命表；平均预期寿命

思考题

1. 以我国人口为例，试述人口死亡率变化的一般趋势。
2. 简述人口死亡率的性别年龄特点。
3. 分析中国不同时期及地区的人口死因。

第六章

人口分布

人口分布从一开始就不是一种自然现象,而是一种社会经济现象。人口分布是自然、社会、经济和政治等多种因素作用的结果。20世纪以来,随着世界范围的工业化和城市化进程加速,社会、经济和政治等因素对人口分布的影响越来越大;而越来越加速的人口分布对社会、经济和政治等也产生明显的影响。本章首先介绍人口分布的概念及其测度内容;其次介绍中国人口的空间和经济分布;在此基础上,进一步分析制约人口分布的主要社会、经济和政治等因素。

第一节 人口分布的概念及其测度

一、人口分布及其一般规律

人口分布是指人口在一定时点上地理空间的存在形式、分布状况,包括各类地区总人口的分布,以及某些特定人口(如城市人口、民族人口等)、特定人口过程和构成(如迁移、性别等)的分布等。人口分布有广义和狭义之分。狭义的人口分布仅指人口数量的分布,反映了人口地理空间的集聚、分散状况。由于人口是一个具有许多规定性内容的丰富的总体,是数量和质量的统一,存在着一定的结构,因此,人口分布还包括人口出生率、死亡率、性别、年龄等空间分布状态,人口质量、人口结构、人口教育水平、人口民族、人口种族的分布以及人口的区域组合与区际联系,所有这些，都被称为广义的人口分布。

人口分布有静态分布和动态分布之分。静态人口分布是人口在一定历史时间内处于相对静止状态的空间分布；动态人口分布是人口在历史发展过程中的空间变化趋势、变化规律。二者之间既有区别又有联系。静态人口分布反映了特定时期内人口分布的特征；动态人口分布反映了社会发展中人口分布特征的变化。对二者进行综合研究，有助于了解人口分布的地区差异以及长期历史中人口分布的一般规律。

人口分布规律是人口空间分布的一般特征和发展趋势。人口分布规律又分为静态人口分布规律和动态人口分布规律。静态人口分布规律是指特定时间内的人口分布特征，它较多地受到自然、经济、社会和历史等因素的制约。动态人口分布规律是人口空间分布特点的演变过程，它取决于社会生产方式的性质。[1]

不论是人口的静态分布还是动态分布，都具有以下三个方面共同的特征。

第一，人口分布的区域性和地带性。在地理、历史环境相似的特定区域内，人口分布具有相似的特征；反之，则有明显差异。这一特征突出地表现在人口分布的地带性方面，在人口的水平方向和垂直方向上都有明显的地带规律。

世界人口分布表现出明显的趋向性，即趋向暖湿地区（中低纬度）、低平地区、岸边地区（海岸、河岸）。从水平地带看，人口分布主要集中在北半球，约90.0%的世界人口居住在北半球；在北半球，人口也非均匀分布，北半球的中纬度地带人口最为密集，现在世界人口的79.4%集中在北纬20°~60°地区，居住在北纬60°至北极圈的寒带地区的人口仅占世界人口1.0%。而居住在南半球的人口只占世界人口的10.0%。在垂直方向上，人口分布总的趋势是随着海拔高度的升高而递减。世界海拔200米以下地区人口占全球人口的56.2%，海拔200~1000米地区人口占全球人口的35.6%（见表6-1）。

表6-1 不同海拔地区的人口分布状况（%）

地区	高度（米）						平均高度（米）	大陆平均高度（米）
	<200	200~500	500~1000	1000~1500	1500~2000	>2000		
欧洲	68.8	23.5	7.2	0.5	—	—	168	300
亚洲	56.5	23.5	11.7	4.9	2.5	0.9	319	650
非洲	32.5	24.1	20.8	13.8	6.8	2.0	590	750
北美洲	46.9	33.3	7.9	4.1	4.0	3.8	430	700
南美洲	42.3	15.0	22.8	4.7	4.2	11.0	644	580

---

[1] 刘铮、邬沧萍、李宗正：《人口学辞典》，北京：人民出版社，1986年版，第361-363页。

续表

地区	高度（米）						平均高度（米）	大陆平均高度（米）
	<200	200~500	500~1000	1000~1500	1500~2000	>2000		
大洋洲	72.9	17.8	8.4	0.9	—	—	95	350
六大洲平均	56.2	24.0	11.6	4.4	2.3	1.5	320	725

资料来源：吴忠观《人口学》，重庆大学出版社2005年版，第144页。

另外，人口随着距海岸距离愈远而逐渐减少，有偏集在沿海、近海地带的特征。中纬度、地势低平和沿海位置通常对人口有明显的吸引作用。世界人口距海岸200千米以内地区虽只占全球陆地面积的30.1%，但拥有世界总人口的一半以上（见表6-2）。

表6-2 距海岸线200千米范围内的人口与面积比重（%）

地区	欧洲	亚洲	非洲	北美洲	南美洲	大洋洲	全球
面积比重	48.7	26.9	19.4	38.5	26.8	44.2	30.1
1850年人口比例	54.1	46.8	40.7	55.8	64.5	99.0	48.9
1950年人口比例	54.9	47.3	45.1	51.3	62.8	94.3	50.3

资料来源：刘铮、李竞能《人口理论教程》，中国人民大学出版社1985年版，第227页。

第二，人口分布的不平衡性。地球总面积为 $5.1\times10^9 \text{km}^2$，其中陆地面积 $1.50\times10^9 \text{km}^2$，占29.0%，其他为水域面积。世界上90.0%的人口居住在仅占陆地总面积不到10.0%的土地上，陆地上的大部分地区（如沙漠、高山、热带丛林等）至今仍无人居住。全球有35.0%~40.0%的陆地无人居住，50.0%的土地人口非常稀少，人口稠密地区面积不到全球陆地面积的10.0%。

就区域而言，各大洲的人口分布也是不平衡的。2001年，亚洲人口37.21亿，占世界总人口的60.66%，而其面积仅占全球陆地面积的29.4%，欧洲陆地面积仅为全球的6.8%，但居住人口占全球的11.84%；亚、欧两洲合计人口占全世界的72.50%，其面积占全球陆地面积的36.2%。面积广大的南极大陆无定居居民；而北美洲、南美洲和大洋洲面积占世界的1/3，但人口却只占世界的13.75%（见表6-3）。

表 6-3 2001 年世界人口的洲际分布情况

地区	人口数量（万人）	占世界总人口比重（%）	陆地面积（万平方千米）	人口密度（人/平方千米）
世界	613414	100.00	14952	41
非洲	81260	13.25	3020	27
欧洲	72631	11.84	1010	72
北美洲	49287	8.03	2423	20
南美洲	35072	5.72	1797	20
亚洲	372071	60.66	4400	84.6
大洋洲	3092	0.50	897	3.4

到 2020 年，亚洲、非洲、欧洲、北美洲、南美洲、大洋洲的人口规模分别为 45.4 亿、12.8 亿、7.42 亿、5.5 亿、3.9 亿、0.41 亿，分别约占世界总人口比例的 60.0%、16.0%、10.0%、8.0%、5.5%、0.5%。面积广大的南极大陆基本上无居民定居（见表 6-4）。

表 6-4 2020 年世界各大洲人口、陆地面积占世界比重（%）

地区	人口数（亿人）	占世界比例	陆地面积（万平方千米）	占世界比例
欧洲	7.42	10.0	1016	6.8
亚洲	45.4	60.0	4400	29.4
非洲	12.8	16.0	3023	20.2
美洲	9.4	13.5	4032	27.0
大洋洲	0.41	0.5	897	6.0
南极洲	—	—	1582	10.6

在各国内部的不同地区之间人口分布也很不平衡。澳大利亚的人口多集中于东南沿海一带，俄罗斯人口集中于欧洲部分。1982 年，中国以瑷珲—腾冲一线为界，此线以东地区土地面积占全国的 42.9%，居住人口却占全国总人口的 94.4%；截至目前，这一人口分布格局仍然没有发生大的变化。2001 年，世界人口总量超过 1 亿的国家有 11 个，其中中国人口最多，达 12.81 亿，其他 10 个国家分别是印度（10.49 亿）、美国（2.88 亿）、印度尼西亚（2.12 亿）、巴西（1.75 亿）、俄罗斯（1.44 亿）、巴基斯坦（1.45 亿）、日本（1.27 亿）、孟加拉国（1.36 亿）、尼日利亚（1.33 亿）和墨西哥（1.0 亿）。2005 年，在全世界 200 多个国家和地区中，人口

1亿以上的11个国家的总人口占世界总人口的55.4%以上。[①] 2021年，世界总人口为72.70亿，其中中国人口为14.12亿，印度人口为12.36亿，排在3~10名的国家分别为美国（3.19亿）、印度尼西亚（2.54亿）、巴西（2.03亿）、巴基斯坦（1.96亿）、尼日利亚（1.77亿）、孟加拉国（1.66亿）、俄罗斯（1.42亿）、日本（1.27亿）。也就是说，世界人口的国家分布格局没有发生根本性的变化。

第三，人口分布是自然、经济、社会和政治等多种因素共同作用的产物，同时，它又对社会经济的发展产生影响。自然环境的地区差异性和社会经济发展的不平衡性决定了人口分布的不平衡。从世界范围内来看，人口最稠密的地区一般都是自然条件优良、资源较丰富、历史较悠久和经济较为发达的地区。这些地区人口分布较为密集，给社会经济发展提供了较为充足的劳动力，促进了社会经济的快速发展。

二、人口密度

测度人口分布的指标有多种。例如，可以计算一定地区的人口在该地区内特定类型地理区域间的百分比分布。所谓特定类型地理区域，可以是各大洲、各国的行政区划、都市和农村，或者如平原、山区、丘陵和沙漠等地理区域；也可以根据一定地区的人口在该地区内特定类型地理区域中的人数，按照由多至少进行排序比较。但这两种测度都没有与相应人口的地理区域面积联系在一起，不能反映人口在地理空间的集聚、分散程度。

人口密度是人口分布最主要的测度指标，是单位面积陆地上居住的人口数量，通常以每平方千米或每公顷常住人口数为计算单位。它是表示人口密集程度的指标。其计算公式为：

$$人口密度 = 人口数量 / 土地面积 \times 100\%$$

由于一定地区人口数经常发生变动，人口密度的计算必须同一定地区和一定时点联系起来，以便进行比较。1900—1980年，世界人口密度从每平方千米10.8人增至29.0人。1980年，欧洲人口密度最大，每平方千米有67.0人，亚洲60.0人，大洋洲只有2.5人；2005年，亚洲人口密度最大，每平方千米有168.21人，欧洲有150.38人，大洋洲只有3.049人。1949—2005年，中国人口密度从每平方千米56.0人增至136.0人，增长了142.9%；2020年，中国人口密度为148.77人/平方千米。2018年，世界人口密度为60人/平方千米，有30个国家人口密度超世界平均水平，有15个国家人口密度超200人/平方千米。新加坡人口密度最大，为7953人/平方千米，孟加拉国、韩国分别排位第二和第三，人口密度分

---

① 吴忠观：《人口学》，重庆：重庆大学出版社，2005年版，第145页。

别为 1240 人/平方千米、530 人/平方千米。荷兰、印度、以色列、菲律宾、日本、斯里兰卡、越南人口密度分别位居第 4~10 名。同年，中国人口密度为 148 人/平方千米，位居世界第 16 名。

第二节
中国人口分布

我国地域广大、幅员辽阔，但受自然、地理、社会、历史等因素的影响，人口分布极不均衡。可以说，人口分布不均衡是中国人口分布的重要特征。其总特点表现为：东部人口稠密，西部人口稀少；平原、盆地地区人口多，山地、高原地区人口少；农耕地区人口多，林、牧业地区人口少；沿江、临海、公路铁路沿线地区人口多，交通不便的地区人口少；全国人口在各省、区的分布比例和密度差异很大。这和我国长期是一个农业国有很大的关系。绝大部分人口都从事农业生产活动，东部地区的湿润区域及平原、盆地与河谷地带的生态环境最适宜发展农业生产，从而集聚和分布了较多的人口；反之，在自然条件较差、不利于农业生产的西部地区，土地开发利用受到限制，人口分布稀疏得多。

1935 年，在中国的自然地图上，出现了一条人口地理分界线：瑷珲—腾冲线（也称胡焕庸线）。这条线是当时著名的人口地理学家胡焕庸教授在绘制中国人口分布图和人口密度图时考定的。"今试自黑龙江之瑷珲，向西南作一直线，至云南之腾冲为止，分全国为东南与西北两部：则此东南部之面积，计四百万方公里，约占全部总面积之百分之三十六；西北部之面积，计七百万方公里，约占全国总面积之百分之六十四。惟人口之分布，则东南部计四万四千万，约占总人口之百分之九十六；西北部之人口，仅一千八百万，约占全国总人口之百分之四。其多、寡之悬殊，有如此者。"[①] 东南部地区和西北部地区的人口密度相差 42 倍多。

目前，我国人口地区分布不均衡的状况虽然有所改变，但没有发生根本性的变化。1981 年，我国人口密度为 105.5 人/平方千米，但新疆、青海、西藏、内蒙古等 4 省区的人口密度不足 8 人/平方千米，而其余 26 个省、直辖市、自治区人口密度平均达 200 人/平方千米，其中江苏、山东两省高达 500 人/平方千米以上。根据 1982 年末统计数据，瑷珲—腾冲线东南一侧计有 220 个市，1752 个县，分别占我国大陆市、县总数的 90% 和 82%；包括台湾地区在内的总面积为 411.7 平方千米，只占全国面积的 42.9%，人口总数为 97139 万人，占全国总人口的 94.4%。东南一侧的平

---

① 胡焕庸：《中国人口之分布——附统计表与密度图》，载《地理学报》1935 年第 2 期，第 33-74 页。

均人口密度为每平方千米235.9人,西北一侧仅为10.6人,两者相差高达22倍以上。①

如果根据"瑷珲—腾冲线"对我国人口地理二元分布划分的理论,我国人口地理分布可以分为东、中、西三个区域(不包括港澳台地区)。西部区域包括陕西、宁夏、甘肃、青海、新疆、重庆、四川、贵州、云南、西藏10省份;中部区域包括山西、内蒙古、吉林、黑龙江、安徽、江西、河南、湖北、湖南9省份;东部区域包括北京、天津、河北、辽宁、上海、山东、江苏、浙江、福建、广东、广西、海南12省份。西部、中部、东部陆地面积分别约为546.9万平方千米、283.1万平方千米、130.0万平方千米,分别占全国陆地总面积的56.97%、29.49%、13.54%。1982年,西部、中部、东部地区人口分别占全国总人口的28.66%、33.83%、37.51%;2000年,分别为28.15%、32.93%、38.92%;到2005年,分别为28.03%、32.53%、39.44%。2020年"七普"数据显示,东部、中部、西部和东北地区人口占比分别为39.93%、25.83%、27.12%和6.98%(见表6-5)。也就是说,我国人口的区域分布没有发生质的变化。

表6-5 我国东、中、西部地区人口占总人口的比重(%)

地区	1982年	1990年	2000年	2005年	2010年	2020年
东部	37.51	37.67	38.92	39.44	44.46	39.93
中部	33.83	33.85	32.93	32.53	33.88	25.83
西部	28.66	28.48	28.15	28.03	21.66	27.12
东北	—	—	—	—	—	6.98

资料来源:国家统计局人口和就业统计司《中国人口统计年鉴》(2006年),中国统计出版社2006年版,第284页。2010年"六普"、2020年"七普"数据来自国家统计局网站。

如果以人口密度来衡量,西部每平方千米为52.4人,中部为155.2人,东部为412.5人。② 东部是中部的2.66倍,是西部的7.87倍。可见,我国人口地域分布呈现出明显的"三大平台",自西向向东逐级加大,三个阶梯层次分明。

一方面,各省份内部及省份之间的人口分布也极不均衡。我国人口分布明显集中在某些地区,如中东部地区的人口主要集中在四大地区,即长江与钱塘江中下游平原、黄淮海平原、四川盆地和珠江三角洲等。西部地区的人口主要集中在一些地理条件优越的河谷平原及绿洲地带,如新疆、青海的人口就集中在绿洲或农业生产区域。表6-6是2010年"六普"、2020年"七普"我国各地区陆地面积以及人口分布

---

① 胡焕庸、张善余:《中国人口地理》(上册),上海:华东师范大学出版社,1984年版,第198页。

② 中国人口年鉴编辑部:《中国人口年鉴》(2001年),北京:中国统计出版社,2001年版,第141页。

情况，可以看出中国人口行政区域结构有以下主要特点。① 各省份陆地面积及人口比重极不均衡，新疆的陆地面积占全国的比重最高，为海南的近50倍；广东人口占全国总人口比重最高，为比重最低的西藏的近35倍；② 陆地面积与人口的比重不一致，如新疆面积居第一位，但人口却居后。这导致各省份人口密度差异性极大。其原因是复杂的，有行政区域的调整、人口自然变动、迁移变动、经济发展水平的影响，更主要的是受历史因素的影响。长期历史发展形成了长江中下游、黄河中下游各地区人口稠密，边远地区人口稀少。[①]

表6-6 "六普""七普"我国各地区陆地面积以及人口分布（%）

地区	陆地面积（万平方千米）	比重	2010年 人口（万人）	比重	2020年 人口（万人）	比重
北京	1.68	0.17	1849	1.45	2189	1.55
天津	1.13	0.12	1127	0.89	1386	0.98
河北	18.77	1.95	7037	5.53	7461	5.29
山西	15.60	1.62	3477	2.73	3491	2.48
内蒙古	118.30	12.27	2310	1.81	2404	1.71
辽宁	14.57	1.51	4252	3.34	4259	3.02
吉林	18.74	1.94	2551	2.00	2407	1.71
黑龙江	47.07	4.79	3465	2.72	3185	2.26
上海	0.62	0.06	2253	1.77	2487	1.76
江苏	10.26	1.06	7577	5.95	8474	6.01
浙江	10.18	1.06	5400	4.24	6456	4.58
安徽	13.93	1.45	5312	4.17	6102	4.33
福建	12.12	1.26	3477	2.73	4154	2.95
江西	16.66	1.73	4251	3.34	4518	3.21
山东	15.33	1.59	9272	7.28	10152	7.20
河南	16.70	1.73	9224	7.24	9936	7.05
湖北	18.74	1.94	5226	4.10	5775	4.10
湖南	21.18	2.20	6096	4.79	6644	4.71
广东	17.81	1.85	9676	7.60	12601	8.94
广西	23.00	2.38	4362	3.43	5012	3.56

---

① 吴忠观：《人口学》，重庆：重庆大学出版社，2005年版，第137页。

续表

地区	陆地面积（万平方千米）	比重	2010年 人口（万人）	2010年 比重	2020年 人口（万人）	2020年 比重
海南	3.39	0.35	826	0.65	1008	0.72
重庆	8.20	0.83	2609	2.05	3205	2.27
四川	48.50	5.05	8161	6.41	8367	5.94
贵州	17.64	1.83	3332	2.62	3856	2.74
云南	39.40	4.09	4467	3.51	4720	3.35
西藏	122.16	12.67	265	0.21	364	0.26
陕西	20.56	2.13	3614	2.84	3952	2.80
甘肃	45.40	4.71	2623	2.06	2501	1.77
青海	72.37	7.51	535	0.42	592	0.42
宁夏	6.64	0.69	611	0.48	720	0.50
新疆	164.88	17.08	2086	1.64	2585	1.83

数据来源：国家统计局网站。

另一方面，我国人口地域分布还表现出由沿海向内地人口逐渐由稠密转为稀疏的特点。1981年，若以距海岸200千米以内的人口密度为100人/平方千米，则200～500千米的人口密度为48.8人/平方千米，即下降了一半以上；500～1000千米的人口密度为35.0人/平方千米，下降了近2/3；1000千米以上的人口密度为5.2人/平方千米，还不到1/19。[①]

国家统计局等部门利用1982年第三次全国人口普查的数据，测算出我国有20.3%的人口居住在海拔500米以上、生存条件较差的地区，其中一半又居住在海拔1000米以上；而全世界平均只有10.0%的人口居住在海拔400米以上的地方。此外，我国60.0%的人口居住在距海岸500千米以内地区；3.2亿农业劳动力挤在10.0%的国土上。[②]

总体上来说，我国人口地域分布呈现出"三大平台"，自西至东逐级加大，三个阶梯层次分明。

[①] 胡焕庸、张善余：《中国人口地理》（上册），上海：华东师范大学出版社，1984年版，第199页。

[②] 20世纪50年代，海拔350米以下地区的人口密度一般为每平方千米28人，350～750米一般为11.5人，750～1250米一般为5.3人。目前，虽然情况有所改变，但是人口居住的等高线比例却没有发生变化，变化的只是具体数字。

第三节
人口分布的制约因素

人口分布从一开始就不是一种自然现象,而是一种社会经济现象。它归根到底受社会生产在空间上的分布及其区域结构特点所制约。人口分布是自然、社会、经济、政治和人口等多种因素共同作用的结果。

一、自然环境

自然环境是人类周围各种自然要素的总和,它提供了人类基本的生存空间,并且是人类创造一切生产和生活资料的源泉。自然环境条件(如纬度、海拔、距海远近等)对人口分布起重要作用。海拔过高不利于人类生存,海拔1800米人就会出现高山反应,3000米以上就会出现高山病。距离海洋越近的地区,人口密度越高,这不仅与水资源有关,还与其他资源有关,包括气候、地形、地势等。

从世界范围内看,人口稠密的地区都是自然条件优良、资源较丰富、历史较悠久和经济较为发达的地区。例如,各洲温带、亚热带较大河流中下游冲积平原与三角洲地带;位于温、热带和海运较为便利的沿海平原、半岛与岛屿;矿产资源丰富与工矿业发达地区;较大内陆淡水湖泊所在的平原地区;热带、亚热带的内陆高原;沙漠中的绿洲等。人口稀少的地区,主要是那些自然环境严酷、资源尚未得到开发利用的地区。例如:南、北两极极圈以内的冰封大地;北半球北纬50°至北极圈之间的原始森林地带;回归线附近和温带内陆沙漠戈壁区;热带雨林区;海拔2000~3000米以上的高山、高原地区。[①]

二、社会、经济因素

尽管自然条件是人类赖以生存的基础,人口分布或多或少要打上自然因素的烙印,但是,自然界只是为人口分布提供了可能性,社会生产方式才是实现人口分布可能性的决定性因素。

自然条件对于人口分布的作用,是随着社会生产力的发展、变化而变化的。在生产力水平落后的人类社会早期,人口分布在很大程度上取决于可食动、植物的分

---

① 刘铮、邬沧萍、李宗正:《人口学辞典》,北京:人民出版社,1986年版,第361页。

布。在封建社会,社会生产以个体小农经济为基础,城市以手工业和封建式的行会商业为主,人口主要分布在农村,形成了许多分散的居民点,城市人口比重不大,而且多数是消费性城市。而在生产力高度发展的现代社会,人口愈加向城市集中,各国工商业中心往往也是人口分布最集中的地区。

其他社会经济因素,诸如生产发展与布局、重大人口政策和经济政策的变动、战争、灾荒、疫病、传统观念等,都对人口分布产生一定影响。

三、人口因素

人口分布的各种变化必须通过出生、死亡和迁移这些人口过程才能实现,从这个意义上来说,人口出生率、死亡率和自然增长率等因素是决定人口分布的一个重要方面。

另外,人口迁移也是制约人口分布的一个重要因素。中华人民共和国成立后,为了平衡生产力布局和支援祖国内地及边疆建设,国家有计划地从东部沿海地区调动工人、退伍军人、技术人员等向内地和边疆迁移。其中新疆、青海、内蒙古等省份在人口的增长构成中,机械迁入人口所占比重最高;1954—1980 年,新疆、青海和内蒙古等省份机械迁入人口占全部迁入人口比例分别为 36.0%、30.0% 和 28.0%。改革开放以来,中、西部地区人口大量地向沿海地区流动。这些都对我国人口分布产生了重要影响。

基本概念

人口分布;人口密度

思考题

1. 试述人口分布的一般规律。
2. 简述中国人口分布的基本情况。
3. 简述制约人口分布的主要因素。

第七章

人口迁移

人口迁移作为一种基本的人口过程，是一种重要的社会经济现象及空间过程。人口迁移业已并将继续对社会和经济发展产生重大影响。本章首先介绍人口迁移的基本概念及测度；其次介绍人口迁移的主要理论及影响因素；在此基础上，运用人口迁移理论分析中国人口迁移、国际人口迁移现象；最后，对人口城市化、中国人口城市化作阐述。

第一节 人口迁移的概念及测度

一、人口迁移的概念

人口迁移（migration）作为一种基本的人口过程，它是指人口在两个地区之间的地理流动或者空间流动。这种流动通常会涉及永久性居住地由迁出地到迁入地的变化。这种迁移被称为永久性迁移，它不同于其他形式、不涉及永久性居民变化的人口移动。也就是说，人口迁移不仅是指人口在地理位置上发生变更，更是指人们将自己的居住地在较长时间内由一个地区移动到另一个地区。

人口流动和人口迁移，都属于人口移动——人口在地理或空间位置的变动，二者之间并没有严格的区别。但在中国，由于户籍制度的存在，在具体使用上有一定的区别。按我国现行的户籍制度，流动人口是指离开常住户籍所在地，跨越一定的行政辖区范围，在某一地区暂住、滞留、活动，并在一定时间内返回常住地的人口。从动态上看，流动人口是实现了人户分离的、在地区之间流动的人口；从静态上看，流动人口是某一地区中没有该地常住户口而在该地从事各种活动的人口，或某一地区中有该地常住户口却不在该地活动、居住的人口。我国第三、四次全国人口普查都规定，将现在住在普查登记地的、流出一年以上的外县市人口（第五次全国人口普查规定为半年），作为流动人口普查登记的对象。通过这样的规定，将流动人口进行了具体的量化。① 依据时间标准，流动人口是指离开常住地半年以上。2020年第七次全国人口普查规定，人户分离人口是指居住地与户口登记地所在的乡镇街道不一致且离开户口登记地半年以上的人口，即以半年作为计算流动人口流动的时间标准。② 依据一定的辖区界限，流动人口是指离开本县、市（区）到外县、市（区）的人口。"七普"规定，流动人口是指人户分离人口中扣除市辖区内人户分离的人口。

人口迁移和人口流动的区别在于，人口迁移是指在明确区分开的地理单元之间改变常住地址的地区变动，所引起的人口常驻地的变化，即户籍所在地的变化；而人口流动只是暂时离开常住地点，并不改变常住地址，只是暂时居住地的变化，但户籍所在地没有发生变化。从全国城乡范围来看，流动人口的流向可分为以下四类：① 农村人口向城市的流动；② 城市之间的人口流动；③ 农村人口向其他村的流动；④ 城市人口向农村的流动。一段时间以来，我国流动人口第一、二类流向占绝对多数，第三、四类流向所占的人口数不多。

二、人口迁移的测度

根据人口迁移的数量、方向和距离三个层次，测量人口迁移主要有以下几个指标。

（一）迁入率

迁入率（immigration rate）是指某一地区一定时期内（通常为一年）每1000人中由外地迁来此地区的人数。它通常用千分比表示，反映了人口向该地区迁入的强度。其计算公式为：

$$迁入率 = 该地年内迁入人口数 / 该地同期年平均人口数 \times 1000‰$$

式中，年平均人口数是指年初、年底人口数的平均数，也可用年中人口数来表示。

（二）迁出率

迁出率（emigration rate）是指某一地区一定时期内（通常为一年）每1000人中

迁出该地区的人数。它通常用千分比表示，反映了人口迁出该地区的强度。其计算公式为：

$$迁出率 = 该地年内迁出人口数 / 该地同期年平均人口数 \times 1000‰$$

(三) 净迁移率

净迁移率是指某一地区一定时期内（通常为一年）每1000人对应的迁入人口数与迁出人口数之差。它通常用千分比表示，反映了该地区人口的迁入与迁出这两种同时发生的事件对这一地区人口数量变化的综合作用强度。其计算公式为：

$$净迁移率 = \frac{该地年内迁入人口数 - 该地年内迁出人口数}{该地同期年平均人口数} \times 1000‰$$

如果计算出来的净迁移率为正，表示该地年内迁入人口数多于该地年内迁出人口数，它也被称为净迁入率；如果净迁移率为负，表示该地年内迁入人口数少于该地年内迁出人口数，也被称为净迁出率。

第二节 人口迁移的理论及影响因素

一、人口迁移的理论

人类的发展和迁移活动是同步进行的。没有人口的迁移流动就不可能有人类的发展。人类的迁移活动使人口的地区分布发生变化，同时也改变了迁出地和迁入地人口的行业、职业、文化、民族等各种社会构成，促使人口交往的范围不断扩大，地区间的经济、文化和社会得以交流和发展。人口迁移是人类活动的重要组成部分，是一种重要的社会经济现象及空间过程。由于人口迁移对社会和经济发展产生如此大的影响，因此，长期以来，人口迁移受到学者们的广泛关注。不同学者从不同的学科角度出发，提出假设、概括迁移规律、解释迁移动机、构造各种迁移模式并对迁移后果进行分析。美国学者格林伍德将人口迁移的研究问题总结为五个方面，即人口迁移的"5W"：一是谁（who）迁移，即迁移的主体；二是为什么（why）迁移，即迁移的原因；三是迁移的地方或者方向（where）；四是迁移的时间（when）；五是迁移的影响（with what effect），包括对迁入地、迁出地经济、社会、文化的影响，对迁入地家庭的影响以及对迁移主体本身的影响。[①]

在解释人口迁移的所有理论中，推拉理论（the push and pull theory）最具代表性。推拉理论的起源可以追溯到 1880 年英国学者雷文斯坦在《人口迁移之规律》中提出的七条规律：① 人口的迁移主要是短距离的，方向朝向工商业发达的城市；② 流动人口首先迁居到城镇的周围地带，然后又迁居到城镇里面；③ 全国各地的流动都是相似的，即农村人口向城市集中；④ 每一次大的人口迁移也带来了作为补偿的反向流动；⑤ 长距离的流动基本上是向大城市的流动；⑥ 城市居民与农村居民相比，流动率要低得多；⑦ 女性流动率要高于男性。雷文斯坦对人口迁移进行条例式概述的研究方式后来被不少学者继承并加以发挥，成为西方宏观迁移研究最早的一种理论模式。

巴格内在进一步解释人口流动的原因时概括并形成了著名的"推拉理论"。其核心是人口流动的目的是改善生活条件，流入地的有利于改善生活条件的因素成为拉力，而流出地的不利的生活条件就是推力；人口流动就是由这两股力量前拉后推所决定的。扎波提出，所谓推力，不仅是指恶劣的客观环境，它还在很大程度上取决于心理因素。这种心理因素是由两种水平之间的差距造成的，一种是人们现有的生活水平，另一种是人们渴望达到的生活水平，两者之间的差距越大，人口迁移的可能性就越大。

在这些理论的基础上，E.S. 李修正了雷文斯坦的迁移规律，将其系统化为三个系列的假说，分别论述了在不同条件下的迁移量、迁移流和逆迁移流、迁移者特征的规律。在其假说中他提出了起作用的四个因素：① 和迁入地相关的正因素与负因素；② 和迁出地相关的正因素与负因素（和迁入、迁出地相关的正、负因素包括就业机会的评估，生活条件、气候、文化娱乐设施的可利用程度，歧视性待遇存在与否以及成本因素等）；③ 介入障碍，主要包括生理障碍、移民法、迁出地与迁入地的距离等；④ 个人因素，主要包括两层含义，一是指个人或家庭的特征，如家庭规模和生命周期阶段，二是指个人对其他地方的认识程度、智力与个人灵敏度。这就形成了关于迁移量的六条规律、关于迁移流和逆迁移流的六条规律、关于迁移者特征的七条规律。[②] E.S. 李还阐明了迁出地、迁入地因素与迁移中的中间障碍因素之间的关系，如图 7-1 所示。他假定，每一个地区无论是迁出地还是迁入地都存在与迁移有关的三种因素。第一种是图中以"＋"号表示的正因素，它使人们居住在一个地区或将其他地方的人"拉入"这个地区；第二种是图中以"－"号表示的负因素，它将人们从一个地区"推出"；第三种因素是图中以"0"表示的零因素，它意味着吸引与排斥人们居住于一个地区的两种力量平衡，因而人们趋向一种中性态度。上述这些因素对迁移的影响，随着人们不同的个性和特征（如年龄、教育和技能水平、性别和种

[①] 杨菊华、靳永爱：《人口社会学》（第二版），北京：中国人民大学出版社，2020 年版，第 125 页。

[②] 李竞能：《现代西方人口理论》，上海：复旦大学出版社，2004 年版，第 137-138 页。

族等中间障碍）而变化。这些因素在一般情况下，对大多数人来说都可以引发某种一致性的反应。关于迁移流与逆迁移流，E. S. 李认为，如果迁移流遇到的中间障碍很大，则迁移的效率也高，迁移的效果更好，迁移者需要克服相当多的中间障碍来迁移，说明这种迁移是绝对必要的，以致逆迁移流的发生概率非常小[①]。E. S. 李这些假说被广泛用作研究迁移的空间、时间和原因的理论框架。

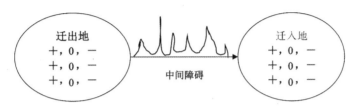

图7-1 迁出地、迁入地因素与迁移中的中间障碍因素关系

关于发展中国家的人口迁移问题，美国经济学家威廉·阿瑟·刘易斯的二元经济结构理论、哈里斯和托达罗的收入预期理论对人口迁移的过程、经济动机及决定因素进行了较全面的理论分析。

阿瑟·刘易斯通过对印度、埃及等许多发展中国家的研究，提出了二元经济结构理论。他认为，发展中国家的国民经济结构由传统的自给自足的农业经济体系和城市现代工业体系组成，即二元结构，并且这两种经济结构之间存在差异。刘易斯还认为，许多发展中国家的城市化和工业化过程，实际上是一个由城乡二元结构向一元结构转变的过程，也就是扩大现代城市工业部门和缩小传统农业部门的过程。在这个过程中，发展中国家可以充分利用传统农业提供的丰富的劳动力资源，加快经济发展。[②]

按照哈里斯和托达罗的收入预期理论，人口流动基本上是一种经济现象。尽管城市中失业现象已十分严重，准备流向城市的人们还是可以做出合理的决策。哈里斯和托达罗假定农业劳动者迁入城市的动机主要是城乡预期收入差异，差异越大，流入城市的人口越多。哈里斯和托达罗认为，在任一时期，迁移者在城市现代部门找到工作的概率与现代部门新创造的就业机会成正比，与城市失业人数成反比。

二、影响人口迁移的因素

虽然人口社会学家把人口迁移归结为推力和拉力或排斥力和吸引力共同作用的结果，但人口发展必须要与自然生态环境及社会经济发展相适应。因此，一个国家

---

① E. S. 李：《迁移理论》，顾宝昌：《社会人口学的视野》，北京：商务印书馆，1992年版，第316页。

② 威廉·阿瑟·刘易斯：《二元经济论》，施炜、谢兵、苏玉宏译，北京：北京经济学院出版社，1989年版，第156页。

或地区在一定时期内的人口迁移规模与程度，受到自然环境、社会经济、政治文化因素的制约。自然环境因素是人类赖以生存和发展的条件，是影响人口迁移及空间分布的重要因素；社会经济因素是影响人口迁移的主要的、经常起作用的因素；政治文化因素对人口迁移有着特殊的影响。

（一）自然环境因素

自然环境是人类生存和发展不可替代的物质基础。因此，自然环境的地域差异是引起人口迁移的原因之一。一般来说，人口是由自然环境条件较差的地区向自然环境条件较好的地区迁移。自然环境对人口迁移的制约作用在社会生产力较为低下的人类社会早期尤其明显。随着生产力的发展，人类增强了适应自然、改造自然的能力，但自然环境仍是人们生产和生活赖以进行的基础。自然环境的地区差异、自然条件的优劣以及自然资源的多寡，都会影响各地区的经济发展，进而影响人口的分布。迄今为止，地球上的人口之所以大量集中于温带，集中于平原，集中于沿海、沿江、沿湖，集中于耕地等资源相对丰富的地区，就是因为这些地区比其他地区有更适宜生存的自然环境资源。

（二）社会经济因素

自然条件对人口迁移的影响是通过人类的社会经济活动得以实现的。社会经济因素是影响人口迁移的主要的、经常起作用的因素，各国及各地区之间经济发展不平衡是形成人口迁移的主要原因。一般来说，经济发展水平高的地区人口迁入率较高，经济落后的地区人口迁出率较高。

（三）政治文化因素

政治文化因素对人口迁移起着十分重要的作用。政治因素主要包括国家政策、政治变革、战争等。一个国家的政策特别是有关人口迁移政策的实施，会对人口迁移产生重要的影响。战争是对人类正常生活环境的破坏，常常引发人口迁移。一个国家政治上的变革、政治中心的改变，往往引起大规模的人口迁移。各国政府通常制定一些经济和人口政策以限制或鼓励人口迁移，如1878年清政府撤销移民东北的禁令，致使大批关内人口移入东北。

文化因素对人口迁移的影响越来越明显。人们为了自己或子女能够受到良好的教育，总是从文化水平低、教育设施落后的地区迁往文化教育中心地区。而移入地区也愿意接收具有较高文化素养、有一技之长的人才迁入，这往往导致欠发达地区的人才外流。

第三节
我国的人口迁移

一、历史上我国的人口迁移

黄河中下游地区是我国最早开发的经济区域,人口稠密;但该地区自然灾害频繁,人口对土地的压力较大,又因地处中原,在历次大规模的战乱中均首当其冲,迫使居民不断地迁移他乡。此外,为了加强对各地的政治经济统治,历代统治阶级修建了许多由中原地区通往四周的陆路、水利交通。如在秦、汉时期,当时比较偏僻的岭南地区修建了沟通湘江和漓江的灵渠,这些措施促进了人口向南方珠江流域和长江流域的迁移。东汉末年,中原地区陷入战乱状态,经济受到严重摧残,导致我国历史上第一次大规模地向长江以南移民。唐代之前我国人口中心一直都在黄河流域。"安史之乱"之后我国南方人口第一次超过了北方地区,从根本上改变了我国人口地理分布格局,我国人口分布中心首次由黄河流域迁移到长江流域。宋、元、明、清时期,随着长江流域、珠江流域的进一步开发,南迁人口继续增多。

我国历代人口迁移的方向基本上是对黄河中下游地区的"离心运动",即由此向四周扩散,在多数地区呈现"波浪式"逐渐向前推进的特点。在秦至南北朝时期,主要移往包括四川盆地在内的长江流域以及冀北、辽东、晋北和陇东地区。这个过程在唐、宋时期得到增强,并有进一步向边远地区推进的趋势;元、明、清三代直至中华民国,大多数边远地区随着移民浪潮的到达,陆续得到充分的开发。促使我国历代人口迁移的主要因素是频繁的民族战争和各种内战,相对于由慢性的经济原因引起的流亡式人口迁移而言,它们每一次作用的时间虽然较短,但作用的强度却异常惊人。这种人口迁移所影响的社会阶层也远较流亡式迁移更广,不仅涉及破产农民,也涉及社会上包括地主、士大夫阶层在内的其他各类人群。每一次战争都给整个社会造成了巨大影响,在较短时间内使我国人口地理的面貌发生巨变,对各地区经济、文化和社会面貌的影响也非常明显。战争之外,另一种形式的人口迁移是历代中央政权采取的"屯垦戍边"政策。除在边境战略要塞驻扎军队、进行屯垦外,更多地是由内地向边境地带移民,在武装保卫下开垦耕地,以提供军粮,加强边防。这种形式的人口迁移从秦、汉一直沿用下来,主要是在我国的西北部。自西汉至清末,较大规模的移民垦荒有千次以上,其中军屯667次、民屯337次、商屯150次。虽然这是不完全的统计，但也可以反映出由"屯垦戍边"政策带动的从内地向边境地区的人口迁移规模是巨大的。[①]

二、中华人民共和国成立以来的人口迁移

中华人民共和国成立后，随着工农业生产和国民经济的迅速发展，我国人口迁移越来越频繁。但受我国独具特色的户籍制度和二元社会体制的影响，以及人口迁移本身的复杂性，中国人口的迁移主体及迁移类型复杂多变，转变过程波折颇多，并表现出比较明显的阶段性特征。总体而言，可分为如下四个阶段。

第一阶段，1949—1957年，尚未建立户籍制度，人口可自由迁移，且主要以农村人口迁移为主。

第二阶段，基本为"二五"计划时期，即1958—1965年。在这一阶段，随着"大跃进"的躁动，人口迁移也潮起潮落，大量农村人口由农村涌入城市又被"挤"出城市、回归农村的"U"形迁移和被动迁移，是当时人口迁移的一大特征。

第三阶段，从1966年到改革开放之前的1977年。在这一阶段，除席卷全国的"红卫兵""串联"大潮短期涨落以外，人口的经济迁移相对较弱，而以城市"知识青年上山下乡"的城乡间迁移成为人口迁移的主流。

以上三个阶段人口迁移的规模较小、频率低，主要原因是计划经济、政策控制和严格的户籍制度。从形式上看这三个阶段人口的迁移大都是有组织的迁移。[②] 表7-1是1954—1984年我国人口迁移量。1954—1960年人口迁移量比较大，且持续增长，1960年迁移人口高达3300万人。这主要是发展国民经济、改变工业布局、重点建设和"三线"建设所引发的人口迁移。

表7-1 1954—1984年我国人口迁移量

年份	1954	1956	1960	1961	1965	1967—1969	1970—1976	1977—1984
迁移量（万人）	2200	3000	3300	1900	1500	500～600	1100～1600	1400～2300

资料来源：田方、张东亮《中国人口迁移新探》，知识出版社1989年版，第35页。

第四阶段，从改革开放的1978年到目前。流动人口是经济发展的必然产物。从人类社会发展的历史来看，人口流动是随着社会生产力的提高和商品经济的发展日渐频繁的。社会经济的发展需要也推动着人们从自然经济模式自我封闭的地域圈子中走出去，流向经济活跃的地区，为其提供充足的劳动力。这一时期，农村经济体制

[①] 胡焕庸、张善余：《中国人口地理》（上册），上海：华东师范大学出版社，1984年版，第325-327页。

[②] 路遇：《新中国人口五十年》（上册），北京：中国人口出版社，2004年版，第508-509页。

改革的实施、大量农村剩余劳动力的外流、商品经济的发展、户籍制度的松动、就业制度的改革等一系列社会变革，掀起了流动人口迁移的浪潮。这一时期历时四十多年，将来还要持续相当长的一段时间。尽管其间也经历过一些曲折和变化，但这一时期的人口迁移与流动表现出与前三个阶段不同的特点，即人口迁移的不可逆转性，主要表现为流动人口大量增加，并且有逐年上升的趋势。

关于这一时期流动人口的规模，由于涉及统计口径等方面的原因，不同的研究者得出的结论不尽相同。据统计，1979—1988年我国农业劳动力转移数达5461.4万人，年平均转移人数为546.14万人。1990年"四普"数据显示，1985—1990年流动人口为3412.76万人，年平均约683万人，约占总人口的6.0‰。1995年流动人口为8000万人，其中在公安机关登记的暂住人口为4400万人。这些暂住人口绝大多数是农村流出的剩余劳动力。要准确地估算出全国流动人口的总量比较困难，但大概来说，在20世纪70年代流动人口以100万计，20世纪80年代初期以1000万计，20世纪80年代中后期以2000万～3000万计，20世纪90年代初期以3000万～4000万计，20世纪90年代中后期以5000万～7000万计，目前则以亿作为计量单位来计算（见表7-2）。

表7-2 不同时期我国流动人口数量估计（万人）

数据来源	年份	跨乡	跨县	跨省
国务院发展研究中心	1983	200	—	—
国务院发展研究中心	1989	3000	—	700
农业部	1993	6200	4300	2050
劳动和社会保障部	1994	8000	5200	2400
1%人口抽样调查	1995	7000	5400	2500
农业普查	1996	7223	4487	2364
国家统计局、劳动和社会保障部	1997	3890	2602	1488
国家统计局、劳动和社会保障部	1998	4936	3218	1872
国家统计局、劳动和社会保障部	1999	5204	3622	2125
国家统计局、劳动和社会保障部	2000	6137	4513	2833
农业部	2000	7550	—	—

资料来源：蔡昉《中国人口与劳动问题报告No.4（2003）：转轨中的城市贫困问题》，社会科学文献出版社2003年版，第180页。

21世纪以来，随着我国社会经济的调整发展，流动人口规模持续高位增长。2005年全国1%人口抽样调查时，全国人口中流动人口为14735万人，其中跨省流动人口4779万人。与2000年相比，流动人口增加296万人，跨省流动人口增加537万人。2020年"七普"数据显示，全国人口中，人户分离人口（是指居住地与户口登记地所在的乡镇街道不一致且离开户口登记地半年以上的人口）为 49276 万人，其中，市辖区内人户分离人口（是指一个直辖市或地级市所辖的区内和区与区之间，居住地和户口登记地不在同一乡镇街道的人口）为 11694 万人，流动人口为 37582 万人。流动人口中，跨省流动人口为 12484 万人，省内流动人口为 25098 万人。与 2010 年"六普"相比，人户分离人口增加 23137 万人，增长 88.52%；市辖区内人户分离人口增加 7698 万人，增长 192.66%；流动人口增加 15439 万人，增长 69.73%。国家统计局《2021 年农民工监测调查报告》数据显示，2021 年全国农民工总量 29251 万人，比 2020 年增长 2.4%。其中，外出农民工 17172 万人，比 2020 年增长 1.3%；本地农民工 12079 万人，比 2020 年增长 4.1%。从输出地看，东部地区农民工 10282 万人，比 2020 年增长 1.6%；中部地区农民工 9726 万人，比 2020 年增长 3.0%；西部地区农民工 8248 万人，比 2020 年增长 2.7%；东北地区农民工 995 万人，比 2020 年增长 4.2%。从输入地看，在东部地区就业的农民工 15438 万人，比 2020 年增长 2.0%；在中部地区就业的农民工 6571 万人，比 2020 年增长 5.5%；在西部地区就业的农民工 6280 万人，与 2020 年基本持平；在东北地区就业的农民工 894 万人，比 2020 年增长 4.8%。

这一时期人口迁移的流向，从全国城乡范围来看可分为四类：① 农村人口向城市的流动；② 农村人口向其他乡村社区的流动；③ 城市之间的人口流动；④ 城市人口向农村的流动。在中国现阶段，第一类流动人口的流向占绝对多数，第二、三、四类流向所占的人口数不多。1994 年，国家劳动部就业司抽样调查了四川、广东、湖北、江苏、安徽、山东、河北、甘肃等经济发展水平不同的 8 个省，调查数据显示：调查当日仍在乡镇以外工作，平时居住在外的农村劳动力共有 1193 人，外出打工流向最多的五个省（市、区）依次为广东（18.0%）、江苏（10.0%）、上海（8.0%）、北京（8.0%）、新疆（6.0%）；就城市而言，流动人口主要流向地市级以上的城市（71.0%）。另据 1986 年全国 74 城镇人口迁移抽样调查资料显示，74 个城镇中一年以下的流动人口中来自农村的占 50.0% 左右（见表 7-3）。人口迁移的推拉理论、二元经济结构理论以及收入预期理论都能够较好地解释我国这一时期人口迁移的流向现象。20 世纪 70 年代后期农村经济体制改革，促进了农村经济迅速发展，为城市提供了足够的生产资料和生活资料，也使农民成为相对自由的劳动力。农村剩余劳动力迫切需要寻找就业机会，进入城镇成为必然选择，同时也促使国家放宽了对农村人口进入城市尤其是中小城镇的政策限制。1985 年后城市经济体制改革力度加大，一方面部分消除了人口流动的障碍，另一方面也拉大了城乡之间的收入差距。改革开放后，优先发展东部沿海地区，拉大了地区间的收入差距，这激发了人口向城市和沿海地区迁移。

表 7-3　1986 年全国 74 个城镇一年以下流入人口的来源构成统计表（%）

城市类型	流入人口占总人口的比重	流入人口来自农村的比重
特大城市	3.40	43.52
大城市	3.15	58.03
中等城市	3.74	59.08
小城市	2.54	42.39
乡镇	4.95	56.31
各类城、镇合计	3.62	50.52

资料来源：中国社会科学院人口研究所《中国 1986 年 74 城镇人口迁移抽样调查资料》，北京市新闻出版局，1988 年。

翟振武教授将改革开放以来的人口流动分为"离土不离乡""离土又离乡""离土不回乡"三个时期。每个时期的特点分别表现为以下方面。①"离土不离乡"时期：规模增长迅速；以省内迁移流动为主；就业性质灵活；性别结构不均衡。②"离土又离乡"时期：省际流动比例快速提升；"务工经商"成为首位流动原因；流向分布趋于集中化；性别结构趋向均衡化。③"离土不回乡"时期：总体规模稳中有降；家庭化趋势明显；"80 后""90 后"新生代成为主力军；受教育水平不断提升。[1]

第四节　国际人口迁移

国际人口迁移（international migration）是指人口跨越国界的居住地永久性变动，可分为生存型迁移和发展型迁移两大类。在人类社会发展早期，主要是生存型国际人口迁移，即迁移多受自然环境条件、生存条件变化所致；工业革命后，主要表现为向发展型人口迁移转变。[2] 人口的发展变化受社会经济发展的制约，作为世界人口发展的一个方面，国际人口迁移也反映着全球政治经济的变化。20 世纪以前，人类的经济发展主要依靠劳动力数量的增长；与此相应，当年北美新大陆等尚未开发的地区是那时国际人口迁移的主要目的地。因此，在新大陆发现以后，世界人口迁移形成了几次大的浪潮[3]，大致经历了以下六个阶段。第一阶段，15 世纪末至 18 世纪初欧洲产业革命爆发。1492 年，北美新大陆被发现后，先是西班牙、葡萄牙，接

---

[1] 翟振武、王宇、石琦：《中国流动人口走向何方？》，载《人口研究》2019 年第 2 期，第 6-11 页。

[2] 杨菊华、靳永爱：《人口社会学》（第二版），北京：中国人民大学出版社，2020 年版，第 139 页。

[3] 吴忠观：《人口学》，重庆：重庆大学出版社，2005 年版，第 154-156 页。

着是荷兰，而后是英国、法国等列强相继开始了开拓美洲的殖民政策，他们带来了两类移民。一类移民来自欧洲，他们迁移到新大陆的目的是掠夺金银财宝、发财致富。另一类移民来自非洲，他们是这些殖民者贩运到美洲的奴隶。非洲人口被大量贩卖到海外，导致非洲人口在世界人口中的比重由1650年的18.34%持续下降到1800年的9.93%。第二阶段，18世纪初至19世纪上半叶。这一阶段，更多的非洲人口被贩运到海外。据估计18世纪达1700万人，19世纪达4000万人，造成非洲人口占世界人口的比重继续下降，这一阶段大迁移的结果是开发了美洲和大洋洲，美国、加拿大、澳大利亚和新西兰等国家相继建立。第三阶段，19世纪下半叶至20世纪初。这是国际人口迁移最多的时期，流向还是从欧洲到新大陆。第四阶段，第一次世界大战结束到第二次世界大战爆发。这一阶段由于世界性的经济危机，国际迁移人口规模明显缩小，世界人口迁移进入低谷。第五阶段，第二次世界大战结束至20世纪70年代。这一阶段，世界人口迁移出现了新的特点并形成了第三次人口迁移浪潮。第六阶段，从20世纪80年代开始，世界难民问题日益突出，并成为国际人口迁移的一个重要组成部分。整个难民人数由1985年的850万人增加到1995年的1900万人。第二次世界大战以来，国际人口迁移规模呈现出明显扩大的态势。《中国国际移民报告（2018）》数据显示：1990年国际人口迁移规模为1.53亿，2005年、2010年分别为1.91亿、2.22亿，到2015年增长到2.44亿。[①]

一般来说，国际人口迁移的流向大多是从不发达国家、发展中国家流向发达国家。《世界移民报告2013》数据显示：2013年发达国家之间的国际人口迁移规模为5480万~6080万人，发展中国家之间的国际人口迁移规模为8230万人，发达国家向发展中国家的国际人口迁移规模为700万~1300万人，而发展中国家向发达国家国际人口迁移规模却高达为8190万人。[②] 根据联合国经济社会事务部的数据以及国际移民组织对45个国家数据的估计，2013年高收入国家有1.123亿的劳务移民，占全球总量的75.0%；中等收入国家有3440万劳务移民，占23.0%；目的国为低收入国家的劳务移民仅占2.0%。2017年《国际移民报告》数据显示，全球国际移民人口为2.58亿，其中，57.0%居于发达国家和地区，43.0%居于发展中国家和地区。[③]

人口迁移对人口迁入国（主要是发达国家）和人口迁出国（主要是发展中国家）有着不同的影响。一方面，对于人口增长缓慢、人口老龄化严重的发达国家来说，迁入人口可以弥补其劳动力的不足，具有专业技能的移民既带来了他们的科学知识和

[①] 引自全球化智库：《中国国际移民报告（2018）》，北京：社会科学文献出版社，2018年版。

[②] 引自《世界移民报告2013》，见 http：//www.docin.com/p-830433935.html。

[③] United Nations Department of Economic and Social Affairs Population Division. *International Migration Report* 2017. New York：United Nations，2017：2.

生产技术，又为迁入国节省了教育费用。据经合组织（OECD）统计数据显示：2011年，在2.14亿国际移民（包括难民）中，高技术移民占22.0%。美国是世界上移民数量较多的国家，据统计，1820—2002年，进入美国的移民总数达到了6821.75万人。尤其是20世纪60年代以来，迁入美国的移民人数直线上升。1961—1970年总计332万人，1991—2000年剧增到909万人。其间，进入美国的移民人数增加了174.0%。2015年，北美地区作为传统移民迁入地区，有超过5100万来自世界各地的移民生活于此。北美地区的外国出生人口有85.0%生活在美国，占美国总人口的14.0%。另一方面，国际人口迁移在给迁入国带来大量人口、技术的同时，也对迁入国的人口规模、分布、构成、劳动力供应、消费市场、教育以及政治格局、种族多元化产生重要影响。

对于迁出国来说，那些人口增长率仍很高的发展中国家，人口的迁出虽然减轻了本国的人口压力，但由于迁出的人口不是一般的劳动力，而是科技人员、专业人才，大额培养费造就的高素质劳动力被外国无偿利用，这无疑是发展中国家较大的损失。1976年，美国在高校注册的外国留学生仅17.9万人，而到了1990年、2001年分别增加到38.7万人、54.8万人；2001—2002年为58.3万人，其中相当一部分来自印度、中国等发展中国家。1990年以后进入美国的学士及以上学位的移民占外国移民的30.0%（见表7-4），其中为数众多的人都具有担任科技、管理、制造等专业性职务的能力。

表7-4　1990年以后进入美国的移民所受教育情况（%）

美国人民	学士以上学位	学士学位	高中毕业或部分大学课程	高中以下
外国移民	11	19	36	34
美国出生者	8	16	61	16

资料来源：Philip Martin, Elizabeth Midgley. *Immigration: Shaping and Reshaping America*. Washington, DC: Population Reference Bureau, 2003: 23.

随着发达国家国际移民规模的持续扩大，目前绝大多数发达国家都提高了投资移民的门槛，注重技术性移民。如从2015年开始，美国开始了加高投资移民门槛的步伐，投资移民金额从50万美元提至80万美元，并将"非目标就业区"的投资金额从100万美元提高至180万美元；2014年10月16日，英国投资移民签证的最低投资金额也从20万英镑提升至100万英镑。技术性移民的强化，在一定程度上减少了向发达国家国际移民的规模。据美国2016—2017年的数据显示，通过难民与政治避难方式的移民从2009年的16.0%，下降为2017年的13.0%。2016年到2017年9月间，约有22万欧盟移民来到英国，较前一年减少4.7万人。[①]

[①]　全球化智库：《中国国际移民报告（2018）》，北京：社会科学文献出版社，2018年版。

中国人口的国际迁移也非常活跃。中国人出国谋生由来已久,但大规模出国则是在1840年鸦片战争之后。由于政治压迫、战争影响、经济困扰、契约华工等种种原因,国人在1840年国门打开之后大规模出国。出国的方式可分为两种,一是自由移民,多为亲邻戚友串引挈带,也有只身铤而走险的;二是"契约移民"。据统计,1801—1925年出国的契约华工约300万人,其中1801—1850年出国人数计约32万,1851—1875年计约128万,1876—1900年约为75万,1901—1925年约为65万。国人大规模出洋谋生的浪潮一直延续到1949年,这时,华侨人数已达1200余万。①

1949年以后相当长一段时间,由于意识形态的分歧,西方各国对中国采取孤立和封锁的政策,许多国家还先后限制或禁止中国移民入境。之后,为更好地融入当地社会,大量华侨加入所在国国籍成为外籍华人,华侨社会演变为海外华人社会。这一时期,国人大批出国定居的现象已经基本结束,但小范围的移民活动仍然存在。由于人口基数大,经过数十年的人口自然增长之后,至20世纪80年代,海外华侨、华人约有3000万人,遍布世界各国。其中祖籍广东的华侨华人约占华侨华人总人数的2/3,即2000万人左右。

进入新时期之后,我国政府进一步放宽公民出国的限制,简化审批手续,为公民出国提供方便。一些发达国家也对原来的移民政策做了一些修改,对技术移民、投资移民、亲属团聚的政策都有所松动。在此情况下,许多在国外有亲属的公民申请出国探亲、团聚、定居;到日本、美国、加拿大、澳大利亚以及一些欧洲国家留学的学生也不断增加,其中不少人学成之后在当地谋职;技术移民和投资移民也不断出现;还有一些人以旅游名义出国后转为定居。总之,一股新的出国热方兴未艾。1990年人口普查资料显示,移民过万的地区有上海、北京、福建、广东和江苏,此五省市占全国海外移民总数的74.13%。每万居民中,北京和上海的移民比例最高,在4.0‰以上,福建、天津和广东在2.0‰以上,移民在1.0‰~2.0‰的省份还有辽宁、江苏、湖北、吉林、浙江和黑龙江(见表7-5)。在2017年移民输出国排行榜上,中国的国际移民人数已从1990年的410万增至2017年的1000万,仅次于印度、墨西哥和俄罗斯,位居全球第4名。② 2020年"七普"数据显示,普查标准时点居住在31个省(直辖市、自治区)并接受普查登记的香港特别行政区居民371380人、澳门特别行政区居民55732人、台湾地区居民157886人,外籍人员845697人,合计1430695人;其中男性736286人,女性694409人;居住时间三个月以下的40659人;居住时间三个月至半年的56342人;居住时间半年至一年的166884人;居住时间一

---

① 庞丽华:《来华外籍人口特征》,载王辉耀、刘国福:《中国国际移民报告(2014)》,北京:社会科学文献出版社,2014年版。

② Phillip Connor, D'Vera Cohn, Ana Gonzalez-Barrera. *Changing Patterns of Global Migration and Remittances*.

年至两年的 248174 人；居住时间两年至五年的 314954 人；居住时间五年以上的 603682 人；以商务为目的 77008 人；以就业为目的 444336 人；以学习为目的 219761 人；以定居为目的 419517 人；以探亲为目的 74735 人；其他目的 195338 人。排在前三位的分别为广东（5112 人）、广西（3479 人）和福建（2925 人）。在许多国人移居国外的同时，特别是改革开放以来，随着我国经济社会发展，也有越来越多外国人来到中国和华人华侨陆续回归祖国。中国逐渐成为世界主要的移民输入国。2013 年，居住在中国境内的外籍人士有 84.85 万人，排在前三位的分别为上海市、北京市和广东省，规模分别为 143496 人、91102 人、74011 人人，占比分别为 24.16%、15.34%、12.46%。2001—2013 年的年增长率为 3.9%，高于 1990—2000 年的 3.0%。①

表 7-5 "三普""五普""七普"临时出国居住（留学、工作）的人口数（人）

移出地	"三普"	"五普"	"七普"	移出地	"三普"	"五普"	"七普"
北京	12565	39468	1213	河南	1607	8476	228
天津	1353	4881	202	湖北	2647	6733	296
河北	2554	4070	206	湖南	2370	5027	194
山西	828	1688	85	广东	2950	25508	5112
内蒙古	272	2698	105	广西	575	3565	3479
辽宁	2099	38908	848	海南	—	790	1093
吉林	552	57450	737	重庆	—	2064	110
黑龙江	907	33464	240	四川	4579	9269	256
上海	5457	42801	1426	贵州	1569	701	94
江苏	2750	33288	499	云南	790	219999	1209
浙江	822	54786	2557	西藏	—	156	2
安徽	1442	3831	168	陕西	2947	3400	124
福建	997	133373	2925	甘肃	693	1017	33
江西	1568	3487	171	青海	24	393	11
山东	1270	13092	518	宁夏	576	225	17
新疆	167	2118	108				

资料来源："三普""五普"数据，参见山岸猛、司韦《中国的新移民与人口普查》，载《南洋资料译丛》2006 年第 4 期，第 53 页。"七普"数据参见国务院第七次全国人口普查领导小组办公室《2020 中国人口普查年鉴》，表 7-6 "全国按现住地和出生地分的人口"（2019.11.1—2020.10.31），见 http://www.stats.gov.cn/tjsj/pcsj/rkpc/7rp/zk/indexch.htm。"七普"数据为全国按现住地和出生地分在国内港澳台或国外的人口。

---

① 华侨问题研究会：《华侨人口参考资料》，北京：华侨问题研究会，1956 年，第 140 页。

目前，国际移民发展趋势呈现出以下特点：国际移民数量增加，所在区域相对集中，但流动性下降；经济发展刺激短期迁徙；移民流动形式多元化，尤其在大规模移民流中，迁徙的动机具有很强的混合性；被迫流离失所者规模巨大，重新安置与返乡者的比例较低，但增幅开始出现放缓迹象。①

第五节 人口城市化

自工业革命以来，世界人口分布格局一直在不断变化，总的趋势是农村人口源源不断地向城市转移，城市化水平不断提高。所谓人口城市化（urbanization），是指农村人口不断向城市转移和集中，城市人口占总人口的比重逐渐提高的动态过程。人口城市化是一个动态概念，从本质上讲，人口城市化是在保证提高农业劳动生产率和农业生产发展的基础上，使人口的经济活动由农业生产领域向非农业生产领域转移的过程。按照人口迁移的推拉理论、二元经济结构理论以及收入预期理论，人口城市化是人口迁移的必然结果。人口城市化发展主要有三种途径：城市人口的自然增长；农村人口大批涌入城市；农村人口通过社会经济发展就地转化为具有城市生活方式的人口。

城市化过程是人类社会经济发展的现代化过程。各个国家和地区由于社会、经济、文化和自然生态不同，城市化的进程、特征、方式和社会后果必然呈现较大的差异性。

城市化水平也称城市化率，是城市化分析中常用的指标，用于反映人口向城市聚集的过程和聚集程度，是指一个国家或者地区的人口中，城市人口占总人口的比例，用百分比表示，其计算公式为：

$$城市化水平 = 某地区城市人口数 / 某地区总人口数 \times 100\%$$

根据城市人口占总人口比重的高低，可以将不同国家及其人口城市化水平分为以下三种不同的类型（见表7-6）。① 城市化水平较低国家类型。城市人口占总人口比重低于30.0%，主要是一些经济比较落后的国家。② 中等城市化国家类型。城市人口占总人口比重在30.0%～70.0%，主要集中在北非、西亚和拉丁美洲的国家。③ 高度城市化国家类型。城市人口占总人口比重在70.0%以上，主要集中在欧洲、北美洲和大洋洲等经济发达的国家。

---

① 全球化智库：《中国国际移民报告（2018）》，北京：社会科学文献出版社，2018年版。

表 7-6 2005 年世界人口城市化不同国家和地区类型（%）

国家/地区	2005年平均人口增长率	2003年城市人口比重	2000—2005年城市人口增长率	不同国家的人口城市化类型
世界总计	1.2	48	2.1	—
发达地区	0.3	75	0.5	
欠发达地区	1.4	42	2.8	
最不发达地区	2.4	27	4.3	
美国	0.9	80	1.4	高度城市化的国家
英国	0.3	89	0.4	
澳大利亚	1.1	92	1.4	
新加坡	1.3	100	1.7	
巴西	1.3	83	2	
智利	1.1	87	1.6	
中国	0.6	39	3.2	中等城市化的国家
埃及	1.9	42	2.1	
叙利亚	2.4	50	2.5	
埃塞俄比亚	2.4	16	4.1	城市化水平较低的国家
越南	1.3	26	3.2	
阿富汗	4.1	23	6	

资料来源：联合国人口基金会《2005年人口状况》，联合国人口基金会2005年编印，第111-115页。

世界人口城市化的发展大致可以分为三个阶段[①]：第一阶段，人口由乡村流向以小城市为主的城市，小城市人口率先获得快速增长；第二阶段，小城市人口逐渐流向大、中城市，后期主要向大城市集中，体现了城市的规模效应；第三阶段，发达国家超大城市，如纽约、伦敦、东京、大阪的城市中心人口向城市郊区转移，称为逆城市化趋势。按照联合国的中方案预测，1950年以来世界人口城市化趋势如表7-7所示。

表 7-7 1950 年以来世界人口城市化趋势（%）

年份	全世界	发达国家	发展中国家
1950	29.2	53.8	17.0
1970	36.3	66.6	24.7
1990	45.2	72.6	37.1
1995	48.1	73.6	41.2

---

① 吴忠观：《人口学》，重庆：重庆大学出版社，2005年版，第144页。

续表

年份	全世界	发达国家	发展中国家
2000	51.1	74.9	45.5
2005	53.9	76.3	48.6
2010	56.2	77.9	51.8
2020	62.2	81.1	58.2
2025	64.6	82.9	61.2

资料说明：表内数据为城市人口占相应总人口的比例。

工业革命是从18世纪下半叶开始的，但是直到19世纪末，世界人口城市化水平还非常低。1800年，世界城市人口占总人口的比重仅在1.0%～5.1%；1900年上升为13.3%。第二次世界大战结束后，世界人口城市化进程明显加快。1950年，城市人口达到7.34亿，占总人口的比重为29.2%。1950—1975年，世界城市人口由7.34亿增加到15.41亿，城市人口比例由29.2%增加到37.8%，年平均增长率为3.01%，比同期总人口年平均增长率高1.06个百分点。1975—2000年，世界城市人口由15.41亿增加到31.98亿，城市人口比例由37.8%增加到51.1%，年平均增长率为2.96%，比同期总人口年平均增长率高2.23个百分点。1990年，世界城市人口占总人口的比重为45.2%，2000年为51.1%。按此趋势保守估计，2000—2025年世界城市人口将由31.98亿增加到54.93亿，城市人口比例将由51.5%增加到64.6%，年平均增长率为2.19%，比同期总人口年平均增长率高0.96个百分点。

第六节 中国人口城市化

一、乡村人口与城镇人口

一个国家的人口包括乡村人口和城镇人口。但不同国家和地区对于"城、乡"及"城、乡人口"的定义是不同的，这主要是因为不同国家之间发展水平和社会经济环境差异较大；即使在同一个国家，随着社会经济的变迁、统计标准的改变，对于"城、乡"的划分在不同时期也是不尽相同的。综合不同的关于"城、乡"以及"城、乡人口"的定义，可以从行政区划、人口规模、地方政府区域、城市特征以及人们所从事的主要经济活动五个方面对其进行划分。① 但对乡村人口和城镇人口的定义主要是从他们在社会生活中承担经济职能上的差异来给出的。一般认为,乡村人口主要从事农业生产,城镇人口主要从事工商业生产。此外,乡村人口和城镇人口又是一对相对的概念,由于人们在社会生活中承担的主要经济职能会发生变化,两者之间又可以相互转变。但这也只是各自相对于总人口的比值而言,总人口数不会发生变化。

乡村人口同城镇人口的差异从古代起即已存在,这种差异主要表现在两个方面:一是在一定空间内人口聚落的集中程度(如人口密度)不同;二是在社会生活中人口所承担的主要经济职能不同(比如人口所从事的主要职业是农业还是商业)。但是,要在乡村人口和城镇人口之间定量地划出一条清晰的界线,却并非易事。其原因在于乡村人口和城镇人口彼此之间存在着大量的交叉、渗透、重叠、过渡和转移。此外,乡村人口和城镇人口都属于历史范畴,它们一直处于不停的发展、运动之中;在各个不同的历史时期,生产力和社会分工不同,上层建筑所施加的影响不同,乡村人口和城镇人口的含义显然也会有所变化。对此,联合国经济和社会事务部这样解释:"各国'城市'所在地的定义各不相同,在同一个国家里,也因时代不同而有所差别。此外,在某些国家,还有两个和更多的定义同时存在。城市化既是数量上的,也是质量上的一种进程,因而随着时间的推移,就会获得或者失去不同的'城市生活'的标准。"②

世界上大多数国家均按居民点的人口规模区分乡村人口和城镇人口,并分别规定有具体界线,即界线上属城镇人口,界线下属乡村人口。比如,20世纪70年代中期,这一界线最低的是2000人,最高的是10000人,而采用2000人或2500人的国家数量比较多。此外,有一些国家还兼顾人口的职业构成,其中最基本的指标就是"非农业人口比重"。

二、乡村人口与农业人口的异同

乡村人口和农业人口两个概念之间既有联系又有区别。在近代社会以前相当长的时期内(包括原始社会、奴隶社会和封建社会的大部分时期),乡村社会在整个社会中,占有主导地位。这一时期,乡村人口和农业人口的确是一回事,没有太大的区别。但近代社会以来,一方面,随着城镇的兴起和繁荣,农业人口在总人口中的比重

---

① United Nations. *Handbooks of Populations Census Methods*(Vol.Ⅲ). Demographic and Social Characteristics of the Population,1959:60-62.

② 联合国秘书处经济和社会事务部:《人口估算方法手册》第八辑《城市和农村人口推算方法》,纽约:联合国秘书处经济和社会事务部,1974年,第9页。

持续下降；另一方面，乡村人口也越来越多地脱离农业而转向从事其他的经济活动。由此，乡村人口和农业人口开始区别开来。乡村人口主要是一个地理上的概念，是从人们"居住地"这一点来说的，他们居住在农村，但并不一定都从事农业生产，他们还可能从事工业、商业活动。农业人口却是一个经济上的概念，是指主要以从事农业生产为最基本经济活动的人群。

因此，我们可以说，乡村人口主要是一个地理概念，农业人口却是一个经济概念。乡村人口是指居住在农村或乡村聚落中的人口，这种聚落同城镇居民点之间按人口规模及职业构成划有一条界线，线上是城镇人口，线下即为农村人口。在地理分布上，乡村人口的特点是零星分散，受职业所限，有的还呈流动的生活方式，这一点同城镇人口的聚居性或集中性形成对照。在我国，乡村聚落还指其绝大部分居民以农业为主。乡村人口基本上就是乡民以及为他们服务的农村其他人员，如教师、医生、商业人员等。此外，国家职工中有一部分也列入乡村人口的范畴，如某些从事交通、邮电、地质勘探、水文气象、森林采伐、油气管道等职业的人员，他们的居住形式也具有分散或流动的特点。由于统计口径不同，相同年份乡村人口和农业人口数量并不相同。

表7-8是主要年份我国乡村人口、农业人口的数量及其占总人口的百分比。表中数据显示，1949年，我国乡村人口和农业人口分别为48402万人、44726万人，占总人口的比例分别为89.4%、82.6%。由于统计口径不同，20世纪50年代，我国乡村人口多于农业人口（这一时期，城镇人口统计口径是市镇辖区内的全部常住人口，包括农业人口）。1963年，国家发布《关于调整市镇建制、缩小城市郊区的指示》，城镇人口的统计口径从辖区内全部常住人口改为辖区内非农业户口的常住人口，自此以后，我国乡村人口数量少于农业人口数量。1965年，我国乡村人口和农业人口分别为59493万人、60416万人，占总人口的比例分别为82.0%、83.3%，乡村人口少于农业人口。1982年底，我国农村人口总数为80386万人，其中农业人口、非农业人口分别为77191万人、3195万人，分别占农村总人口的96.0%、4.0%；而在农业人口中，有大约6.0%以非农业的经济活动为主。

表7-8 主要年份我国乡村人口、农业人口情况（万人）

年份	总人口数	乡村人口		农业人口	
		人口数	占总人口比例（%）	人口数	占总人口比例（%）
1949	54167	48402	89.4	44726	82.6
1950	55196	49027	88.8	46059	83.4
1955	61465	53180	86.5	52130	84.8
1960	66207	53134	80.3	52476	79.3

续表

年份	总人口数	乡村人口		农业人口	
		人口数	占总人口比例（%）	人口数	占总人口比例（%）
1965	72538	59493	82.0	60416	83.3
1970	82992	68568	82.6	70332	84.7
1975	92420	76390	82.7	78142	84.6
1980	98705	79565	80.6	81905	83.0
1985	104532	66288	63.4	83478	79.7
1990	114333	84138	73.6	91094	80.4
1995	121121	85947	71.0	90233	76.0
2000	126743	80837	63.8	95622	75.4
2005	130756	74544	57.0	86935	68.0
2010	137053	67414	50.32	—	—
2020	144349	50978	36.11	—	—

资料来源：1949—1995 年数据参见中国社会科学院人口研究所《中国人口年鉴》（1999年），中国统计出版社1999年版，第344页。2000—2005年数据参见国家统计局人口和就业统计司《中国人口统计年鉴》（2006年），中国统计出版社2006年版，第224、240页。2010年"六普"、2020年"七普"数据来自国家统计局网站。

三、关于乡村人口与城镇人口的统计口径

1949年以前，我国对乡村人口和城镇人口没有给出明确的区分，因此在人口统计中这两大指标均一直付之阙如。一些学者按照国际上常用的划分标准对我国的乡村人口和城镇人口进行过研究。例如，美国学者斯金纳尔研究过1843年和1893年我国（缺部分边疆地区）城镇人口比重。1843年和1893年，长江下游、中游、上游城镇（指2000人以上的居民点）人口占总人口的比重分别为7.4%、4.5%、4.1%和10.6%、5.2%、4.7%。1843年，不包括东北、台湾、新疆、青海和西藏在内，中国计有大小城镇（超过2000人居住的居民点）1653个，城镇人口2072万，占总人口40500万的5.1%。1893年，全国共有城镇1779个，城镇人口2351万，占总人口的6.0%（见表7-9）。1949年，我国城镇人口总数为5765万人，比1893年增长1.45倍，年平均递增率为16.1‰（同期，中国总人口年平均递增率为5.7‰），城镇人口从6.0%上升到10.6%。[①]

[①] 胡焕庸、张善余：《中国人口地理》（上册），上海：华东师范大学出版社，1984年版，第261页。

表 7-9 19 世纪中国部分地区城镇人口分布及比重

区域	面积（平方千米）	1843 年				1893 年			
		总人口（百万）	城镇个数（个）	城镇人口（千人）	城镇人口比重（%）	总人口（百万）	城镇个数（个）	城镇人口（千人）	城镇人口比重（%）
长江下游	192740	67	330	4930	7.4	45	270	4750	10.6
岭南	424900	29	138	2044	7.0	33	193	2863	8.7
东南	190710	26	125	1515	5.8	26	138	1668	6.4
西北	771300	29	119	1408	4.9	24	114	1301	5.4
长江中游	699700	84	303	3777	4.5	75	293	3905	5.2
华北	746470	112	416	4651	4.2	122	488	5803	4.8
长江上游	423950	47	170	1950	4.1	53	202	2503	4.7
云贵	470570	11	52	445	4.0	16	81	714	4.5
合计（平均）	3920340	405	1653	20720	5.1	394	1779	23507	6.0

资料来源：G. W. Skinncrcd，*The City in Imperial China*，Standford University Press，1977.

1949 年中华人民共和国成立后，鉴于城镇居民同农村居民的经济条件和生活方式不同，在不同的历史时期，国家对城镇人口、乡村人口统计口径有了明确的规定。按照规定，多年来我国的城镇人口均指市和镇中的非农业人口，其中的农业人口以及市和镇以外的一切人口均为农村人口。由于这里指的市（镇）都属于行政区域的范围，且在不同时期所指的范围不同，因而牵涉到市和镇的设立或建制问题。

1955 年，国务院在《关于设置市、镇建制的决定》中指出，凡符合下列标准之一的地区，都是城镇。它们是：① 市级或县级以上政府所在地；② 常住人口超过 2000 人、半数以上居民为非农业人口的地区；③ 工矿企业、铁路站、工商业中心、交通要道、中等以上学校、科学研究机构的所在地和职工住宅区等，常住人口虽不足 2000 人，但在 1000 人以上，而且非农业人口超过 75.0% 的地区；④ 具有疗养条件，而且每年疗养人员超过当地常住人口 50.0% 的疗养区；⑤ 以上四类中，常住人口超过 2 万的县级以上政府所在地和工商业地区可列为城市，其余为集镇。城镇人口的统计口径是市、镇辖内的全部常住人口，也包括农业人口。乡村总人口是指县（不含镇）的全部人口。这时的城乡划分标准综合考虑了人口规模与非农业人口比重。

1963 年 12 月，鉴于当时城镇人口增长过快、市（镇）建制过多的情况，国家发布了《关于调整市镇建制、缩小城市郊区的指示》。① 设市的标准为：聚居人口在 10 万以上的，一般可以保留市的建制；聚居人口不足 10 万的，必须是省级国家机关所在地，或者重要工矿基地，或者规模较大的物资集散地，或者边疆地区的重要城镇，并且确实有必要由省、自治区领导的。② 设镇的标准为：工商业和手工业相当集中，人口超过 3000 人，其中非农业人口占 70.0% 以上；或者聚集人口虽不足 3000 人，但超过 2500 人，其中非农业人口占 85.0% 以上的地区。③ 郊区范围的确定一般以市（镇）总人口中农业人口不超过 20.0%。城镇人口的统计口径也从辖区内全部常住人口改为辖区有非农业户口的常住人口。这时的城乡划分就脱离了单纯的地域界限，与户籍制度联系起来了。

1982 年，我国关于城镇人口的统计口径又发生了一次比较大的变化，即把市和镇的总人口（包括其中的农业人口）作为城镇人口，但市辖县不计算在市的总人口之内。这样我国城镇人口总数有了明显的提高。如 1982 年底，按过去的口径计算，城镇人口是 14291 万，占全国总人口的 14.1%；但按新的口径计算，则是 20731 万，占全国总人口的 20.5%。后者比前者增加了 6.4%。

1984 年，为了适应城乡经济的发展需要，加速小城镇的建设和发展，国家对城镇人口的统计口径又做了调整：凡县级国家机关所在地，或总人口在 2 万人以上的乡，乡政府驻地非农业人口超过 2 万人；或总人口在 2 万人以上的乡，乡政府驻地非农业人口占全乡人口 10% 以上；或少数民族地区、人烟稀少的边远地区、山区和小型工矿区、小港口、风景旅游区、边界口岸等地，非农业人口虽不足 2 万人，但确有必要，也可建镇。

1986 年，国家进一步放宽了建市标准中非农业人口比重和人口规模的限制，强调了行政功能，提出了建市的经济标准。

1990 年第四次全国人口普查时，为了便于新、旧口径衔接，将城镇人口的统计设计了两种口径，一种是按行政建制划分，以市管辖区域的全部人口（含市辖镇，不含市辖区县）和县辖镇的全部人口（不含市辖镇）为市镇人口；另一种是按常住人口划分，以设区的市所辖的区人口、不设区的市所辖的街道人口，以及不设区的市所辖的镇和县所辖的镇的居民委员会人口为城镇人口。两种口径所计算出的城镇人口比例以及相应的农村人口比例相差较大，以第一口径计算的城镇人口比例显著偏高。

为满足第五次全国人口普查城乡人口统计的需要，1999 年，国家统计局制定了《关于统计上划分城乡的规定（试行）》（以下简称《规定》）。该《规定》以国务院关于我国市镇建制的规定和我国现行的行政区划为依据，将全国地理区域划分为城镇和乡村，相应范围内的人口被统计为城镇人口和乡村人口。城镇是指在我国市镇建制和行政区划的基础上，经本规定划定的城市和镇。城市是指经国务院批准设市建制的城市市区，包括设区市的市区和不设区市的市区。设区市的市区是指：① 市辖区人口密度在 1500 人/平方千米及以上的，市区为区辖全部行政区域；② 市辖区人口密度不足 1500 人/平方千米的，市区为市辖区人民政府驻地和区辖其他街道办事处地域；③ 前款市辖区人民政府驻地的城区建设已延伸到周边建制镇（乡）的部分地域，其市区还应包括该建制镇（乡）的全部行政区域。设区市的其他地区分别按本规定的镇、乡村划分。不设区市的市区是指：① 市人民政府驻地和市辖其他街道办事处地域；② 市人民政府驻地的城区建设已延伸到周边建制镇（乡）的部分地域，其市区还应包括该建制镇（乡）的全部行政区域。不设区市的其他地区分别按本规定的镇、乡村划分。

镇是指经批准设立的建制镇的镇区，包括县及县以上（不含市）人民政府、行政公署所在的建制镇的镇区和其他建制镇的镇区。镇区是指：① 镇人民政府驻地和镇辖其他居委会地域；② 镇人民政府驻地的城区建设已延伸到周边村民委员会的驻地，其镇区还应包括该村民委员会的全部区域。

乡村包括集镇和农村。集镇是指乡、民族乡人民政府所在地和经县人民政府确认由集市发展而成的作为农村一定区域经济、文化和生活服务中心的非建制镇。农村指集镇以外的地区。

该《规定》特别说明：城镇地区以外的工矿区、开发区、旅游区、科研单位、大专院校等特殊地区，常住人口在3000人以上的，按镇划定；常住人口不足3000人，按乡村划定。

2006年，国家统计局从标准的可行性和科学性等方面对1999年《关于统计上划分城乡的规定（试行）》进行了修订，发布了《关于统计上划分城乡的暂行规定》。该规定以国务院关于市镇建制的规定和我国的行政区划为基础，以民政部门确认的居民委员会和村民委员会为最小划分单元，将我国的地域划分为城镇和乡村，相应范围内的人口被统计为城镇人口和乡村人口。城镇是指在我国市镇建制和行政区划的基础上，经本规定划定的区域。城镇包括城区和镇区。城区包括：① 街道办事处所辖的居民委员会地域；② 城市公共设施、居住设施等连接到的其他居民委员会地域和村民委员会地域。镇区是指在城区以外的镇和其他区域中，经本规定划定的区域。镇区包括：① 镇所辖的居民委员会地域；② 镇的公共设施、居住设施等连接到的村民委员会地域；③ 常住人口在3000人以上独立的工矿区、开发区、科研单位、大专院校、农场、林场等特殊区域。乡村是指本规定划定的城镇以外的其他区域。2020年"七普"关于"城镇"和"乡村"采用《统计上划分城乡的规定》（国函〔2008〕60号批复，国务院2008年7月12日）的划分。该规定指出：城镇包括城区和镇区。城区是指在市辖区和不设区的市，区、市政府驻地的实际建设连接到的居民委员会和其他区域；镇区是指在城区以外的县人民政府驻地和其他镇，政府驻地的实际建设连接到的居民委员会和其他区域；与政府驻地的实际建设不连接，且常住人口在3000人以上的独立的工矿区、开发区、科研单位、大专院校等特殊区域及农场、林场的场部驻地视为镇区。该规定还指出，乡村是指本规定划定的城镇以外的区域。

表 7-10 是主要年份我国城镇人口和乡村人口数量及占总人口的比例。表中数据显示，20 世纪 80 年代以前乡村人口占总人口的比重一直高于 80.0%，峰值是 1951 年的 88.22%；之后持续下降，20 世纪 80、90 年代均为 70.0% 左右，2000 年为 63.78%，2005 年为 57.01%。总的来说，目前我国乡村人口占总人口的比重越来越小（但由于我国的总人口数还在增加，乡村人口的绝对人口数还处于上升的态势），且增长速度落后于总人口的增长速度；相应地，城镇人口占总人口的比重越来越大，且增长速度快于总人口的增长速度。1949—2005 年，全国人口从 54167 万增长至 130756 万，年平均增长速度为 1.59%，其中，城镇人口从 5765 万增长至 56212 万，年平均增长速度为 4.15%，占总人口比重从 10.6% 增至 42.99%；农村人口从 48402 万增长至 74544 万，年平均增长速度为 0.77%，占总人口比重从 89.4% 降至 57.01%。2015 年后，随着我国城市化率的持续提高，城镇人口的绝对值、相对值也同步提高。2020 年"七普"数据显示：全国人口中，居住在城镇的人口为 90199 万人，占 63.89%；居住在乡村的人口为 50978 万人，占 36.11%。与 2010 年第六次全国人口普查相比，城镇人口增加 23642 万人，乡村人口减少 16436 万人，城镇人口比重上升 14.21 个百分点。

表 7-10 主要年份我国城镇人口和乡村人口情况

年份	总人口（万人）	城镇人口（万人）	乡村人口（万人）	城镇人口比重（%）	乡村人口比重（%）
1951	56300	6632	49668	11.78	88.22
1955	61465	8285	53180	13.48	86.52
1960	66207	13073	53134	19.75	80.25
1965	72538	13045	59493	17.98	82.02
1970	82992	14424	68568	17.38	82.62
1975	92420	16030	76390	17.34	82.66
1980	98705	19140	79565	19.39	80.61
1985	105851	25094	80757	23.71	76.29
1990	114333	30195	84138	26.41	73.59
1995	121121	35174	85947	29.04	70.96
2000	126743	45906	80837	36.22	63.78
2005	130756	56212	74544	42.99	57.01
2006	131448	57706	73742	43.90	56.10
2010	137053	66557	67414	49.68	50.32

续表

年份	总人口（万人）	城镇人口（万人）	乡村人口（万人）	城镇人口比重（%）	乡村人口比重（%）
2015	138326	79302	59024	57.33	42.67
2020	144349	90199	50978	63.89	36.11

资料来源：1951—1990 年数据参见国家统计局《中国统计年鉴》（1993 年），中国统计出版社 1993 年版，第 81 页；1995—2006 年数据参见国家统计局：《中国统计年鉴》（2007 年），中国统计出版社 2007 年版，第 105 页；2010 年"六普"、2020 年"七普"数据来自国家统计局网站。

中华人民共和国成立以来，我国城镇建制标准几经变化，城镇人口的统计有户口统计、人口普查、城市规划等不同的口径。户口统计来源于公安部门的户口登记，主要依据职业将人口划分为非农业人口和农业人口两大类，其优点是数据具有年度连续性；但由于农业人口与非农业人口在城乡之间相互流动渗透，非农业人口只能近似地反映实际城镇人口。人口普查按常住地性质划分市、镇、县三类人口，市人口与镇人口合计为城镇人口，是比较理想的属地城镇人口统计口径，但缺乏时间上的连续性；另外，由于历次人口普查对市、镇区域的具体划分标准不同，常住人口的"常住时间"标准也不同，历次人口普查的可比性受到一定限制。这都在一定程度上影响了统计数据的质量。城市规划中把相对连片的城镇建设用地范围划作建成区用地，建成区的常住人口统计为城镇人口，比较符合城镇发展的实际和规划的需要，但缺点是"建成区"缺乏严格统一的划分标准，许多中小城市没有进行相关的统计，因而难以进行全面或大区域的统计分析。①

基本概念

人口迁移；推拉理论；人口城市化

思考题

1. 简述人口迁移的主要理论。
2. 简述影响人口迁移的因素。
3. 影响我国人口迁移的主要因素有哪些？

---

① 丁金宏：《人口城市化》，转引自路遇：《新中国人口五十年》（上册），北京：中国人口出版社，2004 年版，第 581-582 页。

第八章

人口再生产

人口内部老一代陆续死亡，新一代不断出生，世代更替的过程，使人口总体不断地延续下去。这个由出生、死亡决定的人口不断更新、世代不断更替、人类自身得以延续和发展的过程即构成了人口再生产。人口再生产实质上就是人类自身的再生产。本章首先介绍物质再生产、人口再生产的主要内涵及其关系；其次介绍人口再生产的过程及类型；再次介绍人口转变的主要内容及特征；最后运用相关理论，分析我国人口再生产的特点及转变。

第一节
"两种生产"及其相互关系

社会生产是社会存在和发展的基础。一切社会现象、社会变化，归根结底都是同社会生产相联系、受社会生产所制约的；而统一的社会生产又包括两个方面：一方面是物质资料的生产和再生产，另一方面是人类自身的生产和再生产，即"两种生产"。马克思主义认为："根据唯物主义观点，历史中的决定性因素，归根结蒂是直接生活的生产和再生产。但是生产本身又有两种。一方面是生活资料即食物、衣服、住房以及为此所必需的工具的生产；另一方面是人自身的生产，即种的蕃衍。一定历史时代和一定地区内的人们生活与其下的社会制度，受着两种生产的制约：一方面受劳动的发展阶段的制约,另一方面受家庭的发展阶段的制约。"[1] 这两种生产构成社会生产的统一。

在人类社会的发展过程中两种生产相互依赖、相互渗透、相互制约,它们既对立又统一,共同构成人类社会生产不可分割的两个方面。首先,物质资料的生产和再生产是人类社会赖以存在和发展的基础,也是人口再生产的基础。人类社会为了生存和发展,必须进行劳动以谋取生活资料;如果不解决物质资料的生产和再生产,人类社会就不可能存在和发展。其次,由于人类自身生产包括在受物质资料生产制约的社会生产范畴里,因此,人类自身生产必须与物质资料生产相适应,这是社会生产发展的要求和必然趋势,对人类社会各个不同发展阶段都具有普遍性的意义,是社会生产共有的规律。

那么,人类自身生产为什么必须同物质资料生产相适应呢?这是因为物质资料生产要受到各种客观的物质条件的制约,首先是一定生产方式条件下生产力发展水平的制约。"人们不能自由选择自己的生产力——这是他们全部历史的基础,因为任何生产力都是一种既得的力量,以往的活动的产物。所以生产力是人们的实践能力的结果。"[2] 因而,人类自身的生产只能在原有物质资料生产所提供的基础上进行。

第二节
人口再生产

纵观历史上的人口增长,有快有慢,主要受到自然、社会、经济和文化等多方面的影响,但归根结底取决于生产力的发展水平。不同的社会历史时期,生产力发展水平差异较大,形成了不同的人口增长模式。工业革命以前的人口增长模式,可分为原始人口增长模式和传统人口增长模式两类,都属于"高、高、低"(高出生率、高死亡率、低自然增长率)模式;工业革命以后人口增长演变为"高、低、高"(高出生率、低死亡率、高自然增长率)模式和"低、低、低"(低出生率、低死亡率、低自然增长率)模式。每种人口增长模式都与生产力发展水平相适应,表现出不同的出生率、死亡率、自然增长率等。

---

[1] 恩格斯:《家庭、私有制和国家的起源》,参见《马克思恩格斯选集》(第四卷),北京:人民出版社,1972年版,第2页。

[2] 马克思:《致巴·瓦·安年柯夫》,参见《马克思恩格斯选集》(第四卷),北京:人民出版社,1972年版,第321页。

一、人口再生产与世界人口增长

人口内部老一代陆续死亡，新一代不断出生，世代更替的过程，使人口总体不断地延续下去。这个由出生、死亡决定的人口不断更新、世代不断更替、人类自身得以延续和发展的过程即构成了人口再生产。人口再生产表现为人口数量与人口质量不断发展和运动的过程。从微观上来讲，一个人有出生、发育、成长、衰老和死亡的生命过程；从一个家庭来讲，新一代生命诞生和老一代生命结束构成一个世代不断更替、更新的发展过程；从社会来讲，也有一批人的出生、发育、成长、衰老和死亡的过程。因此，人口再生产实质上就是人类自身的再生产。

人口再生产与物质资料再生产密切相关。没有物质资料的再生产，人类就无法生存和发展；另一方面，人口再生产的发展也推动了物质资料再生产。

从人口的二重属性来看，人口再生产过程是生物过程和社会过程的统一，生物过程是人口再生产过程的自然基础，社会过程是人口再生产过程得以实现的形式。人口再生产的生物过程即是人口再生产的生理过程，如精子和卵子的结合，胚胎的形成与发育，孕妇的分娩，婴儿的出生、发育、成长、死亡的全过程以及人的生命机体的新陈代谢等，它们无不受到生物规律的支配，表现为一种生理过程与现象。这种生物或生理过程是人口再生产社会过程的基础。人口再生产不能独立于社会之外，而是通过一定的社会关系，在一定的社会环境下进行的，要受到一定社会关系的制约，并呈现出一定的社会规律。与动物不同，人口再生产不是单纯的两性结合产生新生命，它需要在一定的婚姻关系和家庭关系中实现，因而要受到各种社会关系、社会制度的制约，最终要受到社会生产方式的制约。所以，人口再生产过程本质上是社会过程。

人口再生产过程使世界人口不断更新、世代不断更替、人类自身延续和发展，使世界人口处于不断增加的过程中。在不同的社会历史阶段，由于人口出生率、死亡率不同，自然增长率和人口增长速度也不相同。在人类社会的早期，虽然人口出生率非常高，但极高的人口死亡率使得人口自然增长率极低，这一时期的世界人口总数处于一个较低的水平。公元前4万年，世界人口总数为50万，到公元前1200年增加到100万，年平均增长率为0.02%；公元元年增长到2.55亿，年平均增长率为0.04%。随着社会生产力水平的提高，人口死亡率逐渐降低，人口自然增长率逐渐提升，每年净增加的人口数量也大幅度上升。在工业革命之前的15世纪，世界人口增长已经开始加速。据统计，世界人口在15、16、17、18世纪分别增长了28.2%、11.9%、47.5%、80.6%。1900—1927年，世界人口从16.08亿增长到20.00亿，年平均增长率为 0.81%；1960—1971 年，世界人口从 30 亿增长到 40 亿，年平均增长率高达 2.60%。

人口增长速度的加快，使世界每增加 10 亿人口所用的时间越来越短。世界人口的第 1 个 10 亿用了近 100 万年的时间，此后用了 200 年左右，人口增长了七倍。从 19 世纪初至 1930 年的 100 余年里，世界人口实现了第 2 个 10 亿的增长过程。20 世纪 30 年代以来，世界人口加速增长，1960 年增长到 30 亿。第二次世界大战后，发达国家出生率的回升和发展中国家死亡率下降、出生率上升都使得世界人口加速增长。世界人口的第 3 个 10 亿用了 30 年。从 1960 年到 1975 年，世界人口由 30 亿增长到 40 亿。20 世纪 70 年代以来，虽然发达国家的人口增长势头已经减缓，但由于占世界人口 3/5 的发展中国家人口增势不减，世界总人口仍处于增长的状态。世界人口的第 4 个 10 亿只用了 15 年（见表 8-1）。联合国人口基金《2021 世界人口状况》数据显示，2021 年世界人口总数为 78.75 亿，与 2019 年的 77 亿相比，虽仍保持正增长趋势，但增速在放缓，更多国家开始出现人口萎缩的现象。联合国《世界人口展望》（2015 年修订版）预测，今后较长时期内世界人口将保持上升趋势，人口总量将从 2015 年的 73 亿上升到 2030 年的 85 亿，2050 年接近 100 亿；世界人口的峰值将出现在 21 世纪 80 年代，达到 104 亿左右，此后将稳定在这一水平，直到 2100 年。

表 8-1 世界人口增长与增长率的变化

时间	人口总数（亿）	期间年平均增长率（%）
约公元前 1 万年	0.05	—
公元元年	2.5	0.04
1650 年	5.45	0.05
1750 年	7.28	0.29
1804 年	10.00	0.59
1900 年	16.08	0.49
1927 年	20.00	0.81
1960 年	30.00	1.24
1974 年	40.00	2.60
1987 年	50.00	1.89
1999 年	60.00	1.53
2002 年	61.34	0.74
2005 年	64.65	1.76
2012 年	70.00	1.14
2021 年	78.75	—

续表

时间	人口总数（亿）	期间年平均增长率（％）
2026 年	80.00	0.96
2030 年	85.00	—
2043 年	90.00	0.69
2050 年	100.00	—

资料来源：United Nation Population Division，*World Population Prospects：the 2000 Revision*（New York，2001）。其中 2002 年及之后的人口数为联合国预测值。

二、人口再生产类型及其地区分布差异

（一）人口再生产类型

人口再生产类型及其转变是研究人口再生产过程和规律的一个重要方面。与一定生产力的发展阶段相适应的人口出生率和人口死亡率、人口自然增长率三者相结合，形成了人口再生产的特征。依据这些特征可以将人口再生产划分为不同的类型，由此表明人口在不同社会条件下的发展状况。人口再生产具有一定的阶段性，即在不同的历史时期，人口再生产诸要素的结合状况各不相同，但是这种结合并非偶然或者外在的力量强加的，而是与当时社会生产力发展水平相适应的。

从历史上看，世界各国的人口再生产有很多共同之处。按照人口出生率、死亡率和自然增长率三者之间的特征和关系，可以将人口再生产类型划分为原始型、传统型、过渡型和现代型四种人口再生产类型。[①]

1. 原始人口再生产类型

原始人口再生产类型与社会生产力水平极端低下的采集、狩猎经济相适应。在人类社会发展早期，生产力水平极其低下，人们主要依靠天然食物来维持生存，抵御疾病和自然灾害的能力很低，加上战乱频繁，人口死亡率高，而且波动较大；人口出生率稳定在高水平上，但人口增长速度极为缓慢。总体上表现为高出生率、高死亡率和极低的自然增长率；人口平均预期寿命较短，世代更替迅速。新石器时代以

---

① 关于人口再生产类型的划分，有不同的观点。法国学者阿道夫·兰德里将人口再生产类型划分为三个阶段，即原始阶段、中期阶段、现代阶段。美国人口学家弗兰克·华莱士·诺特斯坦提出了四阶段理论模型，即工业化以前的阶段、工业化初期阶段、工业化进一步发展阶段、完全工业化阶段。英国人口学家 C.P. 布莱克提出了五阶段模型，即高位静止阶段、早期扩展阶段、后期扩展阶段、低位静止阶段、减退阶段。

前的原始社会时期的人口再生产属于这种类型。从公元前 1 万年到公元前 3000 年，世界人口平均每千年增长约为 27.0%，人口出生率略高于 50.0‰。

2. 传统人口再生产类型

传统人口再生产类型与以手工业为基础的农业经济相适应。这一时期，社会生产力水平有了一定程度的提高，人口死亡率有所下降，但仍然处于较高的水平。由于农业经济需要较多的人口从事农业生产，人口出生率仍然很高，人口增长速度有所加快。总体上表现为高出生率、较高的死亡率和较低的自然增长率；人口平均预期寿命有了延长，世代更替速度放缓。在人类历史上，奴隶社会、封建社会的人口再生产属于这种类型。公元前 2000 年至公元元年，世界人口年平均增长率约为 0.76‰；公元元年至 1000 年，年平均增长率约为 0.2‰；1000—1299 年，年平均增长率约为 1.0‰；1400—1650 年，年平均增长率约为 2.0‰，此阶段世界人口平均寿命低于 30 岁。封建社会时期，多数国家出生率都在 40.0‰以上，死亡率在 30.0‰以上，人口自然增长率在 10.0‰以下。

3. 过渡人口再生产类型

过渡人口再生产类型与资本主义产业革命时期相适应。产业革命使人类社会生产力得到了极大的发展，随着人们生活质量的不断改善，特别是医疗卫生事业不断进步，人口死亡率持续下降，而且降幅较大。随着工业化和城市化水平的提高，加上节育措施的出现，出生率也有所下降，但是下降速度较慢，同期的出生率大大高于死亡率，自然增长率保持在较高的水平，人口增长迅速。总体上表现为高出生率、低死亡率和高自然增长率。产业革命时期的人口再生产属于这种类型。随着人口死亡率的下降，世界人口增长较快。这一时期人口死亡率从 40.0‰~50.0‰大幅度下降到 10.0‰~15.0‰，而人口出生率保持在 30.0‰~40.0‰的高水平，导致人口的迅速增长。

4. 现代人口再生产类型

现代人口再生产类型与以现代科学技术为基础的工业化生产经济相适应。现代社会生产力水平的不断提高，推动了社会进步和人们生活、生育观念的变革。人口出生率不断下降，达到 15.0‰以下；人口死亡率稳定在低水平，如目前世界上大多数发达国家的人口死亡率低于 10.0‰；人口增长趋于低增长或者零增长，有些国家甚至是负增长，如目前世界上大多数发达国家的人口自然增长率保持在 6.0‰左右。总体上表现为低出生率、低死亡率和较低的自然增长率。现代社会时期的人口再生产属于这种类型。

这四种人口再生产类型又以资本主义国家产业革命为界,各分为两种,即产业革命以前的原始型人口增长模式和传统型人口增长模式两类,它们都属于"高、高、低"(高出生率、高死亡率、低自然增长率)人口再生产类型;产业革命以后的过渡型人口增长模式和现代型人口增长模式等两类,它们分别属于"高、低、高"(高出生率、低死亡率、高自然增长率)人口再生产类型和"低、低、低"(低出生率、低死亡率、低自然增长率)人口再生产类型。

(二)人口再生产类型的地区分布差异

从世界各地区的情况来看,目前发达国家或地区已基本步入现代型的人口增长模式。发展中国家或地区的人口死亡率虽然已降至与发达国家持平,但是出生率仍然较高,尚处于下降过程中,人口增长模式属于"高、低、高"模式。由于发展中国家约占世界总人口的80.0%。因此总的来说,世界人口增长也属于"高、低、高"模式,并处在向"低、低、低"模式转变的阶段[①]。

目前,世界发达国家(主要是北美洲、欧洲一些国家)的人口自然增长率较低(2005年美国人口自然增长率为6.0‰、法国为4.0‰、英国为2.0‰、意大利为0.0‰;2021年美国人口自然增长率为5.9‰、巴西为7.1‰、俄罗斯为0.4‰、德国为2.9‰、法国为2.3‰);有些国家甚至出现了人口负增长(2005年德国人口自然增长率为-1.0‰,2021年日本、葡萄牙、希腊等国均为0.0‰),这些国家属于"低出生率、低死亡率、低自然增长率"现代型人口增长模式。发展中国家(非洲、亚洲

---

① 《世界人口形势报告2022》将世界人口再生产类型分为以下三个阶段:公元元年以来,世界人口经历了高出生率、高死亡率的低增长阶段,高出生率、低死亡率的高增长阶段和由高增长向低增长转变的过渡阶段,2020年世界人口总量约77.9亿。① 1—1770年,高出生率、高死亡率的低增长阶段。世界人口数量由不足2亿缓慢增至8亿,年均增速低于1.0‰,受经济和医疗条件所限,人类平均寿命较低,但缺乏可靠数据,根据史学家研究,1400年之前欧洲人平均寿命不足50岁,清代中国人平均寿命仅33岁。② 1771—2000年,高出生率、低死亡率的高增长阶段。1771—1950年人口由8亿快速增至25亿,年均增速6.4‰;1951—2000年人口由25亿增至61亿,年均增速达18.0‰。从死亡率看,工业革命后经济繁荣和技术进步带来生活和医疗条件改善,死亡率大幅降低,1951—2000年粗死亡率由19.1‰降至8.5‰,婴儿死亡率由14.0‰降至4.9‰,人类预期寿命由1951年的45岁(男)、48岁(女)增至2000年65岁(男)、69岁(女)。从出生率看,1951—2000年粗出生率由36.9‰降至21.0‰,保持在较高水平。③ 2000年以来,由高增长向低增长转变的过渡阶段。2001—2020年,世界总人口由61亿增至78亿,年均增速降至12.0‰,人口粗死亡率保持在8.0‰左右的较低水平,随着经济发展和健康水平提高,婴儿死亡率已降至2.9%的极低水平,但人们生育意愿下降,人口粗出生率由21.0‰降至18.5‰。联合国《世界人口展望2019年》对人口规模有9个预测,其中中方案、动量方案、固定死亡率方案、低方案预测世界人口分别在2100年、2074年、2066年、2054年达到峰值,即109亿、93.2亿、95.1亿、89.2亿人。IIASA和IHME的中方案预测世界人口分别在2070年、2061年达到峰值,即96.8亿和97.3亿人。

和拉丁美洲绝大多数国家)的人口自然增长率还处于较高水平(2005年埃塞俄比亚人口自然增长率为25.0‰、菲律宾为23.0‰、哥伦比亚为17.0‰;2021年南非为12.8‰、阿尔及利亚为18.5‰、摩洛哥为12.0‰),这些国家属于从传统型到现代型的过渡型人口增长模式(高出生率、低死亡率、高自然增长率)。但亚洲的韩国、新加坡、中国等国人口自然增长率较低(2005年韩国人口自然增长率为5.0‰、新加坡为6.0‰、中国为5.89‰;2021年中国为3.4‰、韩国为0.9‰、新加坡为8.1‰)[①],已经属于现代型人口增长模式(如表8-2所示)。

表8-2 人口再生产类型、特征及其地区分布

人口再生产类型		"高、高、低"模式		"高、低、高"模式	"低、低、低"模式
		原始型	传统型	过渡型	现代型
特点	人口出生率	极高	高	高	低
	人口死亡率	极高	高	低	低
	自然增长率	极低	低	高	低
	平均预期寿命	短	较长	长	更长
	人口增长速度	非常缓慢	缓慢	快速增长	低速或零增长
社会发展阶段		原始社会	奴隶社会,封建社会,资本主义社会初期	工业化初期(发达国家,18世纪末至20世纪初;发展中国家,20世纪50年代至今)	新技术革命时期(目前主要是发达国家)
原因		生产方式、生产力水平极为低下	以手工劳动为基础的自然经济	生产力水平提高,医疗卫生事业发展	生产力水平提高,生活水平提升,生育观念、生育行为改变
地区分布		热带原始森林等地区	较落后的发展中国家或地区	亚、非、拉等发展中国家或地区	发达国家和部分发展中国家

---

① 国家统计局人口和社会统计司:《中国人口统计年鉴》(2006年),北京:中国统计出版社,2006年版,第278页。

第三节
人口转变

人口再生产可以分为原始型、传统型、过渡型和现代型等不同的类型，并且不断由低级向高级转变，这种转变可以称为"人口转变"（demographic transition）。它是社会生产力进步的产物，也是人口再生产类型逐渐由低级向高级演进的过程。人口再生产的发展与物质资料生产的发展一样，有其自身的规律性，任何国家、任何民族的人口都要经历人口再生产类型的转变过程。所不同的是，不同国家人口转变发生时间及持续时间各不相同。

一、人口转变理论

最先提出人口转变理论的是法国学者阿道夫·兰德里（1874—1956年）。1934年，他在《人口革命》一书中以西欧特别是法国的人口统计资料为依据，分析了人口出生率和人口死亡率的变动情况，第一次提出人口再生产类型随生产力发展的不同历史阶段而转变的观点，并把人口发展、演变的历史过程划分为"三个序列"：第一序列即原始阶段，特点是极高的出生率、极高的死亡率和极低的自然增长率；第二序列即中间过渡阶段，特点是高出生率、高死亡率（两者较原始阶段为低）和低自然增长率；第三序列即现代阶段，先是死亡率持续下降、出生率却维持不变、人口增长加速，后是出生率也开始下降、自然增长率由高转低。阿道夫·兰德里的"三个序列"理论奠定了人口转变理论研究的基础。

1945年，美国人口学家弗兰克·华莱士·诺特斯坦（1902—1983年）在《人口——长远观点》一文中，提出了人口转型的"三类型（三阶段）"模型。第一类型（第一阶段）是具有较高增长潜力的或者转变增长尚未开始的人口类型（亚洲、非洲、拉丁美洲大多数国家）；第二类型（第二阶段）是处于转变中的人口类型，称为转变型人口（日本、拉丁美洲一些国家）；第三类型（第三阶段）是已经完成转变的人口类型（美国、欧洲、澳洲），出生率和死亡率都降到很低水平，死亡率相对比较稳定，出生率在波动中降到世代更替水平，有时甚至低于更替水平。A.寇尔继承了弗兰克·华莱士·诺特斯坦的观点，考察了低收入国家的人口转变过程，提出人口转变模式的"五阶段"模式并确定了各阶段的数量界限（如表8-3所示）。

表 8-3　寇尔人口转变模式的数量界限（‰）

指标	原始静止时期	前现代时期	转变时期	现代时期	现代静止时期
出生率	50.0	43.7	45.7	20.4	12.9
死亡率	50.0	33.7	15.7	10.4	12.9
自然增长率	0.0	10.0	30.0	10.0	0.0

英国人口学家布莱克在1947年出版的《人口增长的阶段》一书中按照人口出生率和死亡率的状况提出了人口发展过程的五阶段模式。① 高位静止阶段，即 HS 阶段（high stationary），出生率和死亡率都很高，并达到均衡，人口增长处于静止状态；② 早期扩张阶段，即 EE 阶段（early expanding），死亡率先于出生率下降，人口增长逐渐加速；③ 后期扩张阶段，即 LE 阶段（late expanding），死亡率继续下降并达到低水平，出生率也开始下降，人口增长扩张至最快而后减速；④ 低位静止阶段，即 LS 阶段（low stationary），死亡率和出生率先后降至低水平并重新达到均衡，人口增长再次处于静止状态；⑤ 减退阶段，即 D 阶段（diminishing），出生率继续下降并开始低于死亡率，人口呈现负增长状态（见图8-1）。

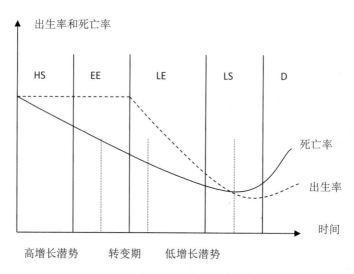

图 8-1　布莱克人口转变五阶段模式

上述理论虽然是从发达国家人口转变过程的经验中归纳出的共同性，但其基本观点也符合发展中国家，反映了人口发展的客观规律。由于不同国家人口发展的背景不同，虽然人口转变总的方向一致，但转变的过程却各有特点。

总的来说，人口转变理论已成为人口理论的一个重要组成部分，可以进行以下几个方面的分析。① 出生率和死亡率在社会经济条件变化时，存在着由高位均衡向低位均衡转变的发展趋势。在这个转变过程中，死亡率的下降先于出生率，存在着出生率下降滞后于死亡率的"时滞"现象，因此人口转变的关键是促进生育率下降。对发展中国家而言，最重要的是创造生育率下降的条件和机制。② 人口转变与社会经济条件的根本性转变密切相关，尤其是与传统农业社会向现代工业社会的转变密切相关。只有在实现工业化、城市化和现代化的条件下，才可能实现低位均衡的人口转变。虽然在不同国家和地区、不同社会经济条件下，转变的形式可能有差异，但总的发展趋势一致。③ 影响人口转变尤其是生育率转变的因素是多元的、复杂的，不仅有各种经济因素，而且有许多非经济因素。在一定意义上说，人口转变是各种因素综合作用的结果。对发展中国家来说，人口政策的作用不应忽视。[①]

二、人口转变过程

根据人口再生产原始型、传统型、过渡型和现代型四种类型，人口转变一般分为四个阶段，如图 8-2 所示。

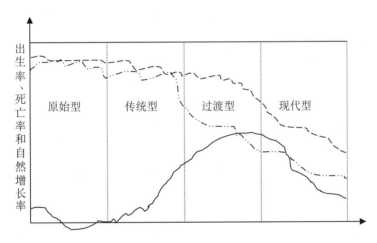

图 8-2　人口增长模式及其转变示意图

第一阶段是高位静止阶段。这一阶段的人口出生率、死亡率都非常高，高死亡率决定了几乎静止状态的人口增长类型。据估计，从公元前 1 万年至公元前 3000 年，世界人口出生率高达 50.0‰，但极高的人口死亡率使人口增长速度极慢，平均每千年增长速度约为 27.0％。

第二阶段是初期高增长阶段。这一阶段的人口出生率依然很高，但人口死亡率呈现出下降的趋势，因此人口自然增长率缓慢上升。这一阶段人口呈现出如下特征：婴儿存活率低，阶段性的饥荒和低营养，对流行病的抵抗力差，高出生率，高死亡率，死亡率呈现大幅度波动状态，出生率也相应变化，平均寿命低。

---

① 李竞能：《现代西方人口理论》，上海：复旦大学出版社，2004 年版，第 343 页。

第三阶段是后期高增长阶段。这一阶段人口出生率、死亡率都急剧下降,自然增长率较高,人口增长速度较快。高的人口死亡率是前工业社会世界人口特征之一,但自18世纪中叶,死亡率开始持续下降,这种下降的趋势一直延续到19世纪。死亡率的下降最早是从欧洲各国开始的,并由此引发了欧洲各国的人口转变。以1750—1940年世界人口的自然变动情况为例,发达地区的人口死亡率由34.0‰持续下降至14.0‰,出生率由38.0‰～39.0‰的水平下降至22.0‰。欠发达地区的死亡率在1900年前后仍高达36.0‰～38.0‰,直到1940年才降至30.0‰以下;同时期的出生率则始终高达40.0‰～41.0‰。发达地区的出生率和死亡率都趋于下降,欠发达地区在后期死亡率才开始下降,出生率却居高不下。

第四阶段是低位静止阶段。人口出生率、死亡率都在较低的水平上徘徊,自然增长率也比较低,人口增长速度比较慢。世界人口出生率20世纪90年代下降到25.0‰的水平,而死亡率基本保持在一个较低的水平;2001年世界人口出生率下降到21.2‰,平均死亡率为9.2‰,人口自然增长率为12.0‰。1991—2001年,世界人口的年平均增长率为14.0‰。2008—2017年,世界出生人口规模在1.4亿～1.44亿。2018年世界人口出生率为18.2‰;2021年世界人口出生率为16.9‰,自然增长率为9.0‰。

在由传统型人口再生产向现代型人口再生产类型的转变过程中,首先是人口死亡率下降,然后才是人口出生率的下降,在这个过程中有一个过渡的人口再生产类型。欧洲国家的人口发展历史表明,由传统人口再生产类型向现代人口再生产类型的转变经历了三个阶段:第一阶段,人口死亡率开始逐步下降,但人口出生率基本不变,人口自然增长率上升,人口增长速度加快;第二阶段,人口死亡率继续稳步下降,出生率也开始下降,但前者下降速度快于后者;第三阶段,死亡率逐步下降到一个稳定阶段,变化较小,人口出生率也继续下降到等于或略高于死亡率,人口自然增长率降到低水平。

三、人口转变模式

人口转变理论建立在对不同国家人口再生产变化的认识基础上。目前,绝大多数发达国家已经完成了人口转变,而绝大多数发展中国家的人口转变还处于从传统型向现代型的转变之中。因此,这里所说的人口转变模式以发达国家和发展中国家为例分别作说明。

(一)发达国家的人口转变

发达国家的人口转变开始于工业革命。工业革命在极大提高社会生产力水平的同时，也提高了人民的生活水平并改善了医疗技术水平。据 18 世纪的相关记载，许多传染病特别是一些致死性疾病如斑疹伤寒、天花和痢疾等的发病率在当时已有所下降。英国在 1721 年就开始天花接种，1750 年之后穷人可免费接种。这一时期，人口出生率开始下降，死亡率也开始下降。最早进行并完成了工业革命的英国等西欧国家，人口转变模式是伴随社会经济发展的自发性过程，即经济增长促使生活方式的改变和生活质量的提高，社会经济结构及其功能也随之发生变化，导致人口出生率和死亡率自然、平稳、缓慢地下降。整个人口转变过程长达一个多世纪。

亚洲的日本，由于产业革命进行得较晚，人口转变稍晚于西欧国家。整个 19 世纪，日本人口再生产还处于"高出生率、高死亡率、低自然增长率"的高位静止阶段。明治维新以后，随着社会生产力水平以及人民的生活水平的提高、医疗技术水平的改善，日本人口增长速度开始放慢。第二次世界大战后，面对人口生育高峰，日本大规模推行计划生育，使出生率急剧下降。20 世纪 50—70 年代是日本人口的后期扩张阶段，至 20 世纪 80 年代进入低位静止阶段，20 世纪 90 年代中期自然增长率仅为 3.0‰，2010 年前后进入绝对衰减阶段。2021 年，日本出生率为 8.079‰，死亡率为 10.797‰，人口自然增长率为－2.718‰。与英国等西欧发达国家人口转变相比，日本人口转变模式的特点是采取了强有力的人为干预生育行为的措施。因此，人口转变速度快，在几十年的时间内走完了西欧发达国家近两百年的历程。

（二）发展中国家的人口转变

发展中国家的人口转变主要是指亚洲、非洲和拉丁美洲国家的人口转变。这些国家人口转变的时间和历程与发达国家有明显的不同。如中国、新加坡等正在进行或者已经完成了人口转变，但绝大多数国家人口转变的任务还非常艰巨。以印度为例，20 世纪 20 年代，印度的人口再生产类型仍处于高位静止阶段。20 世纪 50—60 年代，印度的人口自然增长率高于 20.0‰，直到 20 世纪 90 年代仍未出现明显的下降趋势。到 2021 年，印度人口出生率为 19.3‰，死亡率为 7.3‰，自然增长率为 12.0‰。印度的人口发展在发展中国家具有代表性，主要是生育控制较弱，虽然政府和有识之士早就认识到计划生育的重要性，但由于文化传统和特定的国情等原因，实效不大。

可见，人口转变不仅仅取决于技术因素，更重要的是取决于经济、政治、文化和社会等综合因素。西欧发达国家的人口转变是基于其经济发展基础之上的。对于广大的发展中国家来说，经济文化相对落后无疑给其人口转变设置了障碍。

第四节
我国人口再生产的特点及转变

一、我国人口再生产的特点

以"北京人"为代表的现代人的直接祖先,生存在4万~5万年前,那时散布于全国各地的人口估计不超过1万人,他们过着原始的群居生活。在当时极其低下的生产力以及相应的以血缘关系为纽带的公有制生产关系条件下,人口出生率很高,为40.0‰~50.0‰,这种高出生率是靠早婚和毫无节制的性行为来维持的。由于当时人口的平均寿命很低,为20~25岁,生育时期短,出生率并未达到极高水平;再加上饥荒、疾病、野兽的袭击,各部落间的互相残杀和自然灾害,死亡率很高,有时甚至超过出生率。因此,在相当长的时期内,人口处于极其缓慢的增长或停滞的状态。从距今大约1万年开始,我国各地相继进入原始社会母系氏族公社全盛时期,这时的人口总数大约为100万。在过去几十万年的漫长时间内,中国人口平均每一千年的增长率还不到10.0‰。这说明当时生产力的发展和由此制约的人口增长是极端缓慢的。①

从夏王朝建立起到春秋之交,中国经历了大约16个世纪的奴隶制时期,先后建有夏、商、周三个王朝。和世界上所有国家的奴隶社会一样,这时虽然生产力比原始社会有所提高,生产有所发展,但奴隶主对奴隶的剥削和压迫非常残酷,奴隶的死亡率很高。这一时期,由于人口死亡率极高,人口发展非常缓慢。夏禹时期(约公元前21世纪),全国人口数为1355万人,到了西周初期(约公元前11世纪),人口才达到1371万人,1000多年间,只增长了16万人。②

在长达两千多年的封建社会中,由于生产力水平比较低,医疗技术不发达,中国封建社会的人口再生产类型属于典型的"高出生率、高死亡率、低自然增长率"。1840—1849年,我国人口出生率高达35.0‰~38.0‰,死亡率高达25.0‰~33.0‰,人口自然增长率只有5.0‰~10.0‰。③

---

① 胡焕庸、张善余:《中国人口地理》(上册),上海:华东师范大学出版社,1984年版,第1-2页。

② 中国农村人口发展与教育课题组:《中国农村人口发展与教育》,北京:人民出版社,1997年版,第2页。

③ 陈达:《人口问题》,上海:商务印书馆,1934年版,第170-171页。

中国传统人口的发展与封建王朝的兴衰紧密地联系在一起。中国历代人口的估计见表8-4。

表8-4 中国历代人口的估计

时期	年代	谷值人口（百万）	年代	峰值人口（百万）
夏	—	—	前21—前16世纪	2.7
商	—	—	前16—前11世纪	7.0～8.0
西周	—	—	前11世纪—前841年	9.0
春秋	—	—	前770—前476年	10.0～15.0
战国	—	—	前475—前221年	20.0～30.0
秦	—	—	前221—前206年	20.0
西汉	前202年	15.0～18.0	公元元年	60.0～65.0
东汉	公元25年	30.0	180年	60.0～65.0
三国	220年	20.0	280年	30.0
西晋	—	—	300年	35.0
东晋及十六国	320年	20.0	—	—
南北朝	560年	40.0	520年	50.0
隋	—	—	610年	60.0
唐前期	620年	25.0	755年	80.0～90.0
唐后期	760年	46.0～50.0	860年	60.0
北宋	960年	30.0	1110年	100.0
南宋及金	1140年	70.0	1220年	100.0～120.0
元（蒙古）	1270年	60.0	1350年	85.0
明	1370年	60.0	1620年	160.0
清前中期	1650年	80.0～100.0	1850年	450.0
清后期	1870年	350.0～390.0	1910年	460.0
民国时期	—	—	1949年	541.7

资料来源：姜涛《人口与历史——中国传统人口结构研究》，人民出版社1998年版，第84页。

人口数量的周期性波动是社会经济等各种因素综合作用的产物。封建社会基本矛盾导致的周期性经济危机是封建社会人口周期性波动的根本原因。封建地主阶级土地所有制与个体的小农生产之间存在尖锐的矛盾。小农生产的特性要求社会不断增加耕地，增加人口，发展生产，而一定时期耕地的扩大和生产力的提高是有限的，同时封建地主阶级剥削农民、兼并土地的欲望却是无限的。随着封建地主阶级对农民剥削的加重，小农经济的物质再生产过程受到破坏，脆弱的小农经济不断破产，导致周期性的土地危机和粮食危机。而危机只能通过周期性的农民起义和内乱造成的周期性人口下降获得暂时的缓解。同时，周期性的改朝换代斗争也影响着人口数量的变化。我国历史上改朝换代的斗争绵延不绝，有一些王朝存在的时间非常短，几乎所有王朝的更迭都是以战争的形式出现的。因此，每一个王朝的兴衰都是以大量人口的损失为代价的。① 从我国历史来看，北宋以前是乱世多于治世，而且没有一个和平时期能够延续 70 年之久使人口倍增。② 所以一旦战乱使人口损失一半，则恢复非常难。虽然中国封建社会各王朝人口发展有一个兴衰的周期，但从中国封建社会的人口全过程来看，增长的趋势非常缓慢。

中华人民共和国成立后，随着社会经济的发展、人民生活的改善及医疗事业的进步，全国人口出现了历史上不曾有过的高速度发展。与此相应，人口出生率、自然增长率经历了一个由低到高，又由高到低的过程。从新中国成立至今，我国人口发展大致可分为六个阶段。第一阶段（1949—1958 年），新中国成立初期，人口增长速度较快，由 54167 万人增加到 65994 万人，年平均增长率为 2.21%。第二阶段（1959—1962 年），人口总体呈现低速增长并起伏波动的状态。1959 年全国总人口为 67207 万人，1962 年增加到 67295 万人，三年间只增长 1.3‰。第三阶段（1963—1966 年），国民经济调整时期。1962 年后，随着国民经济的恢复发展，全国人口出现了一个补偿性的生育高峰。1963 年，人口出生率高达 43.37‰，自然增长率高达 33.33‰。1966 年人口总量突破 7 亿，达到 74542 万。第四阶段（1967—1978 年），"文化大革命"影响了人口控制工作，我国人口又出现了一个生育高峰。1967 年、1978 年，总人口分别为 76386 万、96259 万人，年均增长率达到了 2.12‰。第五阶段（1979—2012 年），实施改革开放以来的新时期。十一届三中全会提出了与经济发展相适应的人口控制三个目标，即"到二十世纪末人口数量不超过 12 亿""到二十世纪末人口增长为零""1980 年人口自然增长率降到 1% 以下"。1980 年 9 月，党中央在《关于控制我国人口增长问题致全体共产党员、共青团员的公开信》中提倡"一对夫妇只生育一个孩子"，由此开始了全国城乡的人口控制工作。这一时期，我国人口出生率、自然增长率都有较大幅度的下降，总和生育率稳定在一个较低的水平。人口出生率、自然增长率分别从 1978 年的 18.25‰、12.00‰下降到 2005 年的 12.40‰、5.89‰；总人口年均增长率为 0.114%。2011 年，我国人口出生率、自然增长率分别为 13.27‰、6.13‰，总人口规模为 134916 万。第六阶段（2012 年至今），生育政策调整时期。针对我国人口出生率持续下降的态势，党的十八大以来，我国先后实施了"双独二孩""全面两孩"和三孩生育政策。生育政策的调整一定时期内提高了生育率，但政策效果不显

---

① 齐涛：《中国古代经济史》，济南：山东大学出版社，1999 年版，第 65 页。
② 赵冈、陈钟毅在《中国土地制度史》（新星出版社，2006 年版）中提出：中国古代人口净自然增长率为 10.0‰左右，即需要 70 年人口总量才能加倍，计算公式为：$(1+0.01)^{70} \approx 2.0$。

著，人口出生率、自然增长率从 2012 年的 14.57‰、7.43‰ 分别下降到 2021 年的 7.52‰、0.34‰，下降态势较为明显（见图 8-3）。

图 8-3　2012—2021 年我国人口变化趋势（‰）

二、我国人口再生产类型的转变

人口的生产和再生产既受经济社会发展的影响，又受到人口自身周期发展规律的影响。"每一种特殊的、历史的生产方式都有其特殊的、历史地起作用的人口规律。抽象的人口规律只存在于历史上还没有受过人干涉的动植物界。"① 中国人口再生产类型及其转变同世界上大多数国家一样，也经历了原始型、传统型、过渡型和现代型四个过程。

一般来说，封建社会的人口再生产都具有"两高一低"的特点，即高出生率、高死亡率、低自然增长率。中国封建社会的人口再生产类型也属于高位静止的原始型。从战国时期可能达到的最大人口数，到西汉盛年，约 350 年中人口翻一番，年平均增长率为 2.0‰。从西汉盛年到盛唐，约 750 年中人口仅增长 1/3，年平均增长率只有 0.4‰。从盛唐到北宋盛年，约 360 年人口增长 1/4，年平均增长率为 0.6‰。元代人口没有超过北宋，直到明、清两代才有新的较大增长。到约 1840 年，人口总数比明代盛年增加两倍，约 270 年中的年平均增长率也只有 3.9‰。若从战国初年算起，到 1840 年的大约 2300 年中，人口年平均增长率仅为 1.1‰。

民国时期的人口再生产类型一直近似于"原始型"，其基本特点是高出生率、高死亡率、低自然增长率，人口总量甚至多年停滞不前。据 20 世纪 30 年代若干典型地区的调查，当时人口出生率为 38.0‰，死亡率为 33.0‰，自然增长率约为 5.0‰。

---

① 马克思，恩格斯：《马克思恩格斯全集》（第二十三卷），北京：人民出版社，1972 年版，第 692 页。

新中国成立以后，我国人口再生产模式发生了巨大的变化，我国人口自然增长率的变化经历了从自然增殖到自觉控制生育的过程。1949年后，我国人口死亡率明显下降，从1949年的20.0‰降至1962年的10.0‰；1950—1970年人口年均自然增长率猛升至23.4‰，实现了第一阶段的人口转变。

20世纪70年代中后期，我国开始采取自觉控制生育的人口政策，人口出生率迅速下降，推动了人口向第二阶段的转变。我国人口经过20世纪50—60年代的"高、低、高"（高出生率、低死亡率、高自然增长率）类型，从20世纪70年代后期开始进入"低、低、低"（低出生率、低死亡率、低自然增长率）类型，至20世纪90年代中期完成。虽然在这期间曾出现过人口出生率的回升，但是人口发展仍然表现出了生育水平在反复中不断下降的趋势。1990年"四普"数据显示，普查标准时点的人口总和生育率已经降至2.31，比1970年的5.81下降了3.5个点，已接近2.1的更替水平；出生率由1979年的33.43‰下降到1989年的16.50‰，下降了16.93个千分点；自然增长率由1970年的25.8‰下降到1989年的10.96‰，下降了14.84个千分点。1990年以后，计划生育人口政策不断完善，生育水平进入了稳定和稳中有降的阶段。至1999年底，人口总量为12.59亿，比1990年第四次人口普查时的11.43亿增加了1.15亿，人口出生率为15.23‰，自然增长率为8.77‰，人口增长速度大大减缓，成功地实现了人口再生产类型由"高出生、低死亡、高增长"向"低出生、低死亡、低增长"的历史性转变。2005年和2020年，我国人口出生率、死亡率和自然增长率分别为12.40‰、6.51‰、5.89‰和8.52‰、7.07‰、1.45‰，跨入了后期扩张阶段。预计2030年前后，中国人口将进入低位静止阶段，2040年后进入绝对衰减阶段。

但是，我国人口再生产类型转变的不平衡性也十分突出。主要表现为以下几个方面。

(1) 各省地之间人口增长不平衡。2010年"六普"时，全国人口出生率为10.20‰，北京、上海分别为5.95‰、5.86‰，远低于全国水平；而广西、海南分别为15.67‰、13.85‰，高于全国水平。2020年"七普"时，总和生育率全国水平为1.3，北京、上海分别为0.87、0.74，低于全国水平；而广西、海南分别为1.94、1.55，高于全国水平。

(2) 城乡之间人口增长不平衡。全国城镇人口自然增长率从1974年起就下降到10.00‰以下，1973年为12.39‰，1974年为9.26‰。但在广大农村地区，到1999年，人口自然增长率才首次降到10.00‰以下；与城镇相比，相差了25年。这从城市、城镇和农村育龄妇女生育情况也可以看出。表8-5所列为2005年全国1%人口抽样调查时我国城市、城镇和农村育龄妇女生育情况（2004年11月1日—2005年10月31日），表8-6所列为2020年"七普"我国城市、镇和乡村育龄妇女生育率（2019年11月1日—2020年10月31日）。数据显示：2004年11月

1日—2005年10月31日，我国城市、城镇和农村育龄妇女生育率分别为26.31‰、32.61‰和39.92‰，表现为城市低于城镇，城镇低于农村的特征；同时，城市、城镇和农村不同年龄段的育龄妇女生育率也表现出城市低于城镇、城镇低于农村的相同特征。2020年"七普"时，全国人口总和生育率为1.30，城市、镇和乡村的总和生育率分别为1.12、1.39和1.54，表现为城市低于城镇、镇低于乡村的特征。

表8-5 2005年全国1%人口抽样调查我国城市、城镇和农村育龄妇女生育情况（‰）

年龄（岁）	生育率		
	城市	城镇	农村
15～19	2.84	5.08	8.54
20～24	65.38	121.05	147.94
25～29	78.94	83.48	104.41
30～34	28.74	33.55	50.11
35～39	7.36	9.65	13.34
40～44	1.57	1.84	2.38
45～49	0.67	0.70	0.84
平均	26.31	32.61	39.92

资料来源：国家统计局人口和就业统计司《中国人口统计年鉴》(2006年)，中国统计出版社2006年版，第149-151页。

表8-6 "七普"我国城市、镇和乡村育龄妇女生育率（‰）

地区	15～19岁	20～24岁	25～29岁	30～34岁	35～39岁	40～44岁	45～49岁	总和生育率
全国	6.07	55.22	98.98	65.05	26.91	6.34	1.61	1300.90
城市	2.48	32.81	88.08	64.95	27.53	6.43	1.41	1118.44
镇	4.97	65.21	107.83	66.04	26.71	6.54	1.74	1395.21
乡村	12.51	87.72	110.29	64.37	25.97	6.05	1.74	1543.28

数据来源：国家统计局网站。

（3）不同文化教育水平妇女之间不平衡。1990年，育龄妇女总和生育率为2.25，其中大学本科及以上学历的为1.12，大专学历的为1.35，中专学历的为1.37，高中学历的为1.52，初中学历的为2.07，小学学历的为2.49，文盲半文盲的为2.93。2020年"七普"我国育龄妇女分受教育程度的生育情况见表8-7。表中数据显示，受初中教育程度的育龄妇女的生育率最高（0.3597‰），受高中教育程度的次之（0.1810‰），而受学前教育程度的育龄妇女的生育率最低（0.0002‰）。

表 8-7 2020 年"七普"育龄妇女分受教育程度的生育情况

受教育程度	未上过学	学前	初中	高中	大学专科	大学本科	硕士生	博士生
出生人数（人）	6165	276	465144	234088	227205	193698	23158	1993
生育率（‰）	0.0047	0.0002	0.3597	0.1810	0.1757	0.1498	0.0179	0.0015

资料来源：国家统计局网站数据。

(4) 我国人口再生产转变过程具有不可逆性。人口再生产从原始型、传统型、过渡型到现代型转变，是人口发展的客观规律，是不可逆的。这就是我国先后实施"双独二孩""全面两孩"和三孩生育政策后，人口生育率仍然继续下降的人口学原因。

基本概念

两种生产；人口再生产；人口转变

思考题

1. 以我国人口为例，分析人口再生产的类型。
2. 试述人口转变理论及过程。
3. 简述我国人口再生产的特点。

第三编

人口结构

第九章

人口性别结构

只要有人口聚集的地方，就存在一定的性别结构。人类社会的生生不息，是因为人类社会存在着男女两性的性别结构。性别结构是随社会进化产生的，是自然选择的结果。人类性别结构是最基本的人口结构，是社会构成的一部分。本章首先对人口结构及其分类进行分析，其次介绍人口性别结构的概念、主要内容及其测度；在此基础上，运用相关理论探讨我国出生性别比的状况、特征和变化态势。

第一节
人口结构及其分类

人口结构（又称人口构成）是指依据人口不同的自然、社会、经济和生理特征，划分的各组成部分在一个国家或地区总人口中的分布状况（比重）。人口结构是从一定规定性来看的人口内部关系。具体来说，是按照人口的不同标志研究一定地区、一定时点的人口的内部结构及其比例关系。人口结构是人口存在和运动的形式，人口结构理论是人口社会学的重要内容。研究人口结构状况及其变动趋势，对于人口再生产和社会经济发展具有重要意义。

根据不同的分类原则和方法，人口结构有不同的分类方式。有学者将人口结构分为四类，即人口的性别结构和年龄结构、人口的地域结构、人口的社会结构、人口的经济结构；还有学者将人口结构分为人口的自然、经济、社会、质量、地域五大类。[1]

---

[1] 胡伟略：《人口社会学》，北京：中国社会科学出版社，2002年版，第249-250页。

比较普遍采用的人口结构分类方法是把人口结构分为三大类，即人口的自然结构、人口的地域结构、人口的社会结构，如图9-1所示。

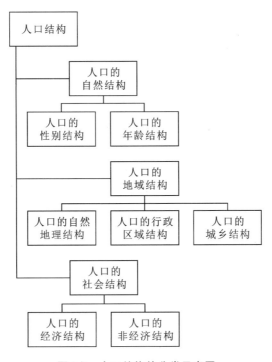

图 9-1 人口结构的分类示意图

人口的自然结构是人口的年龄结构、性别结构的总称，由人类生物学规律的作用产生和形成，外在因素对其影响非常小。任何一个时点的人口性别和年龄结构都是过去人口生育、死亡和迁移的结果；同时在其他因素的作用下，它又在一定程度上决定着未来人口生育、死亡和迁移的趋势。因此，人口的自然结构具有最普遍的和多方面的重要意义。人口的自然结构是人口最基本的结构。人口的年龄结构一般分为三大年龄组，即儿童少年组、成年组和老年组。人口发展速度和类型以及抚养比都取决于人口年龄结构。人口年龄结构的变化可以表明人口发展和人口再生产类型变化的趋势。而人口的性别结构对婚姻和家庭状况有直接影响，是结婚率和出生率高低的决定因素之一；同时，由于不同部门和职业往往需要不同的劳动力，因此，人口性别结构对经济发展和劳动力人口就业有着重要影响。

人口的地域结构是根据人口的居住地的地域特征划分的，它既能反映人口居住地的自然环境特征，又能反映其社会经济环境，主要包括人口的城乡结构、人口的自然地理结构、人口的行政区域结构等。人口的地域结构状况与自然资源、地理环境以及社会经济发展状况有密切关系。随着社会经济的不断发展，人们改造自然的能力日益增强，人口的地区分布状况愈来愈取决于各地区的社会经济发展程度。因此，它对国家政府制定社会经济发展政策及其规划有着重要的意义。

人口的社会结构是按人口的社会标志和经济标志将人口划分为各个组成部分而形成的人口结构,包括阶级结构、文化教育结构、家庭结构、社会劳动力结构、婚姻家庭状况结构、民族结构等,这主要是依据人口具有的不同社会意义特征而形成的不同结构。比如按照国民经济各部门在社会生产力发展过程中的先后次序将人口产业结构分为现代型、发展型和传统型等三类(见表9-1),用以研究各部门经济发展速度、人口就业状况及其对人口产业结构的影响。人口产业结构类型是人口产业结构变动的结果。现代型人口产业结构的主要特征是从事物质生产的经济活动人口在65.0%以下,非物质生产领域人口在35.0%以上,整个社会劳动生产率大幅提高。发展型人口产业结构的主要特征是从事物质生产的经济活动人口在65.0%~85.0%,非物质生产领域人口在15.0%~35.0%,第二产业有较快发展,占26.0%~40.0%,劳动生产率有较大提高。传统型人口产业结构的主要特征是从事物质生产的经济活动人口在85.0%以上,非物质生产领域人口在15.0%以下,产业部门中农业人口占绝对优势,且文化素质较低,文盲人口多,整个社会劳动生产率较低。三大产业分布情况为,第一产业占50.0%以上,第二产业占25.0%左右,第三产业很不发达,在25.0%以下。

表9-1 世界各主要国家人口产业结构(%)

国别	经济活动人口分布			人口产业结构类型
	第一产业	第二产业	第三产业	
美国(1985年)	3.0	28.0	69.0	现代型
日本(1985年)	9.0	35.0	56.0	
英国(1985年)	3.0	32.0	65.0	
印尼(1982年)	55.0	15.0	30.0	发展型
埃及(1983年)	41.0	21.0	38.0	
巴西(1982年)	30.0	23.0	47.0	
印度(1981年)	69.0	14.0	17.0	传统型
泰国(1982年)	68.0	11.0	21.0	

资料来源:刘长茂《人口结构学》,中国人口出版社1991年版,第74-75页。

人口的社会结构既是社会经济发展的产物,反过来又影响社会经济的发展,二者之间相互作用。因此,人口的社会结构是一个国家制定社会经济发展规划以及各项政策的重要依据。国家统计局《全国农民监测调查报告》数据显示,2015年和2021年,全国从事第一、第二、第三产业的农民工占比分别为0.4%、55.1%、44.5%和0.5%、48.6%、50.9%。可以发现,农民工从事第三产业占比有了较大的提升,这是我国社会经济发展的结果。

第二节
人口性别结构概念及其测度

从生物学的性别角度来说，人类有男女性别之分。人类性别结构是最基本的人口结构，是社会构成的一部分。只要有人口聚集的地方，就存在一定的性别结构。人类社会的生生不息，就是因为人类社会存在着男女两性的性别结构。性别结构随社会进化而产生，是自然选择的结果。如果离开了男女两性，那么人类社会就会停滞不前，最终会走向灭亡。

一、人口性别结构的自然选择

人口的性别结构是人类社会长期自然选择的结果，不以人的意志为转移。人类的细胞中有23对染色体，其中22对为常染色体，1对为性染色体。在女性的体细胞中，这对性染色体是两条大小形状都相同的X染色体；在男性的体细胞中，这对性染色体是一条X染色体和一条Y染色体。也就是说，所有的卵子都只含有一种X染色体；但精子却有两种，即一条X染色体和一条Y染色体。男性的精子和女性的卵子在它们受精形成胎儿之前，必须经过一次"减数分裂"。23对染色体一分为二，分裂后每个细胞染色体减半，即23条。卵子的性染色体"减数分裂"后只带一个X染色体；精子的性染色体"减数分裂"后带X染色体和带Y染色体的各占一半。含有X染色体的精子与含有X染色体的卵子结合，形成XX型受精卵，即发育成女孩；含有Y染色体的精子和含有X染色体的卵子结合，形成XY型受精卵，即发育成男孩（如图9-2所示）。也就是说，人类的男女性别在精子和卵子相结合的那一刻就已经被

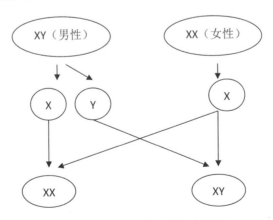

图9-2 XY和XX染色体组合过程

决定，男女性别取决于使卵子受精的精子是带有 X 染色体还是带有 Y 染色体。精子和卵子的结合是随机的，也是机会均等的，各占 50% 的概率。

二、人口性别结构的测度

人口性别结构（sex structure）是最基本的人口结构，是社会构成的一部分，它通常用性别比、出生人口性别比来衡量。人口研究特别关注出生性别比，因为它决定着未来分年龄、分性别比以及总人口性别比。

性别比（sex ratios）也叫性比例或男性比例（masculinity ratios），是指某地某一时期（通常为一年）同一年龄（组）中每 100 名女性所对应的男性数。它包括总人口性别比、分年龄人口性别比。其计算公式分别为：

总人口性别比＝某地某一时期全部男性人口数／某地某一时期全部女性人口数×100

分年龄人口性别比＝某地某一时期某一年龄(组)男性人口数／某地某一时期某一年龄(组)女性人口数×100

一般地，由于幼年人口的女性死亡率高于男性死亡率，青壮年人口的男性死亡率高于女性，老年人口的男性平均预期寿命低于女性，男性老年人口死亡率高于女性，从而年龄别比例呈现出如下规律：幼年人口性别比例偏高、青壮年人口性别比例趋于平衡、年老人口性别比偏低，即呈现出"高—平—低"的规律。这一变动过程分为三个阶段：① 第一阶段 0～14 岁，为男性人口多于女性人口阶段；② 第二阶段 15～64 岁，为男性人口大致等于女性人口阶段；③ 第三阶段 65 岁及以上，为男性人口少于女性人口阶段。但是，由于年龄结构相对稳定，总人口的性别比在一般情况下保持在 100 左右的水平。

1950 年、1985 年发达地区、欠发达地区年龄性别比见表 9-2。1950—1985 年，发达地区的 4 岁以上、60 岁以下各年龄组性别比均呈现升高的趋势，其主要原因是人口增长的同批人效应，即在 1950 年时具有较低性别比的年龄组的人到 1985 年时已经变老，其人数特别是男性人数因死亡进一步减少；而这时的青壮年人口则被过去更年轻的具有较高性别比的年龄组的人口所取代。但欠发达地区情况则与发达地区不同。1950—1985 年，欠发达地区 60 岁以下的绝大多数年龄组的性别比都有所下降，而 60 岁以上年龄组的性别比则基本上没有什么规律，这是由 1950—1985 年欠发达地区死亡率性别差异的变化决定的。

表 9-2 1950 年、1985 年发达地区、欠发达地区年龄性别比

年龄组（岁）	发达地区		发展中地区	
	1950 年	1985 年	1950 年	1985 年
0～4	104.4	104.1	104.7	104.6

续表

年龄组（岁）	发达地区		发展中地区	
	1950年	1985年	1950年	1985年
5～9	103.6	104.7	103.6	104.8
10～14	102.3	105.0	105.7	105.0
15～19	101.0	104.3	106.1	105.3
20～24	96.6	103.8	106.1	105.3
25～29	87.0	103.0	106.4	105.1
30～34	85.3	101.7	106.7	104.6
35～39	85.4	100.5	107.4	104.6
40～44	87.9	98.8	106.6	104.0
45～49	87.2	96.9	106.7	103.4
50～54	84.1	94.5	104.4	103.0
55～59	81.3	87.7	102.3	101.7
60～64	80.3	76.3	96.9	98.8
65～69	76.8	71.5	85.0	94.0
70～74	71.2	64.0	83.4	89.1
75～79	67.4	58.1	76.8	80.3
≥80	58.8	44.7	72.5	68.9
总人口性别比	91.0	94.2	104.3	103.7

资料来源：魏津生《现代人口学》，重庆出版社1992年版，第277-278页。

在人口统计中，有时还要分别计算男性人口和女性人口在总人口中的百分比，即性别结构比（又称性比重）。其计算公式为：

$$男性比重 = 男性人口数 / 总人口数 \times 100\%$$

$$女性比重 = 女性人口数 / 总人口数 \times 100\%$$

用男（女）性比重来表示人口的性别结构，还可以计算总人口中男性人口超过女性人口的百分比，用以表示性别结构是否平衡。一般来说，男性人口与女性人口始终处在大致平衡的状态。

由于世界各国社会、经济、文化等历史条件的差异，各国人口性别结构各有特点，一般来说主要分为以下几种类型：① 性别比基本平衡，但男性略高于女性，主要是年龄结构年轻化、人口再生产呈增长型的国家；② 性别比基本平衡，但男性略低于女性，主要是年龄结构老化的经济发达国家，但也有一部分发展中国家由男性死亡率较高等原因导致这一现象；③ 性比例失调，男性人口远少于女性的国家，由战争和移民等重要社会变迁的原因所致；④ 性比例失调，男性人口远多于女性的国家，由自然增长率较高，且有严重的重男轻女的风俗所致。①

三、出生人口性别比

出生人口性别比（sex ratio at birth）也叫婴儿性别比，它是指某地某一时期（通常为一年）内出生的男婴总数与女婴总数的比值，一般用每100名出生女婴数相对应的出生男婴数来表示。出生人口性别比相对于分孩次出生人口而言，有分孩次出生人口性别比；相对于分年龄出生人口而言，有分年龄出生人口性别比。其计算公式为：

$$出生人口性别比 = \frac{某地某一时期出生的男婴数}{某地某一时期出生的女婴数} \times 100$$

（一）出生人口性别比的值域

最早提出出生人口性别比比值的是英国学者约翰·格兰特。1662年，他在《关于死亡率表的自然和政治观察》一书中，通过对伦敦1628—1662年的34年分性别出生登记记录的观察与分析，发现每出生13个女孩就有14个男孩出生，由此首次提出了人类出生的男婴与女婴有一个相对稳定的比值（男：女=14：13，即107.69）。但是，约翰·格兰特只提出了出生人口性别比的大概值，并没有明确这一比值的范围。此后，又有许多学者对这个问题进行了艰苦的探求。直到1955年10月，联合国在其出版的《用于总体估计的基本数据质量鉴定方法（手册Ⅱ）》（*Methods of Appraisal of Quality of Basic Data for Population Estimates*, Manual Ⅱ）中提出："出生性别比偏向于男性。一般来说，每出生100名女婴，其男婴出生数等于103.0～107.0（即105.0±2）。"它第一次明确认定了出生性别比的通常值域在103.0～107.0，并成为对调查与登记数据进行质量评估的重要参考以及出生人口性别比是否"正常"的判别标准。

（二）影响出生人口性别比的因素

一般认为，人类出生性别比在男女两性染色体结合后的第一次细胞分裂时就已经确定。医学研究也表明，怀男性胎儿的概率略大于女性胎儿，受孕性别比（也称第一性别比）在120.0～130.0。但是在整个孕期，男性胎儿早产、流产概率远大于女

---

① 吴忠观：《人口学》，重庆：重庆大学出版社，2005年版，第111-112页。

性胎儿，因而到出生时婴儿性别比就下降到110.0以下。也就是说，生物因素不会对出生人口性别比产生负面影响。1940—1960年美国生育调查结果也说明了这一点：怀孕前期胎儿死亡数（受孕20周）性别比为119.8，而活产婴儿性别比为105.2。[①]

相对于生物因素来说，人口、社会经济因素通过生物因素对出生人口性别比会产生间接的影响。一般来说，受传统文化以及现实条件等方面的影响，社会经济发展水平对出生性别比会有一定的影响。社会经济发展水平较低，人们普遍存在男孩偏好；社会经济发展水平较高，妇女地位比较高，重男轻女观念比较弱，生育中的性别偏好趋于下降，不会人为干预出生性别。研究显示，这二者之间存在着明显的负相关关系。关于人口生育率下降是否会影响出生性别比，有研究认为，当生育率下降时，死产胎儿的性别比也下降，从而出生人口性别比上升。但这些因素对出生性别比的影响非常有限，不会引起出生性别比长时间、大范围内的异常。日本从1872年到20世纪50年代中期70多年时间里，出生婴儿性别比的波动幅度不大，平均值为105.7；瑞典从1751—1760年的出生婴儿性别比平均值104.4增加到1971—1980年的平均值106.0，200多年间只升高了1.6，仍在正常值域内。[②] 也就是说，在传统社会，由于生物因素的自我调节作用，出生性别比在一个正常的范围内波动，未出现长时期、大范围内偏高或偏低的异常情况。

出生性别比长时期的异常现象是社会经济以及选择性生育的结果。传统社会的溺婴现象在一定程度上抬高了出生性别比。在现代社会里，随着现代科学技术的发展以及医疗卫生条件的改善，确定胎儿性别的现代医学诊断技术有了长足发展。由普通B超发展到彩超以及三维B超，检测更加有效且方便实惠，适用于妇女早、中、晚期的胎儿性别鉴定；染色体检查、羊水检查等都为性别鉴定提供了便利。有学者研究，只要人工流产中有10.0%的人是做了具有60.0%效率的性别鉴定，就可以解释性别比达到110.0的情形。[③] 调查数据显示的引产女孩的比例与孩次呈现出明显的正相关、与是否有男孩负相关的现象表明，生育行为中存在着明显的性别选择，这种情况在一些国家表现得非常明显，如韩国（见表9-3）。20世纪80—90年代，韩国出生性别比一直保持在110.0的高位；进入21世纪后，才开始下降，2005年左右恢复到103.0~107.0的正常值域。联合国数据显示，世界各国平均出生性别比，除1995—2005年稍高于正常值域外（108.0），其他年份都处于正常水平。从各大洲来看，亚洲的出生性别比波动较大，且较长时期高于103.0~107.0的正常值域；

[①] 马瀛通：《人口统计分析学》，北京：红旗出版社，1989年版，第128页。

[②] Johansson S, Naygren O. The Missing Girls of China: A New Demographic Account. Population and Development Review, 1991, 17 (1): 35-51.

[③] 李涌平：《婴儿性别比及其和社会经济变量的关系：普查的结果和所反映的现实》，载《人口与经济》1993年第4期，第3-13页。

1995—2010年保持在110.0的失衡水平，之后略有下降。非洲出生性别比较低，1995—2020年，一直稳定在104.0的正常水平。欧洲、北美洲的出生性别比也比较稳定，除2010—2015年上升到107.0外，其他时间都保持在106.0的正常值域。[①] 可以说，非生物之外的人为因素对出生性别比失衡的影响是明显的，但从人口发展总的趋势来说，出生性别比稳定在103.0～107.0的正常值域内是自然选择的客观规律。

表9-3 韩国总出生人口性别比、分孩次出生性别比变化情况

年份	总出生人口性别比	第一孩	第二孩	第三孩	第四孩及以上
1981	107.2	106.3	106.7	107.1	113.5
1985	109.5	106.0	107.8	129.0	148.2
1990	116.5	108.5	117.0	188.8	209.2
1995	113.2	105.8	111.7	177.2	203.9
2000	110.2	106.2	107.4	141.7	167.5
2001	109.0	105.4	106.4	140.3	152.4
2002	110.0	106.5	107.3	140.0	152.5
2003	108.7	104.9	107.0	135.2	149.2
2004	108.2	105.2	106.2	132.0	139.1

资料来源：尹豪、金永花、侯建明《中国与韩国出生性别比问题比较研究》，载《人口学刊》2007年第4期，第3-8页。

第三节
我国出生性别比状况

一、我国出生性别比变动的趋势

关于我国出生人口性别比水平及其变化的历史趋势，我国学者及一些外国学者曾经利用回顾性生育调查资料，从不同的角度进行过比较系统和深入的分析。1953年"一普"统计数据显示，我国出生性别比为104.9。根据1988年2‰全国人口生育节育抽样调查资料计算，20世纪50年代我国出生人口性别比平均值为105.92；20世纪60、70年代我国出生性别比平均值分别为107.1、107.8，略高于出生性别比的正常值域。

---

① 杨菊华、靳永爱：《人口社会学》（第二版），北京：中国人民大学出版社，2020年版，第200页。

但自 20 世纪 80 年代特别是 80 年代中期以来，除个别年份以外，我国出生性别比出现了明显偏离正常值的异常升高且逐年上升的趋势。1980—1984 年，我国出生性别比分别为 107.38、107.13、107.17、107.89、108.46。这一时期，我国出生性别比已经超出正常值域，处于异常的阶段。从 1985 年开始，我国出生性别比骤然上升，当年为 111.42；1980—1989 年、1990—1999 年平均值分别为 109.21、113.50。2000 年，我国出生性别比为 116.9，2002 年、2005 年分别为 119.8、118.8，2007 年达到了 120.2，高出正常值域 10 多个百分点。2010 年后逐渐下降，2010 年为 118.1；2013 年、2014 年、2015 年、2017 年分别为 117.6、115.9、113.51、111.9；2020 年继续下降到 112.0 左右。统计数据显示：1950—2020 年我国出生人口性别比的最大值为 123.6，最小值为 102.5，其变动范围（range）为 21.1，算术平均数（mean）为 115.12，超过了出生人口性别比正常值域最大值将近 10 个百分点，表明此期出生性别比波动性较大。图 9-3 所示为 1950—2020 年主要年份出生性别比的曲线。可以看出，除个别年份外，1950—2007 年，我国出生人口性别比一直呈现出稳定的上升趋势。从出生性别比的走势图大体上又可以将这一过程分为三个阶段：① 1950—1983 年，这一时期出生性别比较平缓，且处于正常值域内；② 1984—2007 年，这一时期出生性别比上升的趋势较明显，较长时期内处于高位；③ 2010 年后，出生性别比从高位持续下降，趋于平稳，但仍高于出生性别比的正常值域。

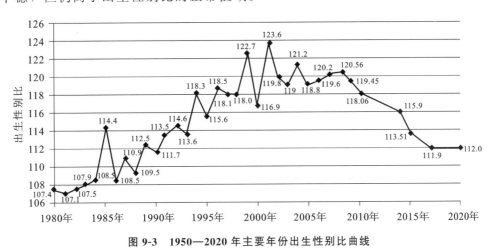

图 9-3　1950—2020 年主要年份出生性别比曲线

资料来源：1950—1953 年出生人口性别比数据根据国家统计局人口统计司 1986 年翻印的《中华人民共和国 1953 年人口调查统计汇编》数据算出。1954—1959 年出生人口性别比数据根据国家统计局人口统计司 1986 年翻印的《中华人民共和国第二次人口调查统计数字汇编》有关数据算出。1960—1985 年出生人口性别比数据来自梁济民、陈胜利《全国生育节育抽样调查分析数据卷（三）生育节育卷》，中国人口出版社，1993 年版，第 12-15 页。1986—2007 年出生人口性别比数据来自国家统计局人口和社会科技统计司《中国人口统计年鉴》（中国统计出版社）相关年份数据。2007 年后的数据，来自国家统计局网站。

综上所述，在新中国成立至20世纪80年代前期这一段较长的时间内，除个别年份外，我国出生人口性别比在正常的值域之内。自20世纪80年代中期开始，我国出生人口性别比开始偏高，并呈现出持续上升的趋势。它表现出以下四个方面和特点：① 出生人口性别比在较长的时间内处于高位，并持续地运行；② 出生人口性别比波动性较大；③ 出生人口性别比高位运行的趋势非常明显，有可能在将来较长的一段时间内持续下去；④ 随着我国"全面二孩"和三孩生育政策的实施，影响出生性别比的非生物学因素逐渐弱化，出生性别比会逐渐从高位下降，并有可能保持在出生性别比正常的值域之内。

二、我国出生性别比变动的特征

我国出生性别比变动的特征主要表现在以下三个方面，分别为省区差异、城乡差异和孩次差异。

（一）出生性别比变动的省区差异

一段时期以来，我国各省（区、市）出生性别比的地区差异情况比较明显，高低相差较大。表9-4是1982年、1990年、2000年、2010年、2020年"三普"至"七普"的出生比情况。表中数据显示，1982年除少数几个省（区、市）出生性别比偏高外，绝大多数省（区、市）处于正常水平，且差距不大。该年我国出生性别比平均值为107.7，标准差为2.04。到1990年"四普"时，出生性别比在105.0±2范围内的只有北京等9个地区，在108.0~110.0的有6个地区，超过110.0的地区有15个，浙江省最高，为117.1。该年我国出生性别比平均值为111.4，标准差为3.81。2000年"五普"时，我国出生性别比基本正常的只有6个地区，而其他25个地区均高于109.0，超过120.0的有7个地区，海南省更高达135.6，广东省为130.3。该年我国出生性别比平均值为119.9，标准差为7.84。将1982年、1990年和2000年出生性别比做比较，可以发现，1990年全国出生性别比与1982年上升了3.7个百分点，2000年与1990年相比上升了8.5个百分点。2010年"六普"数据显示，该年出生性别比在正常值域内的只有2个地区，超过120.0的有9个地区，最高的为安徽省（128.65），均值为116.17。2020年"七普"时，出生性别比低于107.0的有7个地区，高于120.0的只有3个地区，最高的为山东省（122.73），均值为110.56。

表 9-4 "三普"至"七普"我国各地区的出生性别比

地区	出生性别比				
	1982 年	1990 年	2000 年	2010 年	2020 年
北京市	107.0	107.3	110.6	109.48	112.28
天津市	107.7	110.1	112.5	113.62	110.06
河北省	108.2	111.7	113.4	114.86	108.36
山西省	109.3	109.4	112.5	110.28	108.60
内蒙古	106.8	108.5	108.5	111.96	102.94
辽宁省	107.1	110.1	112.8	110.12	105.60
吉林省	107.8	108.5	111.2	111.15	107.15
黑龙江	106.9	107.5	109.7	112.36	104.06
上海市	105.4	104.6	110.6	111.05	105.51
江苏省	107.9	114.4	116.5	116.21	109.12
浙江省	108.8	117.1	113.9	118.11	110.73
安徽省	112.5	111.1	127.8	128.65	110.82
福建省	108.6	109.5	117.9	125.64	114.54
江西省	107.9	110.5	114.7	122.95	120.10
山东省	109.0	114.5	112.2	119.42	122.73
河南省	110.3	115.6	118.5	117.77	112.52
湖北省	107.0	109.4	128.2	124.11	111.04
湖南省	107.6	110.2	126.2	123.23	115.28
广东省	110.5	111.6	130.3	120.38	117.52
广西区	110.7	116.3	125.5	122.72	115.97
海南省	—	114.8	135.6	125.49	120.55
重庆市	—	—	115.1	112.46	107.51
四川省	107.9	112.5	116.0	111.62	111.45
贵州省	106.8	102.7	107.0	122.47	113.59
云南省	106.2	107.6	108.7	111.93	107.25
西藏区	101.3	103.5	102.7	106.50	101.14
陕西省	109.2	110.7	122.1	115.32	108.51
甘肃省	106.3	109.6	114.8	117.56	108.41
青海省	106.2	104.1	110.4	112.32	110.63
宁夏区	106.2	106.8	108.8	113.76	105.67

续表

地区	出生性别比				
	1982年	1990年	2000年	2010年	2020年
新疆区	106.1	104.6	106.1	106.02	105.89
全国	107.7	111.4	119.9	117.96	112.28

资料来源：国家统计局网站。

(二) 出生性别比变动的城乡差异

我国城乡人口出生性别比的差异也较明显。"三普"至"七普"我国城市、镇和乡村的出生性别比见表9-5。由表中数据可以看出，1982年"三普"时，我国城市、镇和乡村出生性别比基本上在正常值域内，且差别不大。到1990年"四普"时，城市、镇和乡村出生性别比都明显上升，镇、乡村上升的幅度更大，出生性别比呈现出镇＞乡村＞城市的特征。2000年"五普"时，城市、镇和乡村出生性别比继续上升，保持在高位运行，出生性别比呈现出乡村＞镇＞城市的特征。2010年"六普"时，城市、镇和乡村出生性别比继续上升，仍高于正常值域，保持在高位运行，出生性别比依然呈现出乡村＞镇＞城市的特征。2020年"七普"时，城市、镇和乡村出生性别比开始下降，但仍高于正常值域，出生性别比依然呈现出镇＞乡村＞城市的特征。

表9-5 "三普"至"七普"我国城市、镇和乡村的出生性别比

年份	全国	城市	镇	乡村	镇－城市	乡村－城市	乡村－镇
1982	107.7	106.9	107.7	107.7	0.8	0.8	0
1990	111.4	108.9	112.1	111.7	3.2	2.8	－0.4
2000	119.9	112.8	116.5	118.1	3.7	5.3	1.6
2010	117.96	114.06	118.64	119.09	4.58	5.03	0.45
2020	112.28	110.61	111.73	111.57	1.12	0.96	－0.16

资料来源：国家统计局网站。

(三) 出生性别比变动的孩次差异

从总体上来说，我国出生性别比表现为一胎基本正常、二胎及以上偏高。全国性和地区性资料都说明了这一点。表9-6所列为主要年份全国分孩次出生性别比数据。表中数据显示，20世纪80年代，我国一孩出生性别比基本正常，二孩开始陡然增高，一般来说，孩次越高出生性别比越高。同时，随着时间的推后，二孩及以上出生性别比越来越高。1981年，一孩、二孩出生性别比分别为105.1、106.7，1987年二者分别为106.8、112.8，分别增加了1.7和6.1；但三孩、四孩、五孩出生性别比

分别增加了 7.6、12.1 和 10.5。2010 年、2020 年我国一孩出生性别比也高于正常值域，多孩次的出生性别比高于一孩。

表 9-6 主要年份全国分孩次出生性别比情况

年份	一孩	二孩	三孩	四孩	五孩	总出生性别比
1982	106.6	105.2	109.4	112.9	109.9	107.2
1983	107.8	107.2	109.5	104.7	112.1	107.9
1984	102.5	113.3	113.0	115.3	127.3	108.5
1985	106.6	115.9	114.1	126.9	117.3	111.4
1986	105.4	116.9	123.1	125.3	123.5	112.3
1987	106.8	112.8	118.9	118.6	124.6	111.0
1988	101.5	114.5	117.1	123.1	108.7	108.1
2010	113.7	130.3	161.6	146.5	143.7	117.96
2020	113.2	106.6	132.9	130.1	127.1	112.28

资料来源：梁济民、陈胜利《全国生育节育抽样调查分析数据卷（三）生育节育卷》，中国人口出版社 1993 年版，第 17 页。2010 年"六普"、2020 年"七普"的数据来自国家统计局网站。

表 9-7 所列为 2020 年"七普"我国分城市、镇和乡村分孩次出生性别比情况。表中数据显示，城市、镇和乡村一孩的出生性别比高于二孩，小于三孩及以上孩次；城市、镇和乡村的三孩、五孩及以上出生性别比较高。

表 9-7 "七普"我国分城市、镇、乡村分孩次出生性别比

	一孩	二孩	三孩	四孩	五孩及以上	总出生性别比
城市	112.04	108.32	147.64	118.99	163.37	112.25
镇	114.02	106.68	135.98	135.42	130.78	113.03
乡村	114.09	104.87	124.48	131.75	120.87	119.90
总出生性别比	113.37	106.78	132.93	130.07	127.14	112.28

资料来源：国家统计局网站。

出生性别比值域是一种相对独立、稳定、少受人为之外其他因素影响而发生变化的、具有很强生物属性的自然化指标。因此，我国出生性别比长时间、大范围的异常反映了基本人口过程中的人口性别结构异常，反映了两性所具有的社会生存条件的异常，其背后隐含着深刻的、复杂的因素。一般认为，我国出生人口性别比偏高是多种因素综合作用的结果，有人口过程的因素，也有社会经济、文化和政治等因素。出生性别比与这些因素形成互动关系，相互影响、相互作用。综合起来，有如下几个方面：男孩偏好的数千年传统文化是根本原因；较低水平的现实生产力以及与此相对应的不健全的社会保障制度是基础；限制子女生育数量的生育政策又强化了出生性别比偏高的趋势。出生性别比均衡是人口性别结构平衡的前提条件，也是人口再

生产与人类社会赖以存在和发展的最基本、最重要的因素。我国出生性别比长时间、大范围的异常已经并将继续给人口和社会的发展带来严重的负面影响，因此要采取多种措施进行综合治理，实现出生性别比均衡。2016年12月，《国家人口发展规划（2016—2030年）》指出，伴随经济社会发展以及生育政策调整完善等，出生人口性别比呈稳步下降态势，并提出到2030年出生性别比降到107.0的预期发展目标。

基本概念

人口性别结构；出生性别比

思考题

1. 为什么说人口性别结构是自然选择的结果？
2. 简述我国出生性别比变动的历史趋势。
3. 简述我国出生性别比失衡的特征。

第十章 人口年龄结构

人口年龄结构是人口的自然属性,与人口的出生、死亡、迁移等人口要素关系密切,是最基本的人口结构。通过分析人口年龄结构,大体上可以发现人口再生产状况和发展趋势以及整个人口的抚养情况,这具有非常重要的意义。本章首先分析人口年龄结构的测度及其主要类型,其次分析人口年龄结构变动特征及发展趋势。

第一节 人口年龄结构测度及类型

人口年龄结构是指一定时期、一定地区内,各年龄(组)人口占全体人口的比重,通常用百分比表示。它反映了过去若干时间内由于人口出生、死亡和迁移所最终形成的人口发展状况。当前的人口年龄结构又影响着将来若干时间内人口变动的过程。

一、人口年龄分组

不同的人口群体,由于其所在各年龄(组)人口数及所占比重不同,而呈现出不同的特征。因此,在分析人口年龄结构时,要先对人口年龄进行分组。一般来说,根据不同的研究目的和不同年龄的人口在特定领域中所起的作用,可以将人口年龄分为一般年龄和特殊年龄两大类。

(一) 年龄

年龄是与人口年龄结构密切相关的一个重要概念。它是一种具有生物学基础的自然标志，是人生的重要尺度，是指一个人从出生时起到计算时止的生存时间长度，常以年作为计算单位。在人口普查、抽样调查或者社会调查时，一般以周岁计算。周岁也称实足年龄，是指一个人从出生时起到计算时止实际存活的岁数，取整数的下限。但由于我国存在着农历记数以及对于年龄记忆的模糊性，一般在调查时通过询问其"出生年月"而获得。2020年"七普"关于"年龄"项目的规定为："出生年月——指被登记人的出生年、月。出生年月按公历填写，只知道农历的，要换算成公历。按照一般的规律，农历的月份与公历的月份相差一个月左右，换算时农历的月份加1即可作为公历的月份，但要注意农历的12月应当是公历下一年的1月。"

(二) 一般年龄分组

一般年龄分组包括以1岁为一组，以5岁或10岁为一组的不同组距的分组法。1岁为一组的年龄分组是将一定时点上的人口按当时每人的周年分成1岁一组，它是最基本的年龄分组，5岁或10岁的年龄分组均可在此基础上合并而成。

(三) 特殊年龄分组

特殊年龄分组一般有两种类型，一种是按照不同年龄的人所具有的不同的社会经济特征进行的年龄分组。如根据劳动年龄和非劳动年龄将人口分为0~14岁少年儿童人口组，15~59岁或15~64岁劳动年龄人口组，65岁及以上老年人口组。

另一种是根据实际需要，将人口分成具有各种社会经济特征的特殊年龄组。如0岁婴儿组，1~6岁学龄前儿童组，7~12岁学龄儿童组，15~49岁（女）育龄妇女组，20~29岁（女）生育旺龄妇女组，15岁以下和49岁以上的非婚育年龄组。

二、人口年龄结构的测度指标

反映人口年龄结构特征的指标很多，主要有儿童少年人口系数、老年人口系数、老少比、人口抚养系数（包括儿童少年抚养系数、老年抚养系数）、年龄中位数、人口平均年龄等。

(一) 儿童少年人口系数

儿童少年人口系数是指14岁及以下的儿童少年人口在总人口中的比例，用百分

数表示,又称儿童少年人口比重,其水平高低反映整个人口年轻或者年老的程度。其计算公式为:

$$儿童少年人口系数 = 0\sim14岁人口数/总人口数\times100\%$$

(二) 老年人口系数

老年人口系数是指达到既定年龄的老年人口数占总人口的比例(联合国规定老年人口的年龄起点为 60 岁或 65 岁,但国际上通常以 65 岁作为老年人口的起点年龄),用百分数表示,又称老年人口比重;其水平高低反映整个人口年老或者年轻的程度。其计算公式为:

$$老年人口系数 = 65岁及以上人口数/总人口数\times100\%$$

(三) 老少比

老少比是指人口中老年人口数与儿童少年人口数的比例,用百分数表示。其计算公式为:

$$老少比 = 65岁及以上人口数/0\sim14岁人口数\times100\%$$

(四) 人口抚养系数

人口抚养系数是指人口中处于被供养年龄(一般指 14 岁及以下和 65 岁及以上)的人口与处于劳动年龄(15~64 岁)人口的比例,也被称为年龄抚养比,用百分数表示。如果只计算 14 岁及以下人口与 15~64 岁人口的比例,该比值称为少儿抚养比;如果只计算 65 岁及以上人口与 15~64 岁人口的比例,该比值称为老年抚养比。其计算公式分别为:

$$人口抚养系数 = \frac{14岁及以下人口数+65岁及以上人口数}{15\sim64岁人口数}\times100\%$$

$$儿童少年抚养系数 = 14岁及以下人口数/15\sim64岁人口数\times100\%$$

$$老年抚养系数 = 65岁及以上人口数/15\sim64岁人口数\times100\%$$

在计算儿童少年人口系数、老年人口系数、老少比、人口抚养系数(包括儿童少年抚养系数、老年抚养系数)时,也可以用各年龄组人数在总人口中所占的比重来计算。其计算公式分别为:

$$人口抚养系数 = \frac{14岁及以下人口占总人口比重+65岁及以上人口占总人口比重}{15\sim64岁人口占总人口比重}\times100\%$$

$$儿童少年抚养系数 = \frac{14岁及以下人口占总人口比重}{15\sim64岁人口占总人口比重}\times100\%$$

$$\text{老年抚养系数} = \frac{65\text{岁及以上人口占总人口比重}}{15\sim64\text{岁人口占总人口比重}} \times 100\%$$

(五) 年龄中位数

中位数是指一组数据在按大小顺序排列的情况下,位于中间位置上的那个数值。中位数的概念表明,它把观测总数一分为二,在其两边各有一半相同个数的数值,其中一半具有比它小的变量值,另一半具有比它大的变量值。当观测总数为奇数时,中位数是按顺序排列的位于正中间的数值;当观测总数为偶数时,则中位数是最中间的两个数值的平均值。

年龄中位数(又称中位年龄)是指将全体人口按年龄大小排列,位于中点的那个人的年龄数值。年龄中位数是一种位置的平均数,它将总人口分成两半,一半在中位数以上,一半在中位数以下,反映了人口年龄的分布状况和集中趋势,可用这个指标代表整个人口的年龄水平。年龄中位数向上移动的轨迹,反映了人口总体逐渐老化的趋势。在人口社会学中,除计算总人口的年龄中位数外,还分别计算男女性别人口的年龄中位数以及其他各种年龄中位数。例如,结婚人口的年龄中位数,育龄妇女的年龄中位数,死亡人口的年龄中位数等,以估算不同类别人口的年龄分布状况和集中趋势。其计算公式为:

年龄中位数(岁)=中位数组的年龄下限值+(人口总数/2-中位数组之前各组人口累计数)/中位数组的人口数×组距

年龄中位数也可按各年龄组人数的比重计算。其计算公式为:

年龄中位数(岁)=中位数组的年龄下限值+(0.5-中位数组之前各组人口比重累计数)/中位数所在组的人口比重×组距

在1岁为一组时,组距=1;在5岁为一组时,组距=5;依此类推。

首先以2005年全国1%人口抽样调查[①]1岁组人口数及其各组人口数比重为例(见表10-1),来计算人口年龄中位数。其计算过程为:

(1) 用各年龄组人口数计算年龄中位数:年龄中位数(岁)=中位数组的年龄下限值+(人口总数/2-中位数组之前各组人口累计数)/中位数组的人口数×组距=35+(16985766/2-8357425)/351372×1=35+0.39=35.39。

(2) 用各年龄组人口数的比重计算年龄中位数:年龄中位数(岁)=中位数组的年龄下限值+(0.5-中位数组之前各组人口比重累计数)/中位数所在组的人口比重×组距=35+(0.5-0.4918)/0.0207×1=35+0.39=35.39。

[①] 本次人口抽样调查以全国为总体,以各省、自治区、直辖市为次总体,采用分层等距、概率比例整群抽样方法,抽取的人口数为16985766人。

表 10-1　2005 年全国 1%人口抽样调查 1 岁组人口数及其比重（%）

年龄组（岁）	本组人口数（人）	占总人口比重	累计人口数（人）	累计人口占总人口比重
0	182392	1.07	182392	1.07
1	178735	1.05	361127	2.12
2	172941	1.02	534068	3.14
3	179380	1.06	713448	4.2
4	193645	1.14	907093	5.3
5	200309	1.18	1107402	6.5
…	…	…	…	…
34	319074	1.85	8357425	49.18
35	351372	2.07	8708797	51.25
36	325230	1.91	9034027	53.16
…	…	…	…	…
≥100	497	0.00	16985766	100.00

资料来源：国家统计局人口和社会统计司《中国人口统计年鉴》（2006 年），中国统计出版社 2006 年版，第 74-76 页。

再以 2020 年"七普"全国人口普查 1 岁组人口数及其各组人口数比重为例（见表 10-2），来计算人口年龄中位数。计算过程为：

（1）用各年龄组人口数计算年龄中位数：年龄中位数（岁）＝中位数组的年龄下限值＋（人口总数/2－中位数组之前各组人口累计数）/中位数组的人口数×组距＝33＋（138657945/2－55896106）/2603920×1＝33＋5.15＝38.15。

（2）用各年龄组人口数的比重计算年龄中位数：年龄中位数（岁）＝中位数组的年龄下限值＋（0.5－中位数组之前各组人口比重累计数）/中位数所在组的人口比重×组距＝33＋（0.5－0.4031）/0.0188×1＝33＋5.15＝38.15。

表 10-2　"七普"全国人口普查 1 岁组人口数及其比重（%）

年龄组（岁）	本组人口数（人）	占总人口比重	累计人口数（人）	累计人口比重
0	1072023	0.77	1072023	0.77
1	1350888	0.97	2422911	1.75
2	1453545	1.05	3876456	2.80
3	1779150	1.28	5655606	4.08
4	1731137	1.25	7386743	5.33
5	1608574	1.16	8995317	6.49

续表

年龄组（岁）	本组人口数（人）	占总人口比重	累计人口数（人）	累计人口比重
…	…	…	…	…
32	2401837	1.73	55896106	40.31
33	2603920	1.88	58500026	42.19
34	2280585	1.64	60780611	43.83
…	…	…	…	…
99	5428	0.00	138650383	99.99
≥100	7562	0.01	138657945	100.00

年龄中位数的优点在于：第一，只需掌握较低各年龄组的人数，这些人数易于取得，也比较准确；适用于最后一组为开口组的数列；第二，计算量小，比较简便；第三，概念简单明确。其缺点是：不考虑中位数两侧各年龄组之间比重的变化，不如人口平均年龄指标灵敏。

（六）人口平均年龄

人口平均年龄是反映一定时点总人口年龄平均水平的指标。一定时点的平均年龄是一种平均数，其数值取决于该时点人口可达到的最高年龄和各年龄组人数的比重，其高低可以体现人口年老或年轻的程度。计算平均年龄可以根据人口中各年龄组的人数，也可以根据它们在总人口中所占的比例。

按年龄组人数计算平均年龄的计算公式为：

平均年龄＝（各年龄组下限值×各年龄组人数）之和／总人口数＋组距／2

按各年龄组比重计算平均年龄的计算公式为：

平均年龄＝（各年龄组下限值×各年龄组比重）之和＋组距／2

平均年龄可适用于同一时期不同人口或同一人口在不同时期的对比。如果平均年龄逐渐下降，则意味着全部人口中低年龄组的人数增多，比重增加，人口逐渐年轻化；如果平均年龄逐渐上升，则意味着全部人口中高年龄组人数增多，比重增加，人口则逐渐老龄化。

三、人口年龄结构的类型

人口年龄的增减特征，通常称为人口年龄结构类型。根据反映人口年龄结构的一定指标及方法，可以将人口年龄结构分为不同的类型。人口年龄结构一般可划分为三种类型,即年轻型(增加型)、成年型(稳定型)和老年型(缩减型)。选用的指标通常有老年系数、儿童少年系数、老少比、人口抚养系数、平均年龄和年龄中位数等。划分人口年龄结构类型时首先要对其指标的比例做出规定。

(一)桑德巴人口年龄结构类型分类法

最早关于人口年龄结构类型的理论是由瑞典人口学家桑德巴1900年提出来的。他在《人口年龄分类和死亡率研究》中将人口划分为0~14岁、15~49岁和50岁及以上三个年龄段,并以当时瑞典人口结构数据作为参考,根据三个年龄段人口的比例,确定增加型、稳定型、缩减型等三种类型的人口年龄结构,并做了具体量化的划分(见表10-3)。在此基础上,他还研究了人口年龄结构和人口增长速度之间的关系。增加型人口,其儿童少年比重高,人口增长速度快;稳定型人口,其儿童少年比重和老年人口比重都高,人口增长速度很慢或者静止;缩减型人口,其老年人口比重高,人口增长速度下降。

表10-3 桑德巴人口年龄结构分类

年龄结构类型	0~14岁	15~49岁	50岁及以上
增加型	40.0%	50.0%	10.0%
稳定型	33.0%	50.0%	17.0%
缩减型	20.0%	50.0%	30.0%

(二)联合国人口年龄结构类型分类法

1956年,联合国在《人口老龄化及其社会经济影响》(*The Aging of Population and Its Economic and Social Implications*)的研究报告中,根据一个国家或地区的老年人口系数、儿童少年人口系数以及老少比的状况对社会的人口年龄结构类型做了具体的量化:"年轻型是指65岁及以上人口在总人口中的比例低于4%,成年型指这一比例为4.0%~7.0%,老年型指这一比例超过7.0%的人口。"划分人口年龄结构类型的标准数值见表10-4。

表10-4 划分人口年龄结构类型的标准数值(%)

年龄结构类型	老年人口系数	儿童少年人口系数	老少比	年龄中位数
年轻型	4.0以下	40.0以上	15.0以下	20岁以下
成年型	4.0~7.0	30.0~40.0	15.0~30.0	20~30岁
年老型	7.0以上	30.0以下	30.0以上	30岁以上

资料来源:United Nations. *The Aging of Population and Its Economic and Social Implications*. Population Studies, 1956(26):7.

年龄中位数既可以对同一时期不同人口状况进行对比分析，又可以对同一人口的不同时期状况进行对比分析。国际上还通常用年龄中位数这个指标作为划分人口年龄构成类型的标准：① 年龄中位数在 20 岁以下为年轻型人口；② 年龄中位数在 20～30 岁为成年型人口；③ 年龄中位数在 30 岁以上为老年型人口。

（三）人口年龄结构类型的金字塔表示法

人口年龄金字塔（population pyramid）是用条形图的特殊形式表现人口的年龄结构与性别结构之间关系的组合形态。人口年龄金字塔的画法是将各年龄男性与女性人口数或百分比分别在纵轴左右画成并列的横条形，按年龄增长顺序自下而上排列。年龄组最小的放在底层，然后逐一将相邻的各年龄组向上叠加。

同一时期不同国家（地区）或同一国家（地区）在不同时期，人口年龄结构可能有很大的差别，可以通过人口年龄金字塔来反映。

人口年龄结构金字塔从理论上来说可能有多种图形，它和人口年龄结构三种类型相对应，基本上可以归纳为年轻型（增加型）、成年型（稳定型）和老年型（缩减型）三种图形。这三种图形分别表现为以下特征。

（1）年轻型（增加型）人口结构图的特征。这种人口结构的特点是年龄越小，人口数量和比重越大；年龄越大，人口数量和比重越小。因此人口年龄结构金字塔塔形下宽上尖（见图 10-1）。

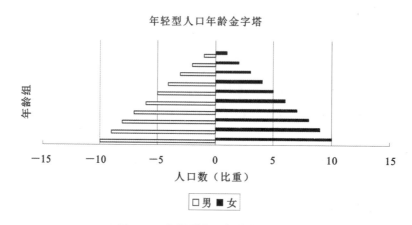

图 10-1　年轻型人口年龄金字塔图

（2）成年型（稳定型）人口结构图的特征。这种人口结构的特点是除极老的年龄组外，各年龄组人数差别不很大，塔形较直，只在高龄部分急剧收缩（见图 10-2）。

（3）老年型（缩减型）人口结构图的特征。这种人口结构的特点是年轻人越来越少，中年以上比重较大，塔形下窄上宽（见图 10-3）。

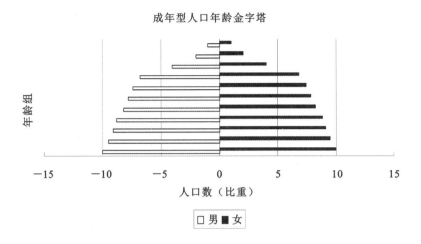

图 10-2 成年型人口年龄金字塔图

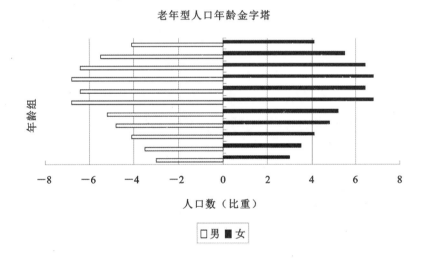

图 10-3 老年型的人口年龄金字塔图

人口金字塔能形象、直观地反映人口年龄结构，便于说明和分析人口现状、类型和未来发展趋势。图 10-4 是根据 2020 年"七普"数据而编制的人口年龄金字塔图。由图可见，2020 年，我国人口年龄金字塔属于成年型（稳定型）人口结构图，表现为除极老的年龄组外，各年龄组人数差别较小，塔形较直，在高龄部分急剧收缩（85~89 岁年龄组男、女占比分别为 0.31%、0.45%；90~94 岁年龄组男女占比分别为 0.10%、0.16%）。

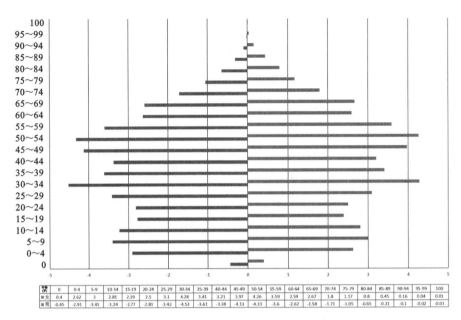

图 10-4　2020 年"七普"我国人口年龄金字塔图

资料来源：2020 年"七普"数据，国家统计局网站。

第二节
人口年龄结构变动特征及发展趋势

一、人口年龄结构变动的一般特征

人口年龄结构变动取决于人口出生率、死亡率的变动，但主要取决于出生率的变动。出生率上升会使人口趋向年轻化，出生率下降会使人口趋向老年化。随着社会经济的发展、医疗技术水平的提高，人口出生率下降的趋势非常明显。17 世纪中叶以前，世界各地的出生率总体上一直处于 50.0‰ 左右的水平；到 1950 年、1985 年分别下降到 37.4‰、27.1‰；目前，世界人口出生率大约为 15.0‰。因此，随着人口出生率的下降，人口年龄结构变动的趋势为：0~14 岁儿童少年人口、15~59 岁（或 15~64 岁）劳动年龄人口占总人口的比重呈现出下降的趋势，而 60 岁（或 65 岁）及以上人口的比重则呈现出上升的趋势。比较 20 世纪 50 年代末和 70 年代初世界主要地区的人口年龄构成，可以发现，0~14 岁人口由于亚非拉国家出生率的上升其比重并未下降，但 15~59 岁人口在总人口中的比重下降的趋势非常明显，而 60 岁及以上的比重也呈现出上升的趋势（见表 10-5）。

表 10-5　20 世纪 50 年代末、70 年代初世界主要地区的人口年龄构成（%）

地区	20 世纪 50 年代末			20 世纪 70 年代初		
	0～14 岁	15～59 岁	60 岁及以上	0～14 岁	15～59 岁	60 岁及以上
苏联	30	61	9	29	59	12
欧洲（不包括苏联）	25	61	14	24	59	17
社会主义国家	29	59	12	24	60	16
资本主义国家	25	60	15	24	58	18
亚洲（不包括中国）	38	56	6	40	54	6
非洲	42	52	6	44	51	5
北美洲（除墨西哥）	27	61	12	26	60	14
拉丁美洲	40	55	5	42	52	6
澳大利亚和大洋洲	30	58	12	31	58	11
全世界	34	58	8	36	55	9

资料来源：乌尔拉尼斯《世界各国人口手册》，魏津生等译，四川人民出版社 1982 年版，第 304 页。

二、人口老龄化

人口老龄化（population aging）是社会经济迅速发展和人们生活水平逐步提高进程中必然出现的一种人口年龄结构老化现象。它包括两个方面的含义：一是指某一人口总体中老年人口（60 岁及以上或者 65 岁及以上人口）相对增多或者老年人口在总人口中的比例不断上升的动态过程；二是指社会人口结构呈现老年状态，进入老龄化社会。人口老龄化是经济社会发展的必然结果，是各国人口发展的普遍现象，也是不可逆转的必然趋势。目前除非洲国家以外的几乎所有国家，都正在经历老龄化的过程。欧洲各国、日本、韩国、中国等国家都存在老龄化发展趋势。[①] 联合国的老龄化报告将人口老龄化概括为"普遍、深刻、持续、不可逆"四个方面的特点：① 人口老龄化是普遍性的，是影响每个人的一种全球现象；② 人口老龄化是深刻的，

---

① 翟振武、刘雯莉：《人口老龄化：现状、趋势与应对》，载《河南教育学院学报》2019 年第 6 期，第 15-22 页。

对人类生活的所有方面都有重大的影响；③ 人口老龄化是经久不衰的，这个现象在 21 世纪将持续存在；④ 人口老龄化的趋势大体上是不可逆转的。[①]

衡量人口老龄化程度有一系列指标，通常用到的有以下几个。

（1）老年人口比例。一般来说，当一个国家或地区 60 岁及以上老年人口占人口总数的 10.0% 或 65 岁及以上老年人口占人口总数的 7.0%，就意味着这个国家或地区的人口老龄化，处于老龄化社会。1950 年，世界 65 岁及以上人口比重为 5.1%。其中发达国家为 7.6%，这些主要的工业化国家（除日本外）已经进入了老龄化社会，法国、英国的老年人口比例甚至高达 11.4%、10.7%；相形之下，欠发达国家只有 3.8%（见表 10-6）。2000 年，世界 65 岁及以上人口比重已达 9.33%，其中发达国家为 13.5%，老龄化程度进一步加重；而欠发达国家为 5.1%，老年人口比例也呈上升趋势。2017 年，全世界 60 岁以上人口约为 9.62 亿，占全球人口 13.0%，且以每年 3.0% 左右的速度增长。2050 年，60 岁及以上人口数量将增长两倍多，2100 年将增长 3 倍以上，全球 60 岁及以上人口增长速度超过年轻群体。目前，发达国家的人口老龄化程度比较严重，发展中国家的人口老龄化程度也在持续加重。2015 年，发达国家和发展中国家 60 岁及以上人口、65 岁及以上人口、80 岁及以上人口占发达国家和发展中国家总人口的比重分别为 23.66%、17.47%、4.67% 和 9.85%、6.33%、1.09%。2019 年，日本 65 岁及以上人口占比为 27.0%，德国、法国和英国分别为 21.0%、20.0% 和 19.0%（见表 10-6）。特别地，世界人口高龄化程度也在持续加大。80 岁及以上人口占 65 岁及以上人口的比重从 1950 年的 11.1% 提高到 1985 年的 15.0%，又提高到 2020 年的 20.0%。

表 10-6　世界及主要发达国家 65 岁及以上人口比重（%）

国家或地区	1950 年	1985 年	2000 年	2005 年	2019 年
世界	5.1	—	9.33	—	—
发达国家	7.6	—	13.5	—	—
欠发达国家	3.8	—	5.1	—	—
日本	4.9	10.3	16.9	20.0	27.0
美国	8.1	11.9	12.8	12.0	15.0
英国	10.7	15.1	15.4	16.0	19.0
德国	9.4	14.7	16.8	18.0	21.0
法国	11.4	13.0	15.3	16.0	20.0

资料来源：佟新《人口社会学》，北京大学出版社 2000 年版，第 227 页；2019 年数据来自联合国网站。

[①] United Nation. World Population Aging：1950—2050 [EB/OL]．[2021-04-19]．https://www.un.org/chinese/esa/ageing/trends.htm.

(2) 人口年龄中位数。年龄中位数低于 20 岁为年轻型人口，在 30 岁以上是老年型人口，介于两者之间是成年型人口。

(3) 老少比。老少比低于 15.0% 的为年轻型人口，高于 30.0% 的为老年型人口，介于两者之间的是成年型人口。

据联合国统计资料显示，1950—1987 年，发达国家普遍出现了人口老龄化，表现为儿童少年人口比重、老年人口比重、老少比、人口年龄中位数、老年抚养系数等几个指标都已经达到或者超过了老龄化标准（见表 10-7）。

表 10-7　1950—1987 年发达国家人口老化指标（%）

指标	1950 年	1960 年	1970 年	1975 年	1980 年	1985 年	1987 年
儿童少年人口比重	27.8	28.6	26.5	24.8	23.0	22.2	22.0
老年人口比重	7.6	8.5	9.7	10.6	11.4	11.1	11.0
老少比	27.3	29.7	36.6	42.7	48.6	50.0	50.0
人口年龄中位数（岁）	28.2	29.2	30.2	30.4	31.4	32.5	—
老年抚养系数	11.8	13.5	15.2	16.4	17.4	16.7	16.4

资料来源：潘纪一、朱国宏《世界人口通论》，中国人口出版社 1991 年版，第 186-189 页。

20 世纪 90 年代后，随着全球医疗水平、生活水平的提升及生育率的下降，世界各国老龄化速度进一步加快。1960 年、2000 年，世界 65 岁及以上人口占总人口比重分别为 4.97%、6.89%，40 年增长了 1.92 个百分点；2019 年世界人口老年比为 9.0%，2000—2019 年的 20 年间增长了 2.11 个百分点。2019 年，日本 65 岁及以上人口占比为 27.0%，意大利、德国、法国、英国、加拿大、澳大利亚、美国、俄罗斯、中国分别为 23.0%、21.0%、20.0%、19.0%、17.7%、16.0%、15.0%、14.0%、11.0%。2020 年，韩国 65 岁及上人口（812.5 万）占总人口比例为 15.7%；2025 年、2060 年，预测将达到 20.3%、43.9%。2020 年，日本 65 岁及上人口（3617 万）占总人口比例为 28.7%。据联合国 2005 年发布的预测数据显示：世界 60 岁及以上人口占比将由 2000 年的 10.0% 上升到 2025 年的 15.1%、2050 年的 21.7%；65 岁及以上人口占比相应由 6.9% 上升到 10.5%、16.1%；年龄中位数相应由 26.8 岁上升到 32.8 岁、37.8 岁。

20 世纪，发展中国家人口年龄结构变化趋势是人口由年轻型逐渐向成年型过渡，由于人口迅速增长，曾经有一个时期，人口年龄结构年轻化的现象比较突出。相对发达国家来说，1950—1987 年，发展中国家人口老化指标不是十分明显（见表 10-8）。但据预测，发展中国家平均人口自然增长率将由 1975—1980 年的 2.08% 下降到 2020—2025 年的 1.1%，加之平均预期寿命的延长，老年人口比重将逐渐增加，21 世纪人口老龄化趋势不可避免。

表 10-8　1950—1987 年发展中国家人口老龄化指标（%）

指标	1950 年	1960 年	1970 年	1975 年	1980 年	1985 年	1987 年
儿童少年人口比重	38.8	41.6	42.4	41.7	40.0	37.4	37.0
老年人口比重	4.1	3.5	3.4	3.6	3.8	4.0	4.0
老少比	10.6	8.4	8.0	8.6	9.5	10.7	10.8
人口年龄中位数（岁）	20.5	19.6	18.7	19.0	19.8	20.8	—
老年抚养系数	7.2	6.4	6.3	6.6	6.8	6.8	6.8

资料来源：潘纪一、朱国宏《世界人口通论》，中国人口出版社 1991 年版，第 186-189 页。

第三节　我国人口年龄结构变动及人口老龄化

从我国七次人口普查人口年龄结构变动的数据可以看出，我国 0~14 岁儿童少年人口占总人口的比例呈现出下降的趋势，而 15~59 岁劳动年龄人口、60 岁及以上老年人口比例均呈现出上升的趋势（如表 10-9、图 10-5 所示）。比较而言，60 岁及以上老年人口占总人口比例上升的幅度还要大一些。同一时期，我国 0~14 岁少儿抚养比显著下降，60 岁及以上老年人口抚养比有所上升，总人口抚养比明显下降。我国人口年龄结构从年轻型向成年型的变化始于 20 世纪 60 年代中期；到 1990 年，已经完全转变为成年型人口；2000 年前后，我国人口年龄结构已经明显转变为老年型人口类型。2010 年"六普"、2020 年"七普"数据显示，我国 15~59 岁劳动年龄人口占比下降的态势和 60 岁及以上老年人口上升的态势更加明显。

表 10-9　我国七次普查人口年龄结构（%）

指标	1953 年	1964 年	1982 年	1990 年	2000 年	2010 年	2020 年
0~14 岁少儿比例	36.28	40.69	33.59	27.69	22.89	16.60	17.95

续表

指标	1953年	1964年	1982年	1990年	2000年	2010年	2020年
15～59岁人口比例	56.40	53.18	58.79	63.74	66.78	70.14	63.35
60岁及以上老年比例	7.32	6.13	7.62	8.57	10.33	13.26	18.70
老少比	20.18	15.07	22.69	30.95	45.13	79.88	104.18
少儿抚养比	64.33	76.51	57.14	43.44	34.28	23.67	28.33
老年抚养比	12.98	11.53	12.96	13.45	15.47	18.91	29.52
总抚养比	77.30	88.04	70.10	56.89	49.75	42.57	57.85

资料来源：国家统计局网站。

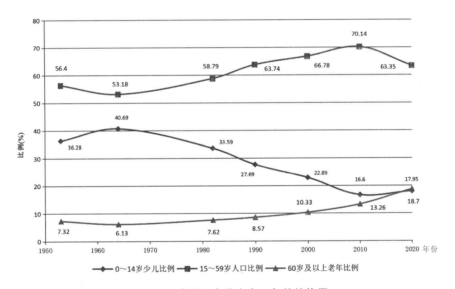

图 10-5　我国七次普查人口年龄结构图

随着我国 60 岁及以上老年人口比例的持续上升，和世界许多国家和地区一样，我国目前也面临越来越严重的人口老龄化问题。我国七次人口普查的人口年龄结构数据显示（见表 10-10），65 岁及以上人口在总人口中所占的比例分别为 4.41%、3.56%、4.91%、5.57%、6.96%、8.87% 和 13.50%。1953—2020 年，我国 65 岁及以上老年人口占比增长了 2.06 倍，这说明我国老年人口数在总人口中的比重逐渐增大，老龄化呈现出日益加快的趋势。高龄化程度是指 80 岁及以上高龄人口占 65 岁及以上人口的比例，它反映了老年人口结构的内在的变动趋势。从 1982 年全国第三次人口普查以来，我国人口高龄化程度出现了明显上升的趋势。2010 年"六普"、2020 年"七普"分别达到了 17.75%、18.81%，这与高龄人口增长率上升的趋势相一致。

表 10-10　我国七次普查人口老龄化及高龄化情况（%）

年份	60 岁及以上占比	65 岁及以上占比	80 岁及以上占比	高龄化程度
1953	7.32	4.41	0.32	7.43
1964	6.13	3.56	0.26	7.25
1982	7.62	4.91	0.50	10.28
1990	8.57	5.57	0.68	12.13
2000	10.33	6.96	0.95	14.45
2010	13.26	8.87	1.57	17.75
2020	18.70	13.50	2.54	18.81

资料来源：国家统计局网站。

21 世纪的中国将进入一个不可逆转的老龄社会。2015 年，我国 60 岁及以上的老年人口规模大约 2.2 亿人，约占世界老年人口总量的 24.3%。预测数据显示，到 2026 年时，我国老年人口规模将达到 3.1 亿人，占世界老年人口总量的 25.0%；2036 年达到 4.1 亿人，占世界老年人口总量的 25.6%；2040 年前后，比现在翻一番，约占世界老年人口总量的 24.5%；2050 年前后，达到 4.7 亿人，占世界老年人口总量的 22.5%。规模增长带动比例提升，中国老龄化（60 岁及以上老年人口所占比例）程度将会随之不断加深。2015 年，我国 60 岁及以上的老年人口占人口总量的 16.1%，预计将分别在 2024 年、2041 年前后超过 20.0%、30.0%；到 21 世纪中叶，达到 34.0%。同一时期，我国老年人口高龄化（80 岁及以上老年人口在 65 岁及以上老年人口中所占比例）程度和绝对规模进一步强化。2015—2050 年全国 60 岁及以上老年人口中，60~79 岁的中、低龄老年人所占比重从 88.5% 持续缩减至 76.8%，而 80 岁及以上高龄老年人所占比重则从 11.5% 持续上升至 23.2%；80 岁及以上老年人口从 2000 年的 1200 万人，增加到 2032 年的 5000 万人，2048 年将超过 1 亿人，2050 年将达到 1.09 亿人。老年抚养比将于 2029 年、2036 年、2047 年分别突破 40.0%、50.0%、60.0%，并于 21 世纪中叶达到 66.2% 的水平。[①]

从 2001 年到 2100 年，我国人口老龄化可以分为三个阶段。① 2001 年至 2020 年是快速老龄化阶段。这一阶段，我国平均每年新增 596.0 万老年人口，年均增速达到 3.28%，到 2020 年，老年人口达到 2.48 亿人，老龄化水平达到 17.17%，其中 80 岁及以上老年高龄人口达到 3067.0 万人，占老年人口的 12.37%。② 2021 年至 2050 年是加速老龄化阶段。伴随着 20 世纪 60 年代到 70 年代中期第二次生育高峰出生的人群进入老年，老年人口数量开始加速增长，平均每年增加 620.0 万人。到 2023 年，

---

① 翟振武、陈佳鞠、李龙：《中国人口老龄化的大趋势、新特点及相应养老政策》，载《山东大学学报》2016 年第 3 期，第 27-35 页。

老年人口数量增加到 2.7 亿人,与 0~14 岁少儿人口数量相等。2050 年,老年人口总量将超过 4.0 亿人,老龄化水平推进到 30.0% 以上,其中 80 岁及以上老年人口将达到 9448.0 万人,占老年人口的 21.78%。③ 2051 年至 2100 年是稳定的重度老龄化阶段。2051 年,老年人口规模将达到峰值 4.37 亿,约为少儿人口数量的 2 倍。这一阶段,老年人口规模将稳定在 3.0 亿~4.0 亿,老龄化水平基本稳定在 31.0% 左右,80 岁及以上高龄老人占老年总人口的比重将保持在 25.0%~30.0%,进入一个高度老龄化的平台期。① 进入老年型社会以后,老年抚养比、总抚养比将不断增大。2020 年"七普"我国老年抚养比为 29.52%。在人口预测中、低死亡率方案下,到 2050 年老年抚养比将分别上升为 37.0%、45.0%。② 中国发展基金会《中国发展报告 2020:中国人口老龄化的发展趋势和政策》预测:2025 年,65 岁及以上的老年人将超过 2.1 亿,占比 15.0%;2035、2050 年,65 岁及以上的老年人将分别达到 3.1 亿、3.8 亿,分别占比 22.3%、27.9%。

基本概念

人口年龄结构;人口老龄化

思考题

1. 简述人口年龄结构的类型。
2. 以我国人口为例,分析人口年龄结构变动的特征及趋势。
3. 简述我国人口老龄化问题。

---

① 全国老龄办:《中国人口老龄化发展趋势预测研究报告》,2006 年 2 月 23 日。
② 曾毅:《中国人口分析》,北京:北京大学出版社,2004 年版,第 67 页。

第十一章

人口婚姻与家庭结构

婚姻和家庭都是直接与人口再生产密切相关的社会关系。两者之间互相联系、密不可分,不仅与我们的个人生活息息相关,而且与整个社会的发展、变迁、稳定紧密相连。婚姻是合法生育行为的前提,是人类自身生产的社会形式;家庭是社会的细胞,是人口再生产的基本单位。婚姻和家庭结构是社会规定的且与一定社会经济制度相适应的一整套社会规范。婚姻和家庭结构属于上层建筑的内容。经济基础决定上层建筑,任何社会的婚姻和家庭结构都是建立在与之相对应的社会经济制度基础之上的,并反映出这种社会经济制度的特性。本章首先介绍人口婚姻的一般结构及其测量,其次分析人口家庭结构,在此基础上,运用人口婚姻与家庭结构的理论,探讨中国婚姻结构和家庭结构的演变及特征。

第一节 人口婚姻结构

一、婚姻及婚姻状态

在中国古代文献中,"婚姻"亦称作"昏姻"。古时男家去女家迎亲时,均在夜间,故"婚"通"昏"。《仪礼·士昏礼》谓:"昏礼下达。""姻"作"因",训为"系",是指由婚媾而形成的社会关系。《礼记·昏义》称:"昏礼者,将合二姓之好,上以事宗庙,而下以继后世也。""婚姻之道缺,阳倡而阴不和,男行而女不随。""婚姻之道，谓嫁娶之礼。"① 这就是说，中国传统婚姻主要就是指男女嫁娶，合二姓之好结为夫妇，以敬祖宗延后代。迄今，还经常出现"天地之合"的婚联。

关于婚姻的定义，《中国大百科全书》这样认为，婚姻是"男女两性依据一定的法律、伦理和习俗的规定所建立起来的夫妻关系"的一种社会制度。确切地说，婚姻是合法生育行为的前提，是人类自身生产的社会形式，具体地说，婚姻是男女双方确定合法的夫妻关系、组织家庭、共同承担生育后代职能的社会形式。② 也就是说，婚姻是男性和女性结合的一种规范形式。这种规范形式主要是指通过法律、伦理、风俗和宗教形成的有关规定或约束条件。在传统社会，风俗、宗教和伦理对婚姻的约束很大，法律的作用较小；相反，在现代社会，风俗、宗教和伦理对婚姻的约束相对较小，法律的作用较大，并起主导作用。

婚姻作为一种社会现象，具有自然属性和社会属性。其自然属性是指它的生物性，即它是男女两性生理上的结合，以当事人的性别差异为前提条件，是个人达到一定年龄、生理上成熟，具有性的需求并力图满足这种需求的产物；同时，婚姻还是人类社会发展到一定阶段的产物，以婚姻为基础的家庭在社会生活中担负着重要的职能，通过这种方式表现出它的社会属性。它是组成家庭的基础，又是人口生殖的前提。男女两性缔结婚姻关系以后，才能建立家庭，生儿育女，繁衍后代。但目前有一些国家和地区出现了法定的另一种婚姻现象，即同性恋，它不以性别差异为前提条件，而是以同性之间获得社会认可的、合法的契约结合，并由政府或者社会通过给予特定的权利、待遇和责任来表示认可。③

人口婚姻状况是指一个国家或者地区中，每个人在是否婚配、婚姻承续方面所处的状态。人口婚姻状况一般包括未婚、已婚（含分居）、离婚、丧偶、再婚五种形式④。这些婚姻状态相互之间可以转换，但有些是可逆的，有些是不可逆的。如未婚与已婚之间是不可逆的；而离婚与再婚、再婚与丧偶之间却是可逆的（见图11-1）。

通常，人口婚姻状态的一般性规律主要表现在五个方面。① 随着年龄的不断增长，人口中的未婚比例以先快后慢的速度不断下降。其中在 20～29 岁（或 25～34 岁）降幅与降速最大，为人口婚姻结构的高峰年龄段。② 未婚比例持续下降，意味着人口的结婚过程随着时间的推移在一直延续着，但通常 30 岁是一个转折点。此后，择偶结婚的难度逐步加大。到 50 岁左右仍未婚者，一般就被视为终身不婚者，

---

① 《诗·郑风·丰》小序，郑笺注，孔颖达疏，转引自张希坡：《中国婚姻立法史》，北京：人民出版社，2004年版，第1页。

② 刘铮、李竞能：《人口理论教程》，北京：中国人民大学出版社，1985年版，第304页。

③ 杨菊华、靳永爱：《人口社会学》（第二版），北京：中国人民大学出版社，2020年版，第226页。

④ 约翰·邦戈茨，汤姆斯·K.伯奇，肯尼斯·K.沃克特尔：《家庭人口学：模型及其应用》，转引自田雪原：《人口学》，杭州：浙江人民出版社，2004年版，第362页。

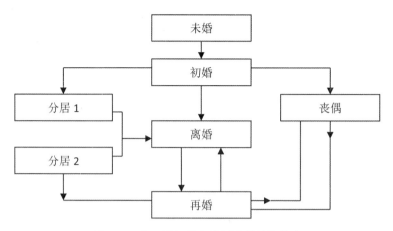

图 11-1　人口婚姻状态类型及其转换模式

因为女性在 50 岁以上就失去了生育能力。发达国家的男女终身不婚者比例较大。有的国家在整个 19 世纪和 20 世纪初期，女性终身不婚者在婚姻人口中的比例高达 10.0% 左右；20 世纪 50 年代同批出生的美国人口中，女性不婚率是美国历史上最低的，但也达到了 4.0%。相对来说，发展中国家的男女终身不婚者比例较小。1929—1931 年，中国 50 岁以上男女终身不婚者占婚姻人口的比重仅为 0.3%。③ "已婚有配偶"状态在成年人口中的分布呈现为"低—高—低"的模式（即随年龄增长先增后减），但是导致两"低"的原因不尽相同：前者是由于众多年轻人尚未跨入已婚者的行列，后者则是缘于中、老年人口的丧偶比例不断增大。④ 成年人口中的丧偶比例与年龄同步递增。到了人口的老年阶段，丧偶比例呈现急剧扩大的趋势。① 根据人口普查资料，1982 年我国 15 岁以上人口中，丧偶人口占总人口比例为 7.16%；1990 年、2010 年、2020 年分别为 6.10%、5.69%、5.74%。⑤ 离婚也是一种人口婚姻状态。离婚人口是指已经离婚且还没有结婚的人口。在近代中国，离婚率还是比较低的。根据对部分地区的调查，1929—1931 年，从 12～14 岁年龄组到 80 岁以上年龄组的所有年龄组离婚人口中，男性不超过同龄人口的 3.0%，女性不超过 0.5%。2010 年、2020 年，我国 15 岁以上人口中，离婚人口占总人口比例分别为 1.38%、2.38%。

二、婚姻的度量

测度人口婚姻状况的指标主要有总结婚率、一般结婚率、分性别分年龄结婚率、平均初婚年龄、离婚率、终身不婚率。

---

① 田雪原：《人口学》，杭州：浙江人民出版社，2004 年版，第 363-364 页。

（一）总结婚率

结婚率是反映人口婚姻状况的重要指标。在纵向考察一个国家或地区的人口婚姻状况变动时，通常用总结婚率反映其变动趋势。总结婚率也叫粗结婚率，是表示某地某一时期（通常为一年）结婚人口（包括初婚和再婚）占总人口的比例，通常用千分比表示，指年平均每千人中结婚对数。其计算公式为：

$$总结婚率 = 全年结婚对数 / 年平均人口数 \times 1000‰$$

（二）一般结婚率

一般结婚率也称可婚年龄结婚率，是指某地某一时期（通常为一年）结婚对数与15岁及以上人口数之比，通常用千分比表示。其计算公式为：

$$一般年龄结婚率 = 全年结婚对数 / 15岁及以上人口数 \times 1000‰$$

（三）分性别分年龄结婚率

分性别分年龄结婚率是指某地某一时期（通常为一年）分性别分年龄人口中的结婚人口占该性别年龄总人口的比例，通常用千分比表示。其计算公式为：

$$分性别分年龄结婚率 = 分性别分年龄的结婚对数 / 该性别年龄总人口数 \times 1000‰$$

（四）平均初婚年龄

平均初婚年龄是指初次结婚者的平均年龄。可用分男女性别的平均初婚年龄来表示，也可用总平均初婚年龄来表示；一般多用女性平均初婚年龄来表示，通常用岁表示。它是测度人口婚姻状况的一个重要指标。其计算公式为：

$$平均初婚年龄 = （各年龄初婚人数 \times 初婚年龄）之和 / 各年龄初婚人数之和$$

（五）离婚率

离婚率是表示某地某一时期（通常为一年）离婚人口占总人口的比例，通常用千分比表示，即年平均每千人中离婚对数。其计算公式为：

$$离婚率 = 全年离婚对数 / 年平均人口数 \times 1000‰$$

（六）终身不婚率

终身不婚率是指到育龄期末（一般指50岁）仍未结婚的人数占相应年龄人口的比例，通过用百分比表示。其计算公式为：

$$终身不婚率 = 年满50岁而未婚的人口数 / 年满50岁的全部人口数 \times 100\%$$

三、婚姻制度的产生及类型

婚姻制度是由有关婚姻的各种行为规范所构成的一种社会制度,属于上层建筑的范畴。

婚姻制度不是从来就有的,它在人类历史上有其自身的发展过程。不同阶段的婚姻对人口发展的影响也是不同的。恩格斯认为:"一定历史时代和一定地区的人们生活于其下的社会制度,受着两种生产的制约:一方面受劳动的发展阶段的制约,另一方面受家庭的发展阶段的制约。"[①] 在原始社会的初期,生产工具简陋,生产水平低下,单个人或是少数几个人在一起无法抵御自然灾害和维持生活,只有以群体的形式联合起来,依靠集体的力量与大自然做斗争。当时,人们通常以五六十个人结成一个团体过着"兽处群居"的生活。在长期的群居生活中,男女之间的两性关系是盲目自发的,随意而行,没有任何限制,因此也不存在任何意义上的婚姻制度。艰难的生活,杂乱的性关系,使得原始社会人口增长极其缓慢,人口素质也极其低下。人类学者根据发掘出来的原始人骨骼推算,原始人的平均寿命只有20岁,妇女尤其短命。高人口死亡率和低人口出生率使得人口自然增长呈现停滞状态。

随着社会的发展,人类从群婚状态逐渐发展为同辈兄弟与姐妹之间的血缘婚姻。这是由于原始社会生产发展到一定阶段,在劳动生产过程中产生了以性别和年龄为基础的自然分工。在一个群体中,同辈分的男女互为夫妻,不同辈分的男女间则不能通婚。这是人类社会形成的第一种婚姻制度,即血缘婚制。中国神话中关于兄弟姐妹互为夫妻的传说,即相当于血缘婚制的时代。人类从原始的人群杂乱性交状态发展到血缘婚制和血缘家庭,是人类社会发展过程中的一大进步。人类第一次形成了婚姻制度和家庭形式,特别是由于排除了母与子、父与女之间的性关系,人类在繁衍子孙的过程中,自身的素质得到了提高。

随着社会生产力的进一步发展,人类开始由漂泊不定的群居生活发展到住处比较稳定的原始共产制公社阶段。人类在漫长的繁殖发展过程中,从后代身体素质有优有劣的比较上,逐渐认识到血亲婚配的弊端,从而形成了一种排斥同胞兄弟姐妹之间通婚的观念。这种观念的进一步发展,就形成了禁止血缘婚配的习俗和制度。于是,非血缘婚配的"伙婚制"代替了血缘婚制。这种新的婚姻制度对于人类自身素质的提高起到了巨大的促进作用。

当物质财富的生产出现剩余时,私有制度产生了。当时财富掌握在男子手里,在他们死后,其私有财产要求留给其亲生子女。为了继承私有财产,需要建立一种

---

① 恩格斯:《家庭、私有制和国家的起源》,引自《马克思恩格斯选集》(第四卷),北京:人民出版社,1972年版,第2页。

新的婚姻制度，以确凿无误地分辨出孩子的父亲，于是一夫一妻婚姻制出现了。"它是建立在丈夫的统治之上的，其明显的目的就是生育确凿无疑的出自一定父亲的子女；而确定出生自一定的父亲之所以必要，是因为子女将来要以亲生的继承人的资格继承他们父亲的财产。"[①] 恩格斯的这段话，对于帮助我们理解一夫一妻制产生的经济动力，有着重要的意义。

婚姻制度是婚姻关系必须遵守的基本规则。在现代社会，通常是以法律形式（如婚姻法）表现出来。民国时期曾就对婚姻用法定形式进行过约定。国民政府1930年12月颁布《中华民国民法·亲属编》规定了九项立法原则，分别为亲属分类、夫妻与子女间之姓氏、亲属之范围、成婚年龄（男18岁，女16岁）、亲属结婚之限制、夫妻财产制、妾之问题、家制应否规定、家制本位等问题。中华人民共和国成立后，1950年颁布的《中华人民共和国婚姻法》明确规定：废除包办强迫、男尊女卑、漠视子女利益的封建婚姻家庭制度，实行婚姻自由、一夫一妻、男女平等、保护妇女儿童权益的婚姻家庭制度。1980年、2001年修订的《中华人民共和国婚姻法》也都继承了这一基本原则，并适时对一些内容做了一定的修改。2020年5月28日，十三届全国人大三次会议表决通过的《中华人民共和国民法典》（自2021年1月1日起施行，《中华人民共和国婚姻法》同时废止），第五编"婚姻家庭"对婚姻家庭的基本原则、内容以及过错惩罚等做了明确规定[②]。

第二节 人口家庭结构

一、家庭及家庭形式

（一）家庭

家庭是基于婚姻关系、血缘关系和收养关系而形成的社会生活共同体，人口再生产的单位。它通常由夫妻、父母子女、兄弟姊妹和其他近亲属组成。婚姻家庭出现

[①] 恩格斯：《家庭、私有制和国家的起源》，引自《马克思恩格斯选集》（第四卷），北京：人民出版社，1972年版，第57页。
[②] 《中华人民共和国民法典》第五编"婚姻家庭"主要内容包括：一般规定、结婚、家庭关系、离婚、收养等5章共78条。

以后，人类种的繁衍就是在一定的婚姻家庭形式中实现的。① 家庭有其自身的自然属性，它是以两性结合和血缘联系为自然条件的。但是，家庭的性质、特点及其在社会生活中的作用，则主要由其社会属性所决定。一定的家庭形式总是与社会发展的一定阶段相适应，"在生产、交换和消费发展的一定阶段上，就会有一定的社会制度、一定的家庭、等级或者阶级组织，一句话，就会有一定的市民社会"②。

家庭结构与社会、国家息息相关。家庭是社会的根本、细胞。《尚书》所载"家为邦本，本固邦宁"以及孟子所言"人有恒言，天下国家。天下之本在国，国之本在家，家之本在身"都清楚地表明国家是寄存于家庭基础之上的。家庭结构包括两个要素：一是人口要素，即家庭规模；二是模式要素，即家庭成员之间相互联系的方式以及因联系不同而形成的不同家庭模式，主要是指家庭内部的代际数量、家庭形式和居住安排。③

(二) 家庭形式

家庭在人类历史上并不是从来就有、永恒不变的。家庭结构是家庭成员的构成及相互作用、相互影响的状态以及由这种状态所形成的相对稳定的联系模式。与人类历史上血缘婚姻制、非血缘婚配的伙婚制和一夫一妻婚姻制三种婚姻制度相对应，出现了血缘家庭、非血缘婚配的"普那路亚家庭"④ 以及一夫一妻制家庭三种家庭形式。原始社会生产力水平极其低下，人们为了生存，只有依靠集体的力量与大自然做斗争。当时，人们通常以数十人结成一个团体过着"兽处群居"的生活，男女之间的两性关系是盲目的、自发的，随意而行，没有任何限制，因此也不存在任何意义上的家庭形式。在氏族制度下，家庭不可能是一个组织单位，因为夫妻双方分属于两个不同的氏族，家庭不能脱离氏族而单独存在。随着私有制的出现，一夫一妻制家庭替代了对偶制家庭，成为主要家庭形式。一夫一妻制家庭产生之后，经历了奴隶社会、封建社会、资本主义社会、社会主义社会等几个不同的历史阶段。由于这几个阶段的社会形态不尽相同，一夫一妻制家庭的特点也各不相同。在奴隶社会，奴隶主家长对家庭成员有绝对支配权，妇女和子女在家庭中没有任何权利和自由，奴隶

---

① 刘铮、邬沧萍、李宗正：《人口学辞典》，北京：人民出版社，1986年版，第324页。
② 马克思：《致巴·瓦·安年柯夫》，引自《马克思恩格斯全集》（第二十七卷），北京：人民出版社，1972年版，第477页。
③ 杨菊华等：《社会转型过程中家庭的变迁与延续》，载《人口研究》2014年第2期，第36-51页。
④ 普那路亚家庭，即由一群姐妹和与她们没有血缘关系的另一伙兄弟互相结为共同的丈夫和共同的妻子所组成的新家庭。"普那路亚"，为夏威夷语，意为"亲密的伙伴"，指本氏族之外同辈男女之间的集团婚，最早是摩尔根在夏威夷群岛土著居民中发现的。

主的一夫一妻制是片面的,只是对妇女而言,对男子是名不符实的。在封建社会,一夫一妻制家庭的主要特点是实行包办、买卖婚姻,婚姻不自由,一夫多妾制作为一夫一妻制的补充在社会中合法存在,妇女地位低下,盛行父权和夫权式的家长制统治,以一家一户为单位占有生产资料和组织生产劳动等。在资本主义社会,男女享有较大的婚姻自由和性自由,自给自足的家庭经济随着社会化大生产的出现而解体。社会主义社会实现了生产资料的公有制,消灭了剥削和压迫,铲除了男女不平等和一夫多妾制的社会根源,基本上实现了人类婚姻制度的巨大变革。社会主义条件下婚姻家庭的最基本原则是:反对和取消一切包办、买卖婚姻,婚姻以爱情为基础,人们既有结婚自由,也有离婚自由,一夫一妻制,男女平等,保护妇女、子女和老人的合法权益等。

二、家庭类型

家庭结构是家庭的组织形式,它反映了家庭成员间结合的关系和结合状态。家庭结构类型主要是指家庭内部结构关系的类型。一般来说,主要从以下三个基本要素来考察家庭内部结构关系:第一,家庭的人口数量要素;第二,代际层次要素;第三,夫妻对数要素。家庭的人口数量、代际层次、夫妻对数越多,家庭关系就越复杂;反之就越简单。可用"$(N^2-N)/2$"公式计算出家庭关系的种数,其中 N 表示家庭成员的数量。① 如一个三口之家,存在着 3 种关系,而六口之家,则存在着 15 种关系。②

划分家庭结构类型的方法有多种。通常根据家庭里包含的姻亲关系和血亲关系的差别,把家庭划分为核心家庭(由一对夫妇和未婚子女组成)、直系家庭(由一对夫妇和一对已婚子女以及孙儿女组成)、联合家庭(由一起生活的两对和两对以上的已婚兄弟姐妹和他们的未婚子女组成)、直系联合家庭(由两对及两对以上已婚兄弟姐妹和他们的一对或一对以上已婚子女,以及已婚子女生育的孩子所组成的家庭)及其他家庭(除上述四种家庭类型之外的各种家庭形式)五种类型。

---

① 杨菊华、靳永爱:《人口社会学》(第二版),北京:中国人民大学出版社,2020 年版,第 226 页。

② 目前不少农村地区流传着关于家庭(家族)关系的俗语:"一代亲,二代表,三代四代就拉倒。亲姑妈,假舅妈,半真半假是姨妈。娘亲舅,爹亲叔,姑父姨夫不靠谱。姑舅亲,辈辈亲,打断骨头连着筋。外甥狗,外甥狗,吃完喝完拿着走。姨娘亲,不叫亲,姨娘没了断了亲。姑走了,舅埋了,剩下老表不来了。舅疼外甥姑疼侄,婶子姨娘是外人。堂亲千年有人记,表亲百年无人提。"这里所说的"一代亲,二代表,三代四代就拉倒"表明中国人的亲缘关系存在着显著的代际差异,并在不同程度上出现"断亲"现象,主要表现为懒于、疏于、不屑同二代以内亲戚互动和交往。

三、家庭生命周期

无论是亲属家庭还是以居住地分的家庭，都会随着时间的变化而变化。如果考察一对刚结婚的夫妇，直到他们生育孩子、孩子长大成人，就会发现居住的家庭随时间的变化而发生变化。这种家庭变化的周期就是家庭生命周期（Family life cycle）。一般认为家庭生命周期是指家庭从建立到解体之间所呈现的循环、变动过程。这一概念是美国人类学学者 P.C. 格里克于 1947 年首先提出来的，它反映了以特定人口事件为标志的家庭人口发展各个阶段的情况。每个家庭生命周期所包括的时间是从家庭建立起到家庭解体为止的时间，它比个人的生命周期要短（没有包括建立家庭以前的阶段），而比人口再生产周期要长（包括初育以前阶段）。

每个家庭经历的发展阶段大体相同。一般来说，家庭生命周期可以划分为六个阶段，即家庭的建立、扩展、稳定、收缩、空巢和解体。① 结婚并建立新家庭阶段：从夫妇结婚之日起到第一个孩子出生之前为止。② 生育、抚养孩子和家庭规模扩展阶段：从生育第一个孩子开始到最后一个孩子出生时为止。它是家庭人口再生产的集中阶段，家庭规模在这个阶段扩展到最大。③ 孩子陆续成人和家庭规模趋于稳定阶段：从最后一个孩子出生起到第一个孩子离开父母结婚和建立新家庭为止。这个阶段时间的长短取决于生育孩子的间隔。④ 孩子陆续结婚和家庭规模开始收缩阶段：从第一个孩子结婚并离开父母家开始，直到最后一个孩子结婚成立新家为止。⑤ 空巢阶段：孩子结婚离开，只剩下父母亲（配偶）独自居住、独自生活，即从最后一个孩子离开父母家开始，到配偶一方死亡为止。⑥ 配偶先后死亡和家庭生命结束阶段：从配偶一方死亡开始，直到另一方死亡为止。这个阶段时间的长短取决于人的平均预期寿命（见表 11-1）。

表 11-1 核心家庭生命周期基本模型

阶段	起始	结束
建立	结婚	第一个孩子出生
扩展	第一个孩子出生	最后一个孩子出生
稳定（扩展完成）	最后一个孩子出生	第一个孩子离开父母家
收缩	第一个孩子离开父母家	最后一个孩子离开父母家
空巢（收缩完成）	最后一个孩子离开父母家	配偶一方死亡
解体	配偶一方死亡	配偶另一方死亡（家庭消亡）

资料来源：约翰·邦戈茨，汤姆斯·K. 伯奇，肯尼斯·K. 沃克特尔《家庭人口学：模型及其应用》，曾毅等译，北京大学出版社 1994 年版，第 85 页。

家庭生命周期每一个阶段的起始与结束都以某一特定事件作为分界线，通常以妻子（也可以是丈夫）在事件发生时的均值年龄或者中位年龄来表示。每个阶段的起止年龄之差就是这一阶段的时间长度。不同时期的初婚年龄、人口平均预期寿命是不相同的，因此，不同时期的家庭生命周期也是不相同的。比如，某个社会时期一批妇女的最后一个孩子离家时（空巢阶段的开始），她们的平均年龄是55岁，丈夫死亡时（空巢阶段的结束）她们的平均年龄为65岁，那么这批妇女的空巢阶段为10年。表11-2是用母亲年龄中位数表示的两个不同时期的家庭生命周期。1905年，家庭生命周期为35.6年；1975年，家庭生命周期为44年。

表11-2 两个不同时期的家庭生命周期比较（岁）

母亲年龄中位数	1905年	1975年
初婚	21.4	21.2
生第一个孩子	23.0	22.7
生最后一个孩子	32.9	29.6
最后一个孩子结婚	55.4	52.3
配偶去世	57.0	65.2

资料来源：内森·凯菲茨《应用数理人口学》，郑真真等译，华夏出版社2000年版，第327页。

第三节　中国婚姻结构

一、中国传统婚姻结构的特点

在人类社会发展历史上出现过三种婚姻形式，分别是群婚制、对偶婚制和一夫一妻制。恩格斯指出："这三种婚姻形式大体上与人类发展的三个主要阶段相适应。群婚制是与蒙昧时代相适应的，对偶婚制是与野蛮时代相对应的，以通奸和卖淫为补充的一夫一妻制是与文明时代相适应的。在野蛮时代高级阶段，在对偶婚制和一夫一妻制之间，插入了男子对女奴隶的统治和多妻制。"[①] 男娶女嫁的一夫一妻制是中国传统社会的主要婚姻形式。从考古发掘的墓葬情形来看，华夏民族的一夫一妻制形式，至少在公元前2000年已经出现。而从殷墟甲骨文的记载来看，殷商王朝已

---

① 恩格斯：《家庭、私有制和国家的起源》，引自《马克思恩格斯选集》（第四卷），北京：人民出版社，1972年版，第70-71页。

实行以纳妾制为补充的一夫一妻制。我国传统人口婚姻结构主要建立在一夫一妻制的基础上,有以下两个主要特点。

(一) 结婚年龄偏早

古代成婚的年龄,在各朝代并不相同。但中国传统的婚嫁年龄普遍较低,早婚非常普遍,这与我国封建社会较低的生产力水平相适应。春秋时期,"丈夫二十而室,妇人十五而嫁"[①];汉朝统治者以增赋的方式鼓励人民早婚,"女子年十五以上至三十不嫁,五算"[②];《唐律》规定"诸男年十五,女年十三以上,并听婚嫁";宋代也有"凡男年十五、女年十三,并听婚嫁"的规定;明洪武元年(1368年)定制:"凡庶人娶妇,男年十六,女年十四以上,并听婚娶。"

从中国法定结婚年龄的历史演变中我们可以看出(见表11-3),我国历代的法定结婚年龄从总体上来说是比较低的。以宋代为界,分为前后两个时期:前期有逐渐降低的趋势,而自南北朝后逐渐稳定在男15岁、女13岁;后期自南宋始,始终稳定在男16岁、女14岁,但宋代以后,结婚年龄有逐渐提高的趋势。从民国时期的调查统计来看,男子的平均结婚年龄为20岁(19.6~20.2岁),女子的平均结婚年龄为18岁(17.6~18.8岁)。

表11-3 中国法定结婚年龄的历史演变

年代	朝代或时期	法定结婚年龄	
		男	女
公元前7世纪	春秋(齐)	20	15
公元前189年	汉	—	15
273年	晋	—	17
574年	北朝(北周)	15	13
734年	唐	15	13
1127年	北宋	15	13
1368—1644年	明	16	14
1644—1911年	清	16	14
1931年	中华民国	18	16

---

① 韩非子:《韩非子·外储说右下》,转引自张敏如:《中国人口思想简史》,北京:中国人民大学出版社,1982年版,第12页。

② 班固:《汉书·惠帝纪》,转引自张敏如:《中国人口思想简史》,北京:中国人民大学出版社,1982年版,第73页。

续表

年代	朝代或时期	法定结婚年龄	
		男	女
1950 年	中华人民共和国	20	18
1980 年		22	20

资料来源：姜涛《人口与历史——中国传统人口结构研究》，人民出版社1998年版，第276页。

我国历代法定结婚年龄是比较低的，实际上的结婚年龄可能更低（特别是广大农村地区）。据金陵大学农经系对1928—1933年全国16省99处36632户乡村家庭的调查（见表11-4），乡村男、女的平均初婚年龄分别为20.0岁、17.7岁；男子的平均结婚年龄集中于20岁，女子则分布于15~19岁，说明历史上中国乡村人口男女平均结婚年龄比较低。

表11-4　1928—1933年16省乡村人口男女平均结婚年龄（岁）

地区	调查乡村数目（个）	平均结婚年龄	
		男子	女子
全国	101	20.0	17.7
华北	44	19.7	16.8
河北、山西、陕西、山东、河南、安徽	37	19.8	17.4
绥远、山西、陕西	7	19.5	15.3
华南	57	20.2	18.7
福建、广东	6	20.4	17.0
江西、浙江	4	20.4	17.2
云南、贵州	3	20.3	18.3
四川	15	19.1	17.4
江苏、安徽、浙江、湖北	27	20.3	18.5
四川、云南	2	20.6	19.3

资料来源：中华民国实业部《中国经济年鉴》，商务印书馆1934年版，第3篇（B）。

对1931—1935年江苏省江阴县峭岐镇的调查表明：该地男、女平均结婚年龄为22.0岁和18.9岁（众数年龄分别为20.5岁和18.6岁）。而根据乔启明的调查资料，这一时期中国男、女的平均结婚年龄分别为20.2岁和18.8岁。[1] 抗日战争期间，陈达领导的清华大学国情普查研究所，自1940年2月至1944年6月在云南省呈贡等县进行过婚姻登记资料调查工作。调查数据显示，云南省呈贡等县的男、女平均结婚

---

[1] 参见南京金陵大学农经系、美国迈阿密大学合作进行的调查《近代中国人口统计的一项实验》，中译本第50页。转引自姜涛：《人口与历史——中国传统人口结构研究》，北京：人民出版社，1998年版，第273页。

年龄分别为 19.55 岁和 17.63 岁。其实际结婚年龄分布中，20 岁以前结婚的男子占 71.13%，女子占 90.15%；男子 15 岁以下、女子 13 岁以下结婚的人数占总人数比例分别为 7.31% 和 3.23%；虽然也有极少数男子由于各种原因，在 30 岁以后才结婚，而女子则很少有 25 岁以后结婚的个案（见表 11-5）。

表 11-5　云南省呈贡等县结婚男女的初婚年龄（1940 年 2 月—1944 年 6 月）

年龄（岁）	合计人数（人）	男（人）	百分比（%）	女（人）	百分比（%）
总计	2598	1299	100.00	1299	100.00
11	4	—	—	4	0.31
12	19	—	0.08	18	1.39
13	34	14	1.08	20	1.54
14	75	20	1.54	55	4.23
15	204	60	4.62	144	11.09
16	321	116	8.93	205	15.78
17	376	155	11.93	221	17.01
18	375	180	13.86	195	15.01
19	364	196	15.09	168	12.93
20	323	182	14.01	141	10.85
21	182	121	9.31	61	4.70
22	86	61	4.70	25	1.92
23	65	55	4.23	10	0.77
24	41	30	2.31	11	0.85
25	42	35	2.69	7	0.54
26	22	15	1.16	7	0.54
27	24	19	1.46	5	0.38
28	7	7	1.54	—	—
29	8	8	0.62	—	—
30	7	7	0.54	—	—
31～35	10	9	0.69	1（1）	0.08
36～40	4	3	0.23	1（2）	0.08
42～46	5	5	0.38	—	—

资料来源：陈达《现代中国人口》（中译本），廖宝昀译，天津人民出版社 1981 年版，第 176-177 页。

资料说明：（1）只指 33 岁的女性；（2）只指 36 岁的女性。

（二）婚姻普遍性

在男耕女织的传统时代，家庭不仅是人口再生产的单位，而且是物质资料再生产的单位。女子是家庭经济不可或缺的重要组成部分，又是人口再生产的重要承担者。民国元年（1912年），北洋政府内务部曾对京师、直隶、奉天、黑龙江、吉林、山东、河南、山西和陕西等9省（区）共计129980689人的婚姻状况进行过统计，其中未婚人口只占总人口的39.5%，已婚人口的比例高达60.5%（见表11-6）。1921—1931年，江苏等22省总计的15~44岁男、女人口已婚率分别为68.1%、84.8%。[①] 1929—1931年，我国15岁以上的南方男、女人口已婚率分别为59.7%、64.6%，北方男、女人口已婚率分别为57.4%、63.7%；而终身不婚者很少，据统计，50岁以上女性终身不婚者占婚姻人口的比重仅为0.3%。[②] 1946—1947年中国南京、上海等六大城市15岁以上人口已婚率平均达到67.41%。

表11-6　1912年全国九省区的人口婚姻状况（%）

地区	京师	直隶	奉天	黑龙江	吉林	山东	河南	山西	陕西	平均
未婚率	46.3	38.3	46.3	41.9	19.5	35.2	48.4	31.6	33.3	39.5
已婚率	53.7	61.7	53.7	58.1	80.5	64.8	51.6	68.4	66.7	60.5

资料来源：许涤新《当代中国的人口》，中国社会科学出版社1988年版，第320页。

与世界上其他国家相比，中国的人口已婚率是比较高的。1921年，英国与威尔士15~44岁男、女人口已婚率分别为48.6%、48.5%；1925年，日本15~44岁男、女人口已婚率分别为54.5%、66.7%；1930年，美国15~44岁男女人口平均已婚率为61.1%；1931年，印度15~44岁男、女人口已婚率分别为46.7%、49.3%（见表11-7）。日本学者饭田茂三郎认为："依照中国全国人口的推算，适于婚姻的15岁以上、75岁以下的数目，至多为60%，而既婚者数，为约50%"；"中国可以说是世界最高婚姻率国之一"。[③]

表11-7　不同年代不同地区15岁以上人口婚姻状况（%）

年份	地区	性别	未婚	已婚	丧偶	离婚
1921	英国与威尔士	男	50.4	48.6	0.9	0.1
		女	48.4	48.5	3.0	0.1
1925	日本	男	42.6	54.5	1.2	1.6
		女	28.0	66.7	3.1	2.2
1930	美国	男女平均	34.6	61.1	3.0	1.4

[①] 卜凯：《中国土地利用》，张履鸾译，金陵大学农业经济系1937年编印，第531-532页。
[②] 许涤新：《当代中国的人口》，北京：中国社会科学出版社，1988年版，第504页。
[③] 饭田茂三郎：《中国人口问题研究》（中译本），洪炎秋、张我军合译，转引自姜涛：《人口与历史——中国传统人口结构研究》，北京：人民出版社，1998年版，第280页。

续表

年份	地区	性别	未婚	已婚	丧偶	离婚
1931	英国与威尔士	男	51.8	44.4	3.8	
		女	50.0	41.3	8.6	
1931	印度	男	47.9	46.7	5.4	—
		女	35.2	49.3	15.5	—

资料来源：许涤新《当代中国的人口》，中国社会科学出版社1988年版，第505-506页。

二、新中国婚姻结构的特点

新中国成立以来，我国人口婚姻结构变动表现出以下两个方面的特点。第一，人口结婚率波动受宏观婚姻政策调整及政治、经济因素变动影响较大，中华人民共和国成立后50年内的三次结婚高峰，其中两次与婚姻法的修改有关、一次与三年困难时期有关。第二，人口结婚率波动呈周期性，其主要人口学原因与人口再生产周期性密切相关，人口结婚率的波动造成人口出生率的波动，而人口出生率的波动又形成周期性的适婚年龄人口的结婚高峰。① 具体来说，新中国成立以来婚姻结构有以下三个方面的特点。

（一）人口婚配率保持高位

20世纪50年代人口结婚率全国平均为10.89‰，20世纪60、70、80、90年代分别为9.44‰、11.56‰、16.44‰、15.46‰。20世纪50—70年代波动性上升后，20世纪80—90年代进入一个较高平台并趋于稳定。2010年"六普"数据显示，15岁及以上全部人口中"有配偶"的比例为71.33%，其中15岁及以上男、女性人口中"有配偶"的比例分别为70.37%、72.31%；2020年"七普"数据显示，15岁及以上全部人口中"有配偶"的比例为72.67%，其中15岁及以上男、女性人口中"有配偶"的比例分别为71.87%、73.49%。

（二）婚配率地区差异较大

1956年全国8个省、直辖市、自治区人口结婚率的平均值为12.94‰，其最大与最小偏差值为6.83个千分点；1982年全国30个省、直辖市、自治区人口结婚率的平均值为17.61‰，最大与最小偏差值为26.03个千分点；1990年全国30个省、市、自治区人口结婚率平均为16.05‰，最大与最小偏差值为15.40个千分点；2000年全

---

① 路遇：《新中国人口五十年》（上册），北京：中国人口出版社，2004年版，第641页。

国 31 个省、直辖市、自治区人口结婚率平均为 12.79‰，最大与最小偏差值为 15.63 个千分点。2020 年"七普"数据显示：15 岁及以上全部人口中"有配偶"的比例，最高地为江苏省（76.82%），最低地为海南省（68.77%），相差了 8.05 个百分点。

（三）女性初婚年龄持续提高，男女大龄、终身未婚者比例增多

女性人口平均初婚年龄变化较大。从 1949 年的平均 18.57 岁提高到 1999 年的 23.67 岁，提高了 5.10 岁；2011 年为 26.5 岁，并有持续提高的态势。

20 世纪 90 年代以前，我国终身未婚者占总人口比例较低。1982 年，50 岁以上男、女性终身未婚者占总人口比例分别为 2.77%、0.28%；1990 年，50 岁以上终身未婚者占总人口比例为 0.39%，其中男、女性比例分别为 0.71%、0.05%。1995 年北京市人口抽样调查，男性终身未婚者占男性 50 岁以上人口的 1.62%，女性终身未婚者占女性 50 岁以上人口的 0.22%。[①] 20 世纪 90 年代以来，大龄未婚者比例提高较快。与 2000 年相比，2010 年 25～34 岁的大龄女性未婚比例提高了一倍多；2010 年，在 30～34 岁男性中，未婚比例占了 12.62%。

第四节 中国家庭结构

家庭结构是家庭中成员的构成及其相互作用、相互影响的状态以及由这种状态所形成的相对稳定的联系模式。它包括两个方面的因素：一是家庭人口要素，即家庭规模大小，由多少成员组成；二是家庭模式要素，即家庭成员之间相互联系的方式。[②] 研究人口过程，必须要剖析家庭规模和结构的变化。家庭规模和家庭结构的变化受经济、社会、文化、心理等多方面因素的影响和制约，人口本身的发展会直接影响到家庭规模和结构的变化；反过来，家庭规模和结构的变化又会对社会、经济、文化以及人口自身的发展产生深远的影响。

一、家庭类型

中国传统家庭结构建立在家庭夫妻关系的基础上，是包括亲子关系在内的要素形成的一个比较稳定的集合体。家庭成员之间的联系包括夫妻之间的横向联系和父

---

① 王洪春、张占平、申越魁：《新人口学》，北京：中国对外经济贸易出版社，2003 年版，第 163-164 页。

② 佟新：《人口社会学》，北京：北京大学出版社，2002 年版，第 308-309 页。

母与亲子之间的纵向联系，这属于非常典型的核心家庭关系。关于"以夫妻关系、亲子关系组成的核心家庭制是我国传统最基本的家庭模式"这一结论，恩格斯在《家庭、私有制和国家的起源》中给出了精彩的注脚：一夫一妻制家庭是建立在丈夫的统治之上的，其明显的目的就是生育有确凿无疑的生父的子女；而确定出生自一定父亲之所以必要，是因为子女将来要以亲生的继承人的资格继承他们父亲的财产。一夫一妻制家庭和对偶婚不同的地方，就在于婚姻关系要坚固得多，这种关系现在已不能由双方任意解除了。这时通例只有丈夫可以解除婚姻关系，离弃他的妻子。①

文献资料表明，清咸丰十一年（1861年）山东宁海州家庭类型结构比例如下：核心家庭占总户数35.53%，直系家庭、复合家庭、缺损家庭的比例分别为29.44%、33.00%、2.03%。② 1980—1981年，中国科学院人口研究中心对全国七个地区进行了家庭类型结构的选点调查。回溯资料研究发现，1930—1940年，这七个地区的核心家庭占31.90%，直系家庭、复合家庭、缺损家庭的比例分别为42.48%、21.62%、4.00%（见表11-8）。这和清咸丰十一年（公元1861年）山东宁海州家庭类型结构的结论基本上一致。

表11-8　1930—1940年七城郊和农村家庭类型

家庭类型	核心家庭	直系家庭	复合家庭	缺损家庭	总计
户数（户）	335	446	227	42	1050
百分比（%）	31.90	42.48	21.62	4.00	100.00

资料来源：马侠《婚姻·家庭·人口》，辽宁人民出版社1987年版，第57页。

1949年以后，我国核心家庭结构类型的数量和比重逐渐增大，而其他类型家庭结构的数量和比重逐渐减小。根据京、津、沪、宁、蓉五大城市的家庭调查资料，1946—1949年和1977—1982年相比较，单身户由15.58%减至6.12%，核心家庭由50.87%增至67.55%，直系家庭由19.05%微增至19.28%，复合家庭由8.87%降至2.42%，其他家庭类型基本持平，由5.63%降至4.62%。③ 表11-9是1949年后主要年份我国城市各家庭结构类型的比重。城市核心家庭比例在20世纪50—80年代初有所增长，在80年代以后略有降低；主干家庭比例在50—60年代有所降低，80—90年代有所提高；联合家庭、单身及其他家庭的比例自新中国成立以来基本上处于

---

① 恩格斯：《家庭、私有制和国家的起源》，引自《马克思恩格斯选集（第四卷）》，北京：人民出版社，1972年版，第57页。
② 姜涛：《人口与历史——中国传统人口结构研究》，北京：人民出版社，1998年版，第292页。
③ 五城市家庭研究项目组：《中国城市家庭——五城市家庭调查报告及资料汇编》，济南：山东人民出版社，1985年版，第508页。

减少的趋势。家庭结构类型的这种变化，是我国由传统农业社会向现代工业社会转变、由自然经济向市场经济转变的必然结果。

表 11-9　1949 年后主要年份我国城市各家庭结构类型的比重（%）

家庭结构	1950—1965 年	1966—1976 年	1977—1982 年	1983 年	1993 年
核心家庭	52.21	63.66	68.42	66.41	64.96
主干家庭	21.15	18.29	20.15	24.29	25.20
联合家庭	6.06	3.90	3.12	2.30	2.18
单身及其他家庭	20.58	14.15	8.31	7.00	7.66
案例数量（个）	3153	1717	1732	4385	5616

资料来源：路遇《新中国人口五十年》（下册），中国人口出版社 2004 年版，第 698 页。

二、家庭人口规模

中国小农经济对劳动力的需求及家庭保护功能对人口规模的需求是封建大家庭生存和繁衍的客观基础，家庭人口的多少，是决定一个家庭兴衰与否的决定性因素。而且，在以体力支出为主的农业社会，男性极具经济价值，"多福、多寿、多男"是人们追求幸福的目标。在孝道及反哺式养老模式作用下，多子多福已成为支持大家庭的社会价值观念。《齐桓晋文之事》有曰："是故明君制民之产，必使仰足以事父母，俯足以畜妻子；乐岁终身饱，凶年免于死亡。"一个家庭至少要包括父母、子女两代。如果经济富足，寿命较长，加上其他条件，可以上有父母、祖父母，下有儿子、孙子，四世同堂。这样的家庭更为整个社会所敬重，并为封建传统所推崇。

中国历代户口统计资料表明，在数千年的封建社会中，传统家庭规模的大小（即组成家庭的人数）一般保持在 4~5 人。这就是历史上"五口之家"说法的依据。战国时期平均家庭规模是"五口"："令一夫挟五口（平均为每户五口），治田百亩。"汉代的平均家庭规模也是"五口"："今农夫五口之家，其服役者不下二人。"直到清代，人们在匡算户口时，仍以每户五口计。虽然历代的户数和人口数都在不断的变化之中，但除了个别特殊的年份外，其平均户量都在"五口之家"上下摆动（见表 11-10）。统计数据显示：我国历代主要年份平均户量的最大值为 6.63，最小值为 1.96，均值为 5.0489，中位数为 5.3250，众数为 5.17，基本上印证了"历代平均户量在'五口之家'上下摆动"这一结论。

表 11-10 历代主要年份户数、人口数及平均户量

年代	公元纪年（年）	户数（户）	人口数（人）	平均户量（人）
西汉元始二年	2	12233062	59594978	4.87
东汉中元二年	57	4279634	21007820	4.91
西晋太康元年	280	2459840	16163863	6.57
南朝宋大明八年	464	906870	4685501	5.17
隋大业五年	609	8907546	46019956	5.17
唐开元十四年	726	7069565	41419712	5.86
唐元和十五年	820	2375400	15760000	6.63
北宋大观四年	1110	20882258	46734784	2.24
南宋淳熙十四年	1187	12376522	24311789	1.96
元至元二十八年	1291	13430322	59848964	4.46
明洪武二十六年	1393	10652870	60545812	5.68
明万历三十年	1602	10030241	56305050	5.61
清乾隆十八年	1753	38845354	183678259	4.73
清嘉庆二十五年	1820	48713017	269760705	5.54
民国元年	1912	76386074	405810967	5.31
民国二十五年	1936	85827345	471245743	5.49
民国三十六年（上半年）	1947	86262337	461006285	5.34
民国三十六年（下半年）	1947	86637312	462798093	5.34

资料来源：姜涛《人口与历史——中国传统人口结构研究》，人民出版社 1998 年版，第 302—304 页。

从 20 世纪初到 40 年代末，官方统计数据显示中国人口户规模也是"五口之家"（见表 11-11）。虽然这些统计数据有一些纰漏、差误，但大体上正确。另据国民政府内政部统计司分省户口调查统计数据，1928 年山西全省家庭户规模城乡合计为 5.158 人，太原市为 4.378 人。

表 11-11 1911—1947 年主要年份中国家庭户平均规模（人）

年份	户数（户）	人口数	户平均规模	资料来源
1911	71268651	368146520	5.17	1934 年《中国经济年鉴》
1912	76366074	405810967	5.31	中国内务部户口统计
1928	83855901	441849148	5.27	中国内政部户口统计
1933	83980443	444486537	5.29	统计提要编列
1936	85827345	479084651	5.38	中国内政部报告编例
1947	86637312	463198093	5.35	中国内政务部人口局统计

学者们的调查也印证了这一结论。20 世纪 20 年代，金陵大学的美籍学者卜凯对全国 22 个省进行了调查。结果表明：当时中国家庭平均规模为 5.21 人；其中 4 人家庭最多，有 54 户，占被调查总数的 21.4%；3 人家庭为 47 户，比例为 19.0%；5 人家庭 42 户，比例为 17.0%；6 人家庭 30 户，比例为 12.0%；以下依次为 2 人家庭，7 人家庭。[1] 金陵大学于民国十七年至二十二年（1928—1933 年）对全国 16 个省 3764 个农户家庭进行了调查。调查结果显示：小家庭最多，占 62.8%；大家庭只占 35.1%。[2] 这些结论从另一方面佐证了中国传统家庭规模"五口之家"的说法。

新中国成立以后，随着总人口数量的持续增长，核心家庭比重增加，家庭户数不断增多，家庭户平均规模人数在减少。2020 年与 1953 年相比较，平均家庭户规模从 4.33 人/户减少到 2.62 人/户，减少了 39.49%（见表 11-12）。

表 11-12　七次人口普查平均家庭户规模（人）

年份	1953	1964	1982	1990	2000	2010	2020
平均家庭户规模	4.33	4.43	4.41	3.96	3.44	3.10	2.62

资料来源：国务院第七次全国人口普查领导小组办公室《2020 年第七次全国人口普查主要数据》，中国统计出版社 2021 年版，第 10 页。

统计数据显示，同一时期我国各地区家庭户平均规模比较均衡。表 11-13 是 2005 年中国各地区家庭户平均规模。表中数据显示，除西藏、海南等少数地区外，2005 年其余地区户平均规模都在 3.5 人左右（见表 11-12）。

表 11-13　2005 年中国各地区家庭户平均规模（人）

地区	家庭户总数（万户）	户平均规模	地区	家庭户总数（万户）	户平均规模
全国	37915	3.37	河南	2740	3.65
北京	451	2.62	湖北	1828	3.27
天津	322	2.92	湖南	2046	3.26
河北	1984	3.46	广东	2096	3.77
山西	1008	3.27	广西	1329	3.68
内蒙古	731	3.21	海南	207	4.04
辽宁	1400	2.99	重庆	1010	3.14
吉林	845	3.16	四川	2656	3.25
黑龙江	1234	3.05	贵州	1005	3.85

---

[1] 卜凯：《中国农家经济》，张履鸾译，上海：商务印书馆，1936 年版，第 138 页。
[2] 孙本文：《现代中国社会问题》，上海：商务印书馆，1946 年版，第 58 页。

续表

地区	家庭户总数（万户）	户平均规模	地区	家庭户总数（万户）	户平均规模
上海	496	2.74	云南	1116	3.83
江苏	2382	3.04	西藏	58	4.54
浙江	1534	3.00	陕西	1055	3.51
安徽	1849	3.52	甘肃	682	3.81
福建	943	3.59	青海	131	3.82
江西	1238	3.54	宁夏	166	3.53
山东	2801	3.29	新疆	561	3.50

资料来源：国家统计局人口和就业统计司《中国人口统计年鉴》（2006年），中国统计出版社2006年版，第237页。

统计数据还显示，同一时期全国及城市、镇和乡村的家庭户平均规模相差不大。表11-14是2020年"七普"全国及城市、镇和乡村家庭户平均规模情况。2020年，全部家庭户平均规模为2.62人，镇为2.71人，乡村为2.70人，城市为2.49人。不同地区的家庭户平均规模也基本上保持在相等水平上，如北京全部家庭户平均规模为2.31人，城市、镇、乡村分别为2.30人、2.20人、2.42人。

表11-14　2020年"七普"全国及城市、镇和乡村家庭户规模（人）

地区	全部		城市		镇		乡村	
	家庭户（户）	家庭户规模	家庭户（户）	家庭户规模	家庭户（户）	家庭户规模	家庭户（户）	家庭户规模
全国	494157423	2.62	202764700	2.49	107620004	2.71	183772719	2.70
北京	8230792	2.31	6690435	2.30	496221	2.20	1044136	2.42
天津	4867116	2.40	3849509	2.34	248142	2.53	769465	2.64
河北	25429609	2.75	7513689	2.63	7262915	2.83	10653005	2.77
山西	12746142	2.52	4616210	2.53	2997725	2.62	5132207	2.45
内蒙古	9483957	2.35	3586072	2.37	2643180	2.37	3254705	2.31
辽宁	17467111	2.29	10672010	2.19	2136933	2.28	4658168	2.51
吉林	9426822	2.34	4088980	2.25	1838621	2.29	3499221	2.48
黑龙江	13024687	2.22	5814838	2.13	2672230	2.19	4537619	2.36
上海	9644628	2.32	7521925	2.38	907718	2.28	1214985	1.97
江苏	29910849	2.60	13771191	2.60	7566565	2.66	8573093	2.53

续表

地区	全部		城市		镇		乡村	
	家庭户（户）	家庭户规模	家庭户（户）	家庭户规模	家庭户（户）	家庭户规模	家庭户（户）	家庭户规模
浙江	25008606	2.35	12575815	2.34	5128200	2.37	7304591	2.37
安徽	21910377	2.61	5663611	2.58	6548174	2.68	9698592	2.59
福建	14371078	2.68	5951707	2.57	3775966	2.82	4643405	2.70
江西	14072847	2.94	4042797	2.89	4015256	3.04	6014794	2.90
山东	35184241	2.70	13073475	2.71	7935341	2.81	14175425	2.62
河南	31782693	2.86	8130055	2.78	8352717	2.95	15299921	2.84
湖北	19931045	2.65	8206395	2.60	3940726	2.68	7783924	2.68
湖南	22878336	2.67	6185217	2.60	6630584	2.71	10062535	2.69
广东	42469178	2.63	27382359	2.38	5096023	2.99	9990796	3.12
广西	16215014	2.87	4744710	2.69	3710344	3.01	7759960	2.91
海南	2961646	3.06	1148204	2.77	645237	3.21	1168205	3.26
重庆	12040234	2.45	5652181	2.56	2157259	2.53	4230794	2.26
四川	30756120	2.51	10700636	2.49	6020073	2.54	14035411	2.51
贵州	12696585	2.81	3252662	2.73	3226651	2.88	6217272	2.82
云南	15146831	2.88	4342471	2.42	3547366	2.85	7256994	3.18
西藏	1014090	3.19	282848	2.06	171788	2.35	559454	4.03
陕西	14211344	2.53	5640394	2.39	3204020	2.59	5366930	2.65
甘肃	8422836	2.77	2551450	2.47	1925591	2.80	3945795	2.95
青海	1965893	2.79	766028	2.43	483732	2.71	716133	3.24
宁夏	2535074	2.65	1084791	2.50	580390	2.70	869893	2.79
新疆	8351642	2.81	3262035	2.51	1754316	2.68	3335291	3.19

资料来源：2020年全国"七普"数据，国家统计局网站。

基本概念

婚姻；婚姻制度；家庭类型；家庭生命周期

思考题

1. 简述婚姻制度的产生及类型。
2. 简述中国传统婚姻结构的特点。
3. 简述中国家庭结构的类型。

第十二章

人口受教育与就业构成

人口受教育与就业构成是人口质量的重要组成部分,它们共同组成一个地区人口的社会属性,是了解一个地区人口现状最重要的两个维度。人口的受教育与就业是所有人口总指标中与社会经济发展关系最为密切的指标。社会经济发展程度越高、越繁荣,人口受教育与就业的总体水平就越高;反之,人口的受教育与就业水平又会促进社会经济发展。同时,人口的受教育水平与就业水平之间也存在着相互促进的关系。人口的受教育水平越高,人口的劳动力水平也就越高;高水平的劳动力能促进社会生产力的发展和社会经济的繁荣稳定,为教育提供优质的条件保障。本章首先介绍人口受教育构成,主要包括人口受教育的划分、人口受教育的测量指标、人口受教育状况的影响因素和我国人口受教育的状况,再介绍人口就业构成,主要包括人口就业的测量指标、我国人口就业构成的状况。

第一节
人口受教育构成

一、人口受教育的划分

1. 等级划分法

人口受教育指按照国家教育体制,被登记人接受教育的情况。通过自学或成人学历教育经国家统一考试合格的，分别归入相应的受教育程度。按照人口受教育程度的等级，一般将其分为未受过教育、初等教育、中等教育和高等教育等四个层次。

未受过教育（也称文盲）是指"从未接受过各级各类学校教育。包括参加过各种扫盲班或成人识字班学习，且以后再没有接受过各级各类学校教育的人"。

初等教育即小学教育，或称基础教育，按照《中华人民共和国义务教育法》规定：凡年满六周岁的儿童，其父母或其他法定监护人应当送其入学接受并完成义务教育；条件不具备的地区的儿童，可以推迟到七周岁。

中等教育是指在初等教育的基础上继续实施的中等普通教育和中等专业教育。中等教育又分为初中教育和高中教育。高中教育又分为普通高中、成人高中和中等职业学校的教育。

高等教育是指在完成中等教育的基础上进行的专业教育，分为大学专科本科教育、研究生阶段（硕士研究生、博士研究生）教育。

2. 学历划分法

按照接受不同程度教育后所获得的学历，可以将人口受教育划分为文盲或者半文盲、小学、初中、高中、大学专科、大学本科、硕士研究生和博士研究生等八个学历阶段。按照所获得学历对应的学位划分，可以分为无学位、学士学位、硕士学位和博士学位，分别和大学专科及以下、大学本科、硕士研究生和博士研究生受教育程度相对应。

《第七次全国人口普查方案》设定"受教育程度"项目（3周岁及以上的人填报）包括未上过学、学前教育、小学、初中、高中、大学专科、大学本科、硕士研究生、博士研究生。

3. 年限划分法

根据接受教育的年限，可以将人口受教育划分为不同的教育年限，一般的转换方法为：0年——文盲或者半文盲，6年——小学，9年——初中，12年——高中，15年——大学专科，16年——大学本科，19年——硕士研究生，23年——博士研究生。

二、人口受教育的测量指标

1. 文盲率

文盲率是指超过一定年龄后（一般为15周岁）文盲人口数与相应年龄组全部人

口数的比率，反映了一个国家公民受教育的程度，一般用百分比表示。其计算公式为：

$$文盲率 = 15周岁及以上的文盲人数 / 15周岁及以上的全部人数 \times 100\%$$

文盲率中的"文盲"是以"是否识字"作为衡量标准。《第七次全国人口普查方案》中规定："是否识字"是指被登记人是否达到国家规定的脱盲标准（城镇居民和企事业单位职工识字2000个，农村居民识字1500个）。不同国家和地区以及同一国家和地区不同时期对文盲率的认定标准和方法不尽相同。有的以全部人口为测定基数，有的以限定的年龄段对象为测定基数。1949年后，我国文盲率的测定以不同时期国家规定的对象、年龄段人数为基数，不同时期有不同的测定标准。普查数据显示：中国文盲率由2010年"六普"的4.08%，下降到2020年"七普"的2.67%。

由于人口受教育程度存在着性别、地区、时期等差异，因此，在特定条件下需要计算分性别、分地区和分时期的文盲率，一般用百分比表示。其计算公式为：

$$男（女）性文盲率 = 15周岁及以上的男（女）性文盲人数 / 15周岁及以上的男（女）性总人数 \times 100\%$$

2. 入学率

入学率（enrollment rate）是指某年龄段人口中在校学生人口数与该年龄段总人口数之比，又叫净入学率，一般用百分比表示。其计算公式为：

$$入学率 = 某年龄段人口中在校学生人口数 / 该年龄段总人口数量 \times 100\%$$

由于不同教育阶段的区间年龄不同，入学率可分为小学入学率、初中入学率、高中入学率、大学入学率、研究生入学率。其计算公式分别为：

$$小学入学率 = 6 \sim 12岁在校小学生人数 / 6 \sim 12岁总人口数 \times 100\%$$

$$初中入学率 = 12 \sim 15岁在校初中生人数 / 6 \sim 12岁小学毕业人数 \times 100\%$$

$$高中入学率 = 15 \sim 18岁在校高中生人数 / 12 \sim 15岁初中毕业人数 \times 100\%$$

$$大学入学率 = 18 \sim 22岁在校大学生人数 / 15 \sim 18岁高中毕业人数 \times 100\%$$

$$研究生入学率 = 在校研究生人数 / 大学生毕业人数 \times 100\%$$

不同国家和地区以及同一国家和地区不同时期，对于入学年龄以及学制的规定有着较大差别。因此，在计算入学率应以当地现行学制和规定入学年龄相对应的那部分应入学的人口作为适龄人口，适龄人口中的在校生所占比例为适龄人口入学率。

如不考虑在校学生的年龄，取在校学生数与相应的适龄人口之比，则为毛入学率，一般用百分比表示。不同教育阶段的毛入学率计算公式分别为：

$$小学毛入学率 = 6 \sim 12岁在校小学生人数 / 6 \sim 12岁总人口数 \times 100\%$$

$$初中毛入学率 = 12 \sim 15岁在校初中生人数 / 12 \sim 15岁总人口数 \times 100\%$$

高中毛入学率＝15～18岁在校高中生人数/15～18岁总人口数×100%

大学毛入学率＝18～22岁在校大学生人数/18～22岁总人口数×100%

研究生毛入学率＝在校研究生人数/相应年龄段总人口数×100%

3. 平均受教育年限

平均受教育年限是反映一个国家或地区人口受教育程度或国民文化素质的重要指标之一，是指对一定时期、一定区域某一人口群体接受学历教育（包括成人学历教育，不包括各种学历培训）的年数总和的平均数。按照中国现行学制为受教育年数计算人均受教育年限，即文盲或者半文盲为0年、小学6年、初中9年、高中12年、大学专科15年、大学本科16年、硕士研究生19年、博士研究生23年。

4. 在校率、毕业率、肄业率、辍学率

《第七次全国人口普查方案》关于"学业完成情况"分为：在校（正在接受各级各类学校教育并有学籍）、毕业（已修完全部课程，并经过考试鉴定合格）、肄业（修完全部课程，但考试不及格或因种种原因未取得毕业资格）、辍学（未能修完所规定的全部课程，中途退学）、其他（私塾、自学等其他方式）五种形式。在校率、毕业率、肄业率、辍学率等也是人口受教育程度的重要测量指标。

（1）在校率。在校率是指正在接受各级各类学校教育并有学籍的人数与接受对应学校教育的总人口数之比。可分为粗在校率、一般在校率和不同教育阶段的在校率，一般用百分比表示。其计算公式分别为：

粗在校率＝全部在校学生人数/总人口数×100%

一般在校率＝全部在校学生人数/6岁及以上人口数×100%

小学（初中、高中、大学、研究生）在校率＝小学（初中、高中、大学、研究生）在校学生人数/相应年龄段总人口数×100%

（2）毕业率。毕业率是指接受各级各类学校教育中已修完全部课程并经过考试鉴定合格学生人数与接受对应学校教育的总人口数之比。计算不同教育阶段的毕业率更具有重要意义，一般用百分比表示。其计算公式为：

小学（初中、高中、大学、研究生）毕业率＝小学（初中、高中、大学、研究生）修完全部课程并经过考试鉴定合格学生人数/接受对应学校教育的总人口数×100%

（3）肄业率。肄业率是与毕业率相对应的一个概念，是指接受各级各类学校教育中修完全部课程但考试不合格或因种种原因未取得毕业资格学生人数与接受对应学校教育的总人口数之比，计算不同教育阶段的肄业率更具有重要意义。一般用百分比表示。其计算公式为：

小学（初中、高中、大学、研究生）肄业率＝小学（初中、高中、大学、研究生）修完全部课程但考试不合格或因种种原因未取得毕业资格学生人数／接受对应学校教育的总人口数×100％

（4）辍学率。辍学率是指接受各级各类学校教育中未能修完所规定的全部课程中途退学的学生人数与接受对应学校教育的总人口数之比。计算不同教育阶段的辍学率更具有重要意义，一般用百分比表示。其计算公式为：

小学（初中、高中、大学、研究生）辍学率＝小学（初中、高中、大学、研究生）未能修完所规定的全部课程中途退学的学生人数／接受对应学校教育的总人口数×100％

三、人口受教育状况的影响因素

人口是生产关系及一切社会关系的承担者，人口的受教育状况建立在这些关系的基础之上。因此，人口受教育状况是一定时期内一个国家或者地区的经济、社会要素和教育政策等因素共同作用的产物。

1. 经济因素对人口受教育状况的影响

人口受教育状况是衡量一定时期内一个国家或者地区社会经济发展状况的重要指标。人口受教育水平的提升需要相应的经济投入。在影响人口受教育状况的因素中，经济因素是首要的，也是最重要的。相对于经济落后国家和发展中国家而言，经济实力相对雄厚的发达国家对于教育方面的投入较多，其人口受教育水平也相对较高。根据全球非营利机构世界经济论坛（WEF）发布的全球受教育程度国家排名（2021年），排在前10位的国家分别是：新加坡、芬兰、荷兰、瑞士、比利时、丹麦、挪威、美国、澳大利亚和新西兰。这些国家对于教育的投入都是非常大的。新加坡教育经费的投入占国民生产总值（GNP）的3.0％～4.0％；荷兰实行免费教育，对教育总投入占国民预算的20.0％左右；瑞士每年花在每一个学生上的支出费用高达约16000美元（约10.5万元人民币），欧盟的平均水平大约有9500美元；丹麦教育支出占GDP的7.9％。[①]

随着社会经济的发展和国家财力的增强，我国对教育经费的投入逐步提高，这为人口受教育水平的提升奠定了坚实的物质条件。1978—1980年，我国各级财政教育拨款为282.6亿元；1989年国家财政性教育经费的投入为505.9亿元，1999年、2008年分别为2287.2亿元、10449.6亿元。2020年全国教育经费总投入为

[①] 《全球受教育程度最好的十大国家，谁问鼎第一》，见https：／／www．sohu．com／a／454209070＿100020266。

53033.87 亿元，占 GDP 的 4.22%。① 教育经费投入的大幅提高，极大地改善了办学条件，使更多的适龄人口能够接受高一级学校教育，提高了人口的平均受教育年限。1977 年、2000 年，全国高等学校分别有 404 所、1041 所，在校学生分别为 62.5 万人、556.1 万人；2020 年全国高等学校有 3012 所，在校学生 4430 万人，高等教育毛入学率达到了 57.8%。2020 年"七普"全国 15 岁及以上人口平均受教育年限为 9.91 年（2010 年"六普"为 9.08 年）；2021 年我国劳动年龄人口平均受教育年限为 10.9 年。②

2. 社会要素对人口受教育状况的影响

任何社会的存在和发展都必须具备一定的基础，这些基础由一些不可缺少的要素构成。对于任何社会的存在、运行和发展，物质生产活动以及人口、资源和环境、文化是重要的基础要素，其中，物质生产活动是最基本的要素，人口要素是一个社会不可或缺的要素，资源和环境要素影响着一个社会的生存和发展质量，文化要素是人类在物质生产过程中创造的，对物质生产和经济基础有着重要的反作用。③ 社会要素构成的几个方面对人口受教育状况产生影响。

物质生产活动是人类最基本的活动，"人们首先必须吃、喝、住、穿，然后才能从事政治、科学、艺术、宗教等等"④，"物质生活的生产方式制约着整个社会生活、政治生活和精神生活的过程"⑤。因此，一定时期内一个国家或者地区的物质生产活动直接决定人口受教育的规模和质量。前工业革命的历史时期，较低水平的物质生产活动严重制约着人类受教育的规模和质量。自"比过去一切时代创造的生产力还要多"工业革命后，随着越来越丰富的人类物质生产活动，在解决"吃、喝、住、穿"基础上，越来越多的人有了"从事政治、科学、艺术、宗教"的可能。

人口条件是社会的基础条件之一。人口的自然构成、社会构成和地域构成在一定程度上影响着人口受教育状况。不同性别、年龄等人口自然构成的受教育状况有着较大差异；而不同民族、职业、阶层等人口社会构成，以及人口流动、人口空间分布等人口地域构成的受教育状况更是迥然不同。人口密度大，学校布局会相对密集，

---

① 教育部、国家统计局、财政部：《2020 年全国教育经费总投入超 5.3 万亿元》，《中国教育报》2021 年 12 月 1 日。
② 《教育部：2021 年全国共有学校 52.93 万所，在校生近 3 亿》，《北京日报》2022 年 3 月 1 日。
③ 《社会学概论》编写组：《社会学概论》，北京：人民出版社，2011 年版，第 74-75 页。
④ 马克思、恩格斯：《德意志意识形态》，《马克思恩格斯文集》（第一卷），北京：人民出版社，2009 年版，第 531 页。
⑤ 马克思：《〈政治经济学批判〉序言》，《马克思恩格斯文集》（第二卷），北京：人民出版社，2009 年版，第 591 页。

教育事业就比较发达；人口流动会影响到教育的规模、目标的制定、人才的培养、结构的选择等。我国人口受教育状况表现为以下几点。① 人口男女性别受教育程度存在一定的差别。2010 年"六普"数据显示：中国女性平均受教育年限为 7.07 年，成年男女受教育年限的差距为 1.07 年。② 人口空间分布的受教育程度存在一定的差别。2020 年"七普"数据显示：我国人口平均受教育年限有着明显的地区差异，平均受教育年限高于 10 年的有 13 个省份，9～10 年的有 14 个，少于 9 年的有 4 个省份；北京市为 11.71 年，西藏自治区为 5.25 年。③ 人口流动的受教育程度存在一定的差别。国家统计局《2021 年农民工监测调查报告》数据显示：在全部农民工中，未上过学的、小学、初中、高中和大专及以上文化程度占比分别为 0.8％、13.7％、56.0％、17.0％、12.6％。[①]

3. 教育政策对人口受教育状况的影响

在整个基础教育体系中，义务教育具有基础性和先导性地位。目前，世界上绝大多数国家和地区都实行 10 年左右的义务教育。联合国教科文组织《2012 年全球教育概览》数据显示：在数据可得的 134 个中等收入及以上的国家和地区中，义务教育平均年限为 9.48 年，中位数为 9.5 年。由于义务教育具有强制性、普及性、免费性等内涵特征，对于提升人口受教育水平具有重要促进意义。从人口受教育年限这一指标看，实行义务教育的国家和地区的人口受教育年限能够保证在 10 年左右。

1986 年，我国义务教育法明确义务教育的公益性、统一性和义务性等特征，规定"国家实行九年义务教育制度"；2008 年全面实施九年义务教育，2011 年实现"西部地区基本普及九年义务教育""基本扫除青壮年文盲"的"两基"目标；2012 年 11 月，党的十八大报告指出"办好人民满意的教育"，提出"均衡发展义务教育"的新理念，实现了义务教育均衡发展政策的提升。我国义务教育的实施，提升了人口受教育水平。根据 1982 年、1990 年、2000 年、2010 年、2020 年的"三普""四普""五普""六普""七普"，我国人口受教育年限分别为 5.15 年、6.04 年、7.23 年、9.08 年、9.91 年；2020 年，我国劳动年龄人口平均受教育年限为 10.8 年；"十四五"末期可提高到 11.3 年。

四、我国人口受教育的状况

近代中国的教育事业非常落后，各级各类学校在校生仅占全国总人口的 5.6％，80.0％的人口是文盲；1912—1947 年大学毕业生累计只有 21 万。[②] 新中国成立后，

---

① 国家统计局：《2021 年农民工监测调查报告》，2022 年 4 月 29 日。
② 路遇：《新中国人口五十年》，北京：中国人口出版社，2004 年版，第 296-297 页。

随着社会经济的发展和财力的增强，国家对教育的投入也不断增大。1952—1977 年，我国各级财政教育拨款累计 892.8 亿元，平均占财政支出的 6.81%；1978—1998 年，我国全社会教育经费投资累计为 14659 亿元，其中财政教育预算拨款 8906 亿元，分别为 1952—1977 年的 14.7 倍和 10.0 倍，年增长率分别为 19.1% 和 17.3%，远超过同期世界公共教育投资平均 7.0% 的年增长速度。① 21 世纪以来，我国对教育经费投入的力度进一步加大。2020 年全国教育经费总投入为 53014 亿元，其中，国家财政性教育经费为 42891 亿元，学前教育、义务教育、高中阶段教育、高等教育经费总投入分别为 4203 亿元、24295 亿元、8428 亿元、13999 亿元。②

国家财政对教育经费投入力度的加大，改善了办学环境，提高了人口受教育水平，人口素质不断提升。2020 年"七普"数据显示，全国人口中拥有大学（大专及以上）文化程度的人口占比为 15.67%，拥有高中（含中专）文化程度的人口占比为 15.08%，拥有初中文化程度的人口占比为 34.51%；与 2010 年"六普"相比，每 10 万人中拥有大学文化程度的由 8930 人上升为 15467 人，其中 15 岁及以上人口的平均受教育年限由 9.08 年提高至 9.91 年，16～59 岁劳动年龄人口平均受教育年限由 9.67 年提高至 10.75 年；文盲率由 4.08% 下降到 2.67%。

第二节
人口就业构成

《现代汉语词典（第 7 版）》对"就业"的解释为"得到职业""参加工作"。"就业"是一个动态过程，是人口社会学人口结构部分中一个重要指标。2010 年"六普"、2020 年"七普"表的"填写说明"关于"职业"的规定分别为：职业是按本人所从事的具体工作性质的同一性③进行分类的；职业是指被登记人所从事的工作类别。2020 年"七普"表将职业分为以下七类：党的机关、国家机关、群众团体和社

---

① 《中国教育经费投入 20 年：1978—1998》，载《教育研究信息》1998 年第 12 期。
② 《快报！2020 年全国教育经费总投入为 53014 亿元，比上年增长 5.65%》，2021-04-27，搜狐网：http://business.sohu.com/a/463394086_459894。
③ 2010 年"六普"表的"填写说明"对"同一性"的规定为：所谓"同一性"，是指不论其所在工作单位是什么经济类型，不论用工形式是固定工还是临时工，也不论其隶属于哪个行业，凡是从事同一性质工作的人都划分为同一类。对"行业"的规定为：行业是根据被调查者的工作单位或其本人的经济活动的同一性进行分类，不是按其所属的行政管理系统来分的。人口普查以产业活动单位作为划分行业的标准。产业活动单位是指：① 具有一个场所、从事一种或主要从事一种经济活动；② 单独组织生产、经营或业务活动；③ 掌握收入和支出的会计核算资料。

会组织、企事业单位负责人；专业技术人员；办事人员和有关人员；社会生产服务和生活服务人员；农、林、牧、渔业生产及辅助人员；生产制造及有关人员；不便分类的其他从业人员。

一、人口就业的测量指标

1. 就业人口

就业人口是指法定最低劳动年龄及以上，从事一定的社会劳动或经营活动、取得劳动报酬或经营收入的人口。不同国家和地区关于就业人口的法定最低劳动年龄有不同的规定。我国就业人口的法定最低劳动年龄为 16 岁。就业人口反映了一定时期内全部劳动力资源的实际利用情况，是研究国情国力的重要指标。

就业人口与劳动年龄人口的区别在于：① 就业人口是最低劳动年龄及以上的人口，而劳动年龄人口是区间年龄人口（联合国、中国关于劳动年龄人口年龄区间规定分别为 16~64 岁、16~59 岁）；② 就业人口要"从事社会劳动或经营活动，并取得劳动报酬或经营收入"，劳动年龄人口只要处于规定的区间年龄内，是否从事社会劳动都包括其中。

2. 就业率

就业率（employment rate）是指就业人口占不同类型人口的比例，可分为总人口就业率、劳动年龄人口就业率，一般用百分比表示。其计算公式为：

$$总人口就业率 = 就业人口数量 / 总人口数量 \times 100\%$$

$$劳动年龄人口就业率 = 就业人口数量 / 劳动年龄人口数量 \times 100\%$$

就业率是反映就业人口具体状况的一个重要人口学和经济学指标，其变化过程可以动态地反映出就业人口的规模变化。特别地，随着人口平均预期寿命的延长和老年人口身体健康状况的持续向好，在人口老龄化持续深化的背景下，总人口就业率这一指标更具有重要意义。

3. 人口就业构成

人口就业构成是指一个国家或地区的各个职业劳动人口在各个社会部门分配的比例。2020 年"七普"将职业分为七类，根据普查得到的各职业就业人口数量，可以计算出不同类别职业的人口就业构成情况。

二、我国人口就业构成的状况

1. 就业人口和就业率

表12-1是2010年"六普"全国、分性别的16岁及以上人口的就业状况。表中数据显示,"六普"标准时点,我国16岁及以上人口数量为103817124人,其中男、女性别人口分别为52028085人、51789039人;经济活动人口数量为73666301人,其中男、女性别人口分别为40662617人、33003684人;经济活动人口的就业人口数量为71547989人,其中男、女性别人口分别为39597282人、31950707人。由此计算出:2010年"六普"时点,我国就业人口占总人口的比例为56.19%,其中男、女性分别为61.15%、51.05%;就业人口占16岁及以上人口的比例为68.91%,其中男、女性分别为76.11%、61.69%。

表12-1 "六普"全国、分性别的16岁及以上人口的就业状况(人)

性别状况	总人口	16岁及以上人口	经济活动人口				失业人口	非经济活动人口
			小计	就业人口				
				小计	正在工作	暂未工作		
全国	127339585	103817124	73666301	71547989	69677870	1870119	2118312	30150823
男	64754454	52028085	40662617	39597282	38645017	952265	1065335	11365468
女	62585131	51789039	33003684	31950707	31032853	917854	1052977	18785355

资料来源:2010年全国"六普"数据,国家统计局网站。

表12-2是2020年"七普"总人口及分性别、分年龄就业人口的占比情况。表中数据反映,"七普"标准时点,各年龄段人口就业率占比呈现出低年龄段和高年龄段低而中间年龄段高的"M"形态,其中30~34岁年龄段人口就业率占比最高,为15.25%;25~29岁、35~39岁、40~44岁、45~49岁及50~54岁年龄段人口就业率占比都超过了10.0%;75岁及以上年龄段人口就业率占比最低,为0.67%。

表12-2 "七普"总人口及分性别、分年龄就业人口的占比(%)

年龄段	16~19岁	20~24岁	25~29岁	30~34岁	35~39岁	40~44岁	45~49岁	50~54岁	55~59岁	60~64岁	65~69岁	70~74岁	75岁及以上
总人口	1.17	5.88	10.64	15.25	12.34	11.53	13.62	12.39	8.37	3.78	3.04	1.31	0.67
男	0.73	3.38	6.15	8.82	7.09	6.54	7.79	7.68	5.55	2.39	1.88	0.82	0.41
女	0.44	2.50	4.49	6.43	5.25	4.98	5.83	4.71	2.82	1.40	1.16	0.49	0.26

资料来源:2020年全国"七普"数据,国家统计局网站。

2. 就业人口的性别和年龄构成

表 12-3、图 12-1 分别为 2020 年"七普"全国总人口及分性别、分年龄的就业人口情况及其占比曲线。普查数据显示,"七普"标准时点,我国总人口及分性别、分年龄人口的就业呈现出低、高年龄段少而中间年龄段多的"M"形态,其中 30~34 岁年龄段的就业人口最多,45~49 岁、50~54 岁、35~39 岁年龄段的就业人口排在前四位;从分性别的就业人口来看,男性多于女性。

表 12-3 "七普"全国总人口及分性别、分年龄的就业人口情况(人)

年龄段	合计	16~19岁	20~24岁	25~29岁	30~34岁	35~39岁	40~44岁	45~49岁	50~54岁	55~59岁	60~64岁	65~69岁	70~74岁
总人口	65631786	770958	3861073	6981094	10009284	8097572	7565087	8940917	8132752	5495186	2483449	1995170	861236
男	38880798	482044	2220127	4037493	5787715	4650831	4294238	5114136	5042613	3645765	1566873	1231032	537995
女	26750988	288914	1640946	2943601	4221569	3446741	3270849	3826781	3090139	1849421	916576	764138	323241

资料来源:2020 年全国"七普"数据,国家统计局网站。

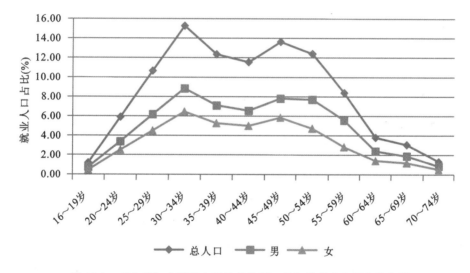

图 12-1 "七普"全国总人口及分性别、分年龄就业人口占比曲线

作为我国产业工人的重要组成部分的农民工,其性别、年龄构成和全国情况基本上相同。国家统计局《2021 年农民工监测调查报告》数据显示:在全部农民工中,男、女性占比分别 64.1%、35.9%,其中,外出、本地农民工中女性占比分别 30.2%、41.0%。在全部农民工中,未婚、有配偶、丧偶或离婚的占比分别为 16.8%、80.2%、3.0%。2021 年,农民工平均年龄 41.7 岁,从年龄结构看,40 岁及以下、50 岁以上农民工占比分别为 48.2%、27.3%(见表 12-4)。从农民工的就业地看,本地农民工平均年龄 46.0 岁,其中 40 岁及以下、50 岁以上占比分别为 32.6%、38.2%;外出农民工平均年龄为 36.8 岁,其中 40 岁及以下、50 岁以上占

比分别为 65.8%、15.2%。

表 12-4　2017—2021 年全国农民工的年龄构成（%）

年龄组	2017 年	2018 年	2019 年	2020 年	2021 年
16～20 岁	2.6	2.4	2.0	1.6	1.6
21～30 岁	27.3	25.2	23.1	21.1	19.6
31～40 岁	22.5	24.5	25.5	26.7	27.0
41～50 岁	26.3	25.5	24.8	24.2	24.5
50 岁以上	21.3	22.4	24.6	26.4	27.3

资料来源：国家统计局《全国农民工监测调查报告》（2017—2021 年）。

3. 就业人口的受教育水平构成

就业人口的受教育水平构成是一个国家和地区劳动力水平构成的重要衡量指标。从 2020 年"七普"全国总人口及分性别、分年龄就业人口的受教育水平构成（见表 12-5），2020 年"七普"全国总人口及分性别、分年龄就业人口受教育水平占比曲线（见图 12-2）可以发现，2020 年"七普"标准时点，接受初中文化教育的总人口及男女分性别人口占比最高，分别为 42.64%、26.71% 和 15.94%；其次为高中（分别为 16.87%、10.89% 和 5.98%）和小学（分别为 16.30%、8.62% 和 7.67%），这说明我国九年义务教育以及包括高中在内的基础教育成效显著；接受包括大学专科（分别为 11.62%、6.61% 和 5.01%）和本科（分别为 9.96%、5.32% 和 4.64%）教育的就业人口占比也较高，两者之和分别为 21.58%、11.93% 和 9.65%，其比例超过了接受小学、高中教育的就业人口占比。"未上过学"（1.31%）、接受"硕士研究生"（1.11%）和"博士研究生"（0.14%）教育的就业人口占比相对较低。

表 12-5　"七普"全国总人口及分性别、分年龄就业人口的教育水平构成（人）

就业人口	合计	未上过学	学前教育	小学	初中	高中	大学专科	大学本科	硕士研究生	博士研究生
总人口	65631786	857606	37756	10694879	27988466	11069968	7625702	6538253	728485	90671
男	38880798	267808	15434	5659907	17529029	7144810	4338607	3490431	377595	57177
女	26750988	589798	22322	5034972	10459437	3925158	3287095	3047822	350890	33494

资料来源：2020 年全国"七普"数据，国家统计局网站。

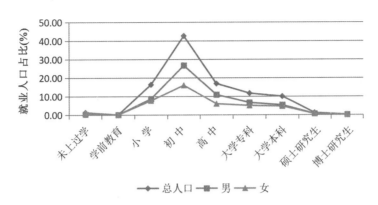

图 12-2 "七普"全国总人口及分性别、分年龄就业人口受教育水平占比曲线

4. 就业人口的产业构成

我国就业人口的产业构成与社会经济发展水平有着直接的关联。随着社会经济的发展，第一产业的就业人口占比越来越小，而第二产业、第三产业的就业人口占比越来越大。表 12-6 是 1980—1994 年我国人口就业的产业结构及分布情况。1980—1994 年，我国第一产业就业人口占比从 68.7% 下降到 54.3%，而第二产业、第三产业的就业人口占比分别从 18.3%、13.0% 上升到 22.7%、23.0%，直接表现为城镇就业人口的快速上升，1980—1994 年，我国城镇就业人口从 10525 万人增加到 16816 万人，增长了 59.77%。

表 12-6 1980—1994 年我国人口就业的产业结构及分布情况（万人）

年份	人口就业产业结构（%）			城镇人口分布				总人口
	第一产业	第二产业	第三产业	城镇总人口	就业人口	失业人口	失业率（%）	
1980	68.7	18.3	13.0	19140	10525	541.5	4.9	98705
1982	68.3	18.7	13.0	21154	11428	379.4	3.2	101541
1984	64.0	20.0	16.0	24017	12229	235.7	1.9	103475
1986	60.9	21.9	17.2	26366	13293	264.4	2.0	107507
1988	59.3	22.4	18.3	28661	14267	296.2	2.0	111026
1990	60.0	21.4	18.6	30191	14730	383.2	2.5	114333
1992	58.5	21.7	19.8	32372	15630	363.9	2.3	117171
1994	54.3	22.7	23.0	34301	16816	476.4	2.8	119850

资料来源：《中国统计年鉴》（1995 年），中国统计出版社 1995 年版，第 84-89 页。

表 12-7 分别为是 2010 年"六普"、2020 年"七普"我国人口就业构成情况。"六普""七普"标准时点，我国全部就业人口数量分别为 71547989 人、65631786 人。2010 年，我国"农、林、牧、渔业"就业人口为 34584219 人，占比 48.34%，排在

第一位,排在前四位的还有"制造业"(16.85%)、"批发和零售业"(9.30%)和"建筑业"(5.48%);占比低于1.0%的有"电力、热力、燃气及水生产和供应业"(0.69%)、"信息传输、软件和信息技术服务业"(0.61%)、"金融业"(0.81%)、"房地产业"(0.67%)、"租赁和商务服务业"(0.69%)、"科学研究和技术服务业"(0.32%)、"水利、环境和公共设施管理业"(0.37%)和"文化、体育和娱乐业"(0.45%)。相比于2010年,2020年我国"农、林、牧、渔业"就业人数占比仍排第一位,但占比从48.34%大幅下降到20.56%;排在前四位的和"六普"一致,余下分别为"制造业"(18.06%)、"批发和零售业"(14.11%)和"建筑业"(11.28%);占比低于1.0%的有"文化、体育和娱乐业"(0.72%)、"水利、环境和公共设施管理业"(0.79%)、"采矿业"(0.87%)和"电力、热力、燃气及水生产和供应业"(0.87%)。

表12-7 "六普""七普"我国人口就业构成情况(%)

行业	"六普" 就业人口(人)	"六普" 占总就业人口比例	"七普" 就业人口(人)	"七普" 占总就业人口比例
农、林、牧、渔业	34584219	48.34	13496012	20.56
采矿业	809350	1.13	568658	0.87
制造业	12059240	16.85	11853428	18.06
电力、热力、燃气及水生产和供应业	495991	0.69	573235	0.87
建筑业	3919862	5.48	7400010	11.28
批发和零售业	6656937	9.30	9262396	14.11
交通运输、仓储和邮政业	2544704	3.56	3277208	4.99
住宿和餐饮业	1953185	2.73	3217357	4.90
信息传输、软件和信息技术服务业	439412	0.61	1129543	1.72
金融业	581162	0.81	962580	1.47
房地产业	481021	0.67	1251428	1.91
租赁和商务服务业	491322	0.69	1799653	2.74
科学研究和技术服务业	229615	0.32	844905	1.29
水利、环境和公共设施管理业	267564	0.37	517888	0.79
居民服务、修理和其他服务业	1387990	1.94	2289351	3.49
教育	1650999	2.31	2715648	4.14
卫生、社会保障和社会福利业/卫生和社会工作	834040	1.17	1341482	2.04

续表

行业	"六普"		"七普"	
	就业人口（人）	占总就业人口比例	就业人口（人）	占总就业人口比例
文化、体育和娱乐业	324501	0.45	472194	0.72
公共管理、社会保障和社会组织	1836217	2.57	2658248	4.05

资料来源：2010年全国"六普"、2020年全国"七普"数据，国家统计局网站。

从"六普""七普"我国人口就业构成的曲线（见图12-3）可以看出，2010年、2020年，我国各行业占比情况变化较大，但下降及占比的总体态势基本上一致。

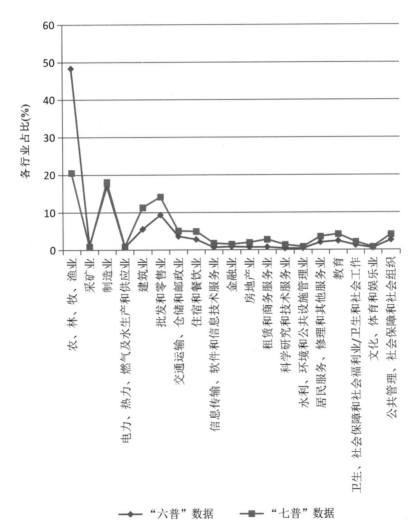

图12-3 "六普""七普"我国人口就业构成曲线

国家统计局《2021年农民工监测调查报告》数据显示（见表12-8），作为我国产业工人的重要组成部分的农民工在第三产业就业比重有所下降。相对于2020年，

2021年从事第三产业农民工占比下降0.6个百分点，其中，从事居民服务修理和其他服务业、批发和零售业、住宿餐饮业的农民工占比分别下降0.6、0.1、0.1个百分点；从事第二产业的农民工占比提高0.5个百分点，其中，从事制造业的农民工占比下降0.2个百分点，从事建筑业的农民工占比提高0.7个百分点。

表12-8 2020年、2021年全国农民工从业行业分布占比情况（%）

	2020年	2021年	变化
第一产业	0.4	0.5	0.1
第二产业	48.1	48.6	0.5
其中：制造业	27.3	27.1	−0.2
建筑业	18.3	19.0	0.7
第三产业	51.5	50.9	−0.6
其中：批发和零售业	12.2	12.1	−0.1
交通运输仓储和邮政业	6.9	6.9	0.0
住宿餐饮业	6.5	6.4	−0.1
居民服务修理和其他服务业	12.4	11.8	−0.6
其他	13.5	13.7	0.2

资料来源：国家统计局：《2021年农民工监测调查报告》。

5. 就业人口的收入水平构成

国务院《关于解决农民工问题的若干意见》（国发〔2006〕5号，2006年1月31日）指出，农民工是我国改革开放和工业化、城镇化进程中涌现的一支新型劳动大军。他们户籍仍在农村，主要从事非农产业，有的在农闲季节外出务工、亦工亦农，流动性强，有的长期在城市就业，已成为产业工人的重要组成部分。国家统计局历年《农民工监测调查报告》数据显示：就业人口的收入水平和其行业有着紧密的联系，具体表现在以下三个方面。①外出农民工（指在户籍所在乡镇地域外从业的农民工）月均收入增速快于本地农民工（指在户籍所在乡镇地域以内从业的农民工）。2021年，农民工月均收入4432元，同比增长8.8%；其中，外出农民工、本地农民工分别为5013元、3878元，同比分别增长10.2%、7.5%。②东部地区就业的农民工月均收入增速快于其他地区。2021年东部、中部、西部和东北地区就业的农民工月均收入分别为4787元、4205元、4078元和3813元，同比分别增长10.0%、8.8%、7.1%和6.7%。③制造业农民工月均收入增速最快。从事制造业、居民服务修理和其他服务业、建筑业、住宿餐饮业、批发和零售业、交通运输仓储和邮政业的农民工月均收入分别为4508元、3710元、5141元、3638元、3796元、5151元，同比分别增长10.1%、9.5%、9.4%、8.3%、7.5%、7.0%。

表 12-9 是 2015—2021 年农民工动态监测调查分行业月均收入及其年均增速情况。表中数据显示，除一些年份之外，制造业农民工月均收入相对较高，且 6 年的年均增速（7.20%）也相对较快。

表 12-9　2015—2021 年农民工动态监测调查分行业月均收入（元）及其年均增速

行业	2015 年	2016 年	2017 年	2018 年	2019 年	2020 年	2021 年	年均增速（%）
制造业	2970	3233	3444	3732	3958	4096	4508	7.20
建筑业	3508	3687	3918	4209	4567	4699	5141	6.58
批发和零售业	2716	2839	3408	3262	3472	3532	3796	5.74
交通运输仓储和邮政业	3553	3775	4048	4345	4667	4814	5151	6.39
住宿餐饮业	2723	2872	3019	3148	3289	3358	3638	4.95
居民服务修理服务业	2686	2851	3022	3202	3337	3387	3710	5.53
合计	3072	3275	3485	3721	3962	4072	4432	6.30

资料来源：国家统计局《2015—2021 年农民工监测调查报告》。

基本概念

人口受教育构成；就业人口；就业率；人口就业构成

思考题

1. 简述人口受教育构成的影响因素。
2. 利用"七普"数据，分析我国人口受教育构成的特征。
3. 简述人口就业构成的影响因素。
4. 利用"七普"数据，分析我国就业构成的特征。

第四编

人口发展

第十三章

人口问题及其可持续发展

人口问题是指一个国家或地区在人口发展过程中,在人口数量、人口质量、人口结构等方面出现的与社会经济发展不相适应的情况。人口问题本质上是社会经济问题,是发展问题。一段时期以来,世界各国和地区都存在着一定的人口问题。人口可持续发展是人口发展的重要内容和方向。本章首先分析人口问题的内涵及表现,其次阐述可持续发展的基本理论,在此基础上,根据相关理论分析中国人口的可持续发展。

第一节 人 口 问 题

在人类发展过程中,人口数量、人口质量和人口结构总是在不断变化之中,当人口的某些方面与资源环境、社会经济发展不相适应时,就产生人口问题。所以,人口问题本质上是社会经济问题,是发展问题。人口问题古来有之,但不同时代的人口问题有不同的内容;同一时代不同国家、不同地区人口问题的内容、表现形式也不尽相同。纵观整个人类的人口发展史,人口总量在不同时期有增有减,总体上呈缓慢增长的态势。在一定意义上可以说(如历史上的一些特定时期),人口增加往往意味着社会的安定,人口萎缩往往标志着社会的动荡。

目前,发达国家和发展中国家人口问题的内容、表现形式不尽相同。发达国家的人口问题主要表现为低人口增长率问题(人口数量)、日益严重的人口老龄化问题(人口结构)、劳动年龄人口及劳动力人口增长缓慢问题(人口结构);而发展中国家则面临着人口数量增长过快（人口数量）以及由此引发的一系列问题、城乡人口过剩问题（人口结构）、劳动力人口素质不高问题（人口质量）。

一、人口数量问题

20 世纪下半叶以来，发达国家和地区人口发展的显著特点是每年新出生人口规模持续下降，人口增长速度逐渐放慢，甚至不少国家和地区出现了人口负增长。1950—1955 年，发达国家人口年平均增长率为 12.8‰，1970—1975 年为 8.4‰，到 1985—1990 年降为 6.1‰；2005 年世界人口增长率为 12.0‰，发达国家只有 3.0‰，主要发达国家更低于这一水平，德国、英国、法国、意大利、加拿大分别为－0.6‰、3.0‰、4.0‰、1.0‰、9.4‰；[①] 同年，中国人口增长率为 4.96‰。2021 年世界人口增长率为 10.4‰，意大利、日本、法国、德国、韩国、美国分别为－2.9‰、－3.4‰、2.1‰、1.8‰、1.4‰、3.5‰；同年，中国人口增长率为 3.1‰。[②]

与发达国家人口增长速度较低相反，发展中国家却继续面临着人口增速过快、总量过大等问题。这主要表现在如下三个方面。

（1）人口增长速度持续高位。据统计，1950—1980 年，发展中国家人口增加了 95.0%，而同期发达国家只增长了 36.0%；1986—1988 年，发展中国家人口的年平均增长速度为 2.3%。1950—1990 年，发展中国家人口年增长率大于世界人口平均年增长率，更大于发达国家人口年增长率。1960 年、1980 年、1990 年发展中国家、世界、发达国家人口年增长率分别为 2.14%、1.86%、1.27%，2.14%、1.77%、0.74%、1.92%、1.61%、0.60%（见表 13-1）。2005 年，世界平均人口增长率为 12.0‰，其中发达地区、欠发达地区和最不发达地区的人口增长率分别为 3.0‰、14.0‰和 24.0‰；最不发达地区的人口增长率是发达地区的 8 倍多。2005 年，埃塞俄比亚、安哥拉、尼日尔、阿富汗、巴拉圭、洪都拉斯和冈比亚平均人口增长率分别为 24.0‰、28.0‰、33.0‰、41.0‰、23.0‰、22.0‰和 26.0‰。[③] 2021 年，世界人口平均增长率为 10.4‰，尼日利亚、巴勒斯坦、埃及、南非分别为 25.4‰、19.8‰、19.2‰、12.7‰。

（2）人口基数大，且每年增长的绝对人口规模庞大。1950—1960 年，发展中国

[①] 联合国人口基金会：《2005 年世界人口状况》，纽约：联合国人口基金会，2006 年编印，第 111-114 页。

[②] 国家统计局：《中国统计年鉴 2021 年》，"附录：国际主要社会经济指标"，见 http://www.stats.gov.cn/tjsj/ndsj/2021/indexch.htm。

[③] 联合国人口基金会：《2005 年世界人口状况》，纽约：联合国人口基金会，2006 年编印，第 111-114 页。

家年平均新增人口为 1500 万人，1980—1988 年上升为 8100 万人。1950—1985 年，发展中国家新增人口是同期发达国家新增人口的 5 倍以上；同期，发展中国家新增人口总数约占全世界新增人口总数的 85.0%。2020 年，中国、印度、印度尼西亚、巴基斯坦、巴西、尼日利亚、孟加拉国等 7 个国家的人口排世界前 10 位。据《世界人口展望 2022》预测：到 2050 年，东亚与东南亚地区人口数量将达到峰值并开始减少；2050 年后，全球人口增长将集中在刚果、埃及、埃塞俄比亚、印度、尼日利亚、巴基斯坦、菲律宾和坦桑尼亚等国家。

表 13-1　1950—1990 年世界人口规模及增长情况（%）

年份	世界		发达国家		发展中国家	
	人口（万）	年增长率	人口（万）	年增长率	人口（万）	年增长率
1950	250400	—	83200	—	167200	—
1960	301400	1.86	94500	1.27	206900	2.14
1970	368300	2.06	104700	0.87	263600	2.55
1980	445300	1.77	113600	0.74	331700	2.14
1985	484200	1.67	117300	0.64	366900	2.02
1990	524800	1.61	120900	0.60	404000	1.92

资料来源：潘纪一、朱国宏《世界人口通论》，中国人口出版社 1991 年版，第 115 页。

（3）发展中国家新增人口占全世界新增人口的比例较大。目前，发展中国家（非洲、亚洲和拉丁美洲国家）的人口自然增长率还处于较高水平（2005 年埃塞俄比亚人口自然增长率为 25.0‰、菲律宾为 23.0‰、哥伦比亚为 17.0‰），属于从传统型到现代型的过渡型人口增长模式。2020 年，人口增长率为 10.4‰。人口总规模排世界前 10 位的中国、印度、印度尼西亚、巴基斯坦、巴西、尼日利亚、孟加拉国等 7 个国家的人口增长率分别为 3.0‰、10.0‰、11.0‰、20.0‰、7.0‰、25.0‰、10.0‰。

二、人口结构问题

在人口年龄结构方面，发达国家和发展中国家在 15～64 岁劳动年龄人口、65 岁及以上人口结构变化方面表现出不同特征和趋势（如表 13-2 所示）。1975—2000 年，世界劳动年龄人口占比从 57.8% 上升到 62.7%，上升了 4.9 个百分点，其中发达国家只上升了 1.4 个百分点，而发展中国家上升了 6.7 个百分点；另一方面，目前发达国家都已经进入人口老龄化时期。1975—2000 年，发达国家 65 岁及以上人口比重从 10.6% 上升为 13.0%，上升了 2.4 个百分点；其中北欧和西欧人口老化最为明显，

1991年这两个地区65岁以上人口占总人口的比重已分别达到16.0%、14.0%；主要发达国家英国、法国、德国、瑞士、瑞典分别为16.0%、14.0%、15.0%、15.0%、18.0%。但同期，发展中国家65岁及以上人口比重从3.9%上升为4.9%，只上升了1.0个百分点。因此，发达国家65岁及以上人口的比重和增长速度都要高于发展中国家。

表13-2 主要年份世界人口的年龄结构情况（%）

年份	世界			发达国家			发展中国家		
	0~14岁	15~64岁	65岁及以上	0~14岁	15~64岁	65岁及以上	0~14岁	15~64岁	65岁及以上
1975	36.6	57.8	5.7	24.8	64.6	10.6	40.9	55.2	3.9
1985	35.0	59.0	6.0	23.0	65.0	12.0	38.0	58.0	4.0
2000	30.7	62.7	6.6	21.0	66.0	13.0	33.2	61.9	4.9

资料来源：洪英芳《世界人口经济概论》，吉林大学出版社1990年版，第44页。

随着劳动年龄人口比重的下降、老年人口比重的上升，发达国家劳动年龄人口的年均增长速度表现为日渐下降的趋势。1950—1975年，发达国家总人口数、劳动年龄人口数的年均增长率分别为1.09%、1.10%；到1988—2000年，则分别为0.50%、0.37%（如表13-3所示）。1965—1980年，发达国家劳动力人口的平均增长速度在1.0%以上，但在20世纪80年代以后降到0.5%的低水平，下降了一半左右。其中，主要发达国家下降的速度更快，如英国、瑞士、比利时等国家都下降到0.20%以下。劳动年龄人口和劳动力人口增长速度缓慢，必然会导致劳动力供给不足问题。随着发达国家总人口增长速度的不断下降和人口的日趋老龄化，这一问题将更为严重，从而影响到社会经济的发展。因此，劳动年龄人口和劳动力人口日益成为发达国家重要的人口问题。

表13-3 1950—2000年发达国家总人口与劳动年龄人口情况

年份	人口（百万）		年均增长速度（%）	
	总人口	劳动年龄人口	总人口	劳动年龄人口
1950	832	537	—	—
1975	1092	706	1.09	1.10
1980	1131	735	0.70	0.80
1988	1198	808	0.72	1.16
2000	1272	839	0.50	0.37

资料来源：洪英芳《世界人口经济概论》，吉林大学出版社1990年版，第81页。

相比之下，发展中国家由于人口高速增长导致劳动年龄人口过多，使这些国家面临着劳动就业的巨大压力。据国际劳动组织预测，到2025年，发展中国家劳动力人口将增加到 14 亿人,其中亚洲 8 亿人,非洲 4.3 亿人,拉丁美洲 1.7 亿人。[①] 快速增长的劳动力人口对社会经济的影响将继续存在。目前,发展中国家劳动力人数还在继续增长。

三、人口质量问题

在人口质量方面,发展中国家较高的人口增长率严重地阻碍了教育的普及和教育水平的提高。有不少国家,初级教育尚未普及或者普及率相当低。例如,2005 年,埃塞俄比亚小学总入学率男、女分别为 79.0%、61.0%,15 岁以上文盲率男、女分别为 51.0%、66.0%;同年,海地小学总入学率男、女分别为 49.0%、46.0%,15 岁以上文盲率男、女分别为 46.0%、50.0%。发展中国家的总入学率也远低于同期发达国家的水平。2005 年,英、美等发达国家小学总入学率男、女均为 100%,15 岁以上文盲率几乎为零。[②] 2015 年,联合国教科文组织统计中心(UNESCO Institute for Statistics)数据显示,2010 年,乌干达初等教育入学率为 88.0%,而中等教育入学率仅为 22.0%。印度 2008 年地区健康调查数据显示,不同年龄段女性入学率与男性入学率相比有 5~20 个百分点的差距;联合国教科文组织 2017 年发布的性别平等指数表明,中东、非洲、东南亚等地区的"真实发展指数"(Genuine Progress Indicator,GPI)低于 0.96;安哥拉的 GPI 仅为 0.77,意味着该国男女入学比例仅为 100∶77。

人口平均预期寿命(life expectancy)是衡量一个社会经济发展水平及医疗卫生服务水平的指标,也是衡量人口质量的一个重要指标。相对于发达地区而言,欠发达地区的社会经济条件、卫生医疗水平等因素与之有一定的差距,因此,其人口平均预期寿命相对较低。1982 年、1997 年、2002 年,欠发达地区的人口平均预期寿命分别为 63 岁、63 岁、65 岁,低于世界平均水平,更低于发达地区的水平;同期非洲人口平均预期寿命分别为 54 岁、52 岁、52 岁,也低于世界平均水平和发达地区的水平(见表 13-4)。

表 13-4 部分年份世界主要地区的人口平均预期寿命(岁)

国家或地区	1982 年			1997 年			2002 年		
	合计	男	女	合计	男	女	合计	男	女
世界	65	63	67	66	64	68	67	65	69

[①] 吴忠观:《人口学》,重庆:重庆大学出版社,2005 年版,第 325 页。
[②] 联合国人口基金会:《2005 年世界人口状况》,纽约:联合国人口基金会,2006 年编印,第 107-110 页。

续表

国家或地区	1982 年			1997 年			2002 年		
	合计	男	女	合计	男	女	合计	男	女
发达地区	74	71	78	75	71	79	76	72	79
欠发达地区	63	61	64	63	62	65	65	63	66
非洲	54	52	56	52	50	53	52	51	53
北美洲	76	72	79	76	73	79	77	75	80
拉丁美洲和加勒比海地区	68	65	71	69	66	72	71	68	74
亚洲	64	63	66	65	64	67	67	66	69
欧洲	75	71	78	73	69	77	74	70	78
大洋洲	73	70	76	73	71	76	75	72	77

资料来源：美国人口咨询局《世界人口数据表》，1993 年、1998 年、2003 年。

第二节　人口可持续发展

一、可持续发展基本理论

可持续发展是由当代发展观演进而来的，是最高层次的发展观。发展是自然-社会复合系统内定向社会变革引导系统向更加谐和、更加互补和更加均衡状态变化的动态过程，这个动态过程可分为四个阶段，即前发展（predevelopment）、低发展（underdevelopment）、高发展（upperdevelopment）和可持续发展（sustainable development）。[①] 可持续发展关注的是一个包括人口、资源、环境、经济等方面因素及其相互关系和作用机理的综合系统，它从时间和空间上都大大扩展了发展的观念。从时间上来说，它已经不仅仅是一代人的发展，而是涉及世世代代人的发展；从空间上来说，它已经不是限于一国一地的发展，而是涉及全球的发展。

可持续发展理论是 20 世纪下半叶全球性环境问题出现后的产物。自 20 世纪 50 年代以来，世界人口的快速增长对环境造成了沉重的压力。世界人口在 20 世纪下半叶增长了一倍多，由 1950 年的 25.0 亿增长到 2020 年的 77.53 亿。联合国《世界人口展望 2019 年》的中方案、动量方案、固定死亡率方案、低方案的预测数据显示：

---

① 周毅：《21 世纪中国人口与资源、环境、农业可持续发展》，太原：山西经济出版社，1997 年版，第 82 页。

世界人口在 2100 年、2074 年、2066 年、2054 年达到峰值，分别为 109 亿、93.2 亿、95.1 亿、89.2 亿人。人口的持续增长意味着社会需求的持续增长，对地球的负载能力形成巨大的压力，粮食、耕地、自然资源以及社会经济发展都经受着日益巨大的人口压力。庞大的人口总量，工业化、城市化进程的加快，必然会加速对自然资源的掠夺，加剧对耕地、淡水、森林和矿产的消耗，同时产生严重的环境污染，使人类赖以生存、发展的空间变得日益恶化。20 世纪下半叶以来，形成了日益严重的世界性资源短缺和环境恶化问题，引起了人们的警惕和反思。

世界性生态问题的出现，使人们开始重新审视人类发展的思路和发展目的，单纯追求经济增长式的发展模式遭到普遍质疑。对传统经济发展模式反思的结果，孕育出了可持续发展思想及其相关战略。1972 年，罗马俱乐部在《增长的极限》报告中指出：如果人类不对当前的资源消耗行为做出重大调整，那么最迟到下个世纪末（2100 年），人口和工业增长必将会停止。[①] 1972 年 6 月，联合国人类环境会议明确的"显然是要确定我们应当干些什么，才能保持地球不仅现在适合人类生活，而且将来也适合子孙后代居住"这一主题，反映了人类认识自然、改造自然两重性的自觉反思。以这次会议为肇始，一些具有远见卓识的学者开始讨论在人口增长、合理利用资源的情况下，如何才能最有效地促进经济发展这个问题，并且深入探讨了在全球"创建一个能够维持下去的社会"的议题和"生态需求"的指标。1980 年，国际自然与自然资源保护联盟、联合国环境规划署和世界野生生物基金会联合共同发表的《世界自然资源保护大纲》倡议"通过保护生物资源来实现可持续发展"。[②] 1987 年，联合国环境与发展委员会在《我们共同的未来》报告中强调：今天的发展使得环境问题变得越来越恶化，并对人类的持续发展产生严重的消极影响，因此，我们需要有一条新的发展道路；不是一条仅能在若干年内，在若干地方支持人类进步的道路，而是一条一直到遥远的未来都能支持全人类的进步的道路，是一条资源环境保护与经济社会发展兼顾的道路，即可持续发展道路。《我们共同的未来》正式提出并定义了可持续发展的概念：既满足当代人的需求，又不对后代人满足其需求的能力构成危害的发展。[③] 这是人类社会有关环境与发展思想从一般性考虑环境保护到强调环境保护与人类自身发展结合起来认识的一个重大飞跃。

---

① Donella H. Meadows, Dennis L. Meadows, Jørgen Randers, et al. *The Limits to Growth*. New York: Universe Books, 1972: 126.

② IUCN, UNEP, WWF. *World Conservation Strategy: Living Resource Conservation for Sustainable Development*. Gland, Switerland: IUCN, 1980: iv-2.

③ 世界环境与发展委员会：《我们共同的未来》，王之佳、柯金良等译，长春：吉林人民出版社，1997 年版，第 52 页。

1992年，联合国环境与发展大会第一次从环境保护和经济发展有机联系的高度，提出了可持续发展战略及其行动纲领《21世纪议程》，确定了面向21世纪国际环境与发展进行合作的原则和行动纲领。会议宣告：人类处于受关注的可持续发展问题的中心，他们应当享有以和自然相和谐的方式过着健康而富有生产成果的生活的权利；为了公开地满足今世及后代在发展与环境方面的需要，求取发展的权利必须实现；为了实现可持续的发展，使所有人都享有较高的生活素质，各国应当减少并消除不能持续的生产和消费方式，并推行适当的人口政策。《21世纪议程》把人类放在可持续发展的中心，确立了人口在社会发展中的关键地位。人口之所以能够成为可持续发展的中心，主要是由人的主体地位和基本属性所决定的。一方面，人口是人地系统及构成社会生活的主体。仅就人地系统而言，人口既是其要素，又是其主体；作为要素，人口受人地系统内自然资源、环境等"地"的要素的影响，同时也对人地系统内自然资源、环境等"地"的要素有一定的制约，二者相互依赖、相互制约；作为主体，人能适应人地系统内"地"的要素的影响并可能开发和利用这些要素，人将在很大程度上决定这些"地"的要素以及整个人地系统的相互协调和可持续发展。因此，人在人地系统中既是要素，又是主体的双重属性，决定了人在协调人地关系、推进可持续发展中的中心地位。另一方面，人既是生产者，又是消费者，也决定了人是实现可持续发展的中心。[①]

可持续发展模式与前发展、低发展和高发展等传统的发展模式的根本区别在于：可持续发展模式不是简单地开发自然资源以满足当代人类发展的需要，而是在开发资源的同时保持自然资源的潜在能力，以满足未来人类发展的需要；可持续发展模式不是只顾发展不顾环境，而是尽力使发展与环境协调，防止、减少并治理人类活动对环境的破坏，使维持生命所必需的自然生态系统处于良好的状态。因此，可持续发展是持续不断的，其发展不会在某一天被限制或中断。而且它既满足当今的需要，又不会危及人类未来的发展。

时至今日，可持续发展已成为世界不同国家、地区以及组织大力推行的发展理念。与此同时，可持续发展理念也在生态、社会、经济和文化的维度内继续深化和细化，并与人力资本、大气变化等具体问题结合到一起。[②] 2015年，联合国确立了世界各国应当坚持追求的17个可持续发展目标以及169个具体目标和232个衡量指标，

---

① 国家计生委外事司：《人口与发展国际文献汇编》，北京：中国人口出版社，1995年版，第97-98页。

② 樊越：《可持续发展理念的历史演进及其当前困境探析》，载《四川大学学报》2022年第1期，第88-98页。

共涉及 193 个联合国成员国和数量庞大的民间组织。①

二、人口的可持续发展

人口是在一定的区域内构成社会生活集团的人的集合，是"一个具有许多规定和关系的丰富的总体"。人口具有自然和社会的双重属性，其自然、社会属性又具体表现为若干特征。一般认为，不同区域的人口往往具有不同的特征，从而形成对区域可持续发展的不同作用和影响。对某一区域来说，人口的属性特征主要表现在以下几个方面：① 人口数量——人口的基本特征，主要表现为人口规模的大小，是一种反映人口规模属性的静态指标；② 人口素质——人口质量的属性特征，主要包括人口的身体素质、道德（思想）素质和文化科学素质等，其文化科学素质的高低，一般以教育程度结构特征表示；③ 人口结构——人口的结构属性特征，主要包括由性别结构、年龄结构等构成的自然结构，由劳动力资源结构、在业人口的行业结构和职业结构等构成的经济结构，由社会阶层结构、民族结构、教育程度结构、婚姻结构、家族结构等构成的社会结构及其变动。②

在可持续发展人口、经济、社会、资源这四维要素中，人口资源与可持续发展密切相关。首先，一定数量和质量的人口是可持续发展的前提条件。一方面，一定数量的人口能形成衣、食、住、行、教育、娱乐等各种社会需求，促进经济的发展；另一方面，人口数量过多，规模过大，又会导致粮食、能源、淡水等各种资源的供应紧张，给社会造成巨大压力，给可持续发展带来阻力。可持续发展的最终目的是满足人的需要，人作为社会经济活动的主体，既是可持续发展的目的，又是实现可持续发展的动力。其次，人口对自然资源、环境资源以及经济发展具有两重性。一方面，人类生存必须发展经济，必然消耗资源，构成对环境的压力。人口的增加意味着消费的增加，而消费的增加又意味着人类向大自然资源索取的增加和向环境排放废物的增加。因此，在人口激增的情况下，人们不得不对有限的自然资源进行过度的开发和利用，从而造成资源的加速枯竭、生态失衡和严重的环境污染。另一方面，人类又可能用创造性的劳动、技术、管理开发新的资源，保护环境。

---

① UNDP. *World Leaders Adopt Sustainable Development Goals*，https：//www.undp.org/content/undp/en/home/presscenter/pressreleases/2015/09/24/undp-welcomes-adoption-of-sustainable-development-goals-by-world-leaders.html。

② 王桂新、殷永元：《上海人口与可持续发展研究》，上海：上海财经大学出版社，2000 年版，第 41 页。

第三节
中国人口可持续发展

中国人口的可持续发展与中国的国情密切相关。1993年10月，国家计生委和国家科委组织召开了新中国成立以来第一次将中国的发展与环境、资源、人口问题联系起来的国际研讨会。1994年，国务院发布了根据中国国情参照联合国《21世纪议程》编制而成的《中国21世纪议程——中国21世纪人口、环境与发展白皮书》。它是一个以人口、经济、资源、社会等为可持续发展结构的四维复合系统，主要包括四大部分：可持续发展总体战略，社会和人口的可持续发展，经济可持续发展，资源、环境保护与可持续利用。其核心内容是从中国国情出发，走具有中国特色的可持续发展道路。中国可持续发展的内涵是经济、资源、环境、社会、人口、科教的可持续发展，它的特征是以经济发展为前提和基础，以节约资源、保护环境、控制人口为关键，以科技进步和教育为动力。1999年3月召开的中国人口、资源、环境工作座谈会特别强调："人口和计划生育问题是我国可持续发展的关键问题。我国人口基数大，人口增长压力大，在资源、环境以及经济社会发展中，许多矛盾和问题都同人口问题分不开，必须把人口问题放到可持续发展战略的首要地位，千方百计地抓好"，"人口、资源、环境三者的关系，人口是关键"。[①]

一、人口与资源、环境的协调发展

在可持续发展系统各要素的关系中，人口与资源、环境的协调发展是可持续发展的重要内容，资源与环境的承续利用是可持续发展的重要保障。从中国目前的现实来看，一方面，不合理的人口结构、较低的人口素质和对自然资源的不合理开发与利用，必然会对自然资源与生态环境造成巨大的压力；另一方面，由于可开发的自然资源和环境容量有限，形成了人口与资源难以调和的尖锐矛盾，这已成为当前中国经济社会发展所面临的严峻问题，也是中国可持续发展的重要制约因素。

随着人类社会的发展，生产力水平的提高和科技进步，人口对资源环境的能动作用越来越强。新中国成立以来，由于我国经济发展沿袭了高消耗的粗放型经营方式，注重速度与数量的增长，忽视了质量与效益的提高，导致了自然资源消耗过快及环境质量不断恶化。粗放型的生产方式已使中国成为世界上污染排放量较多的国

---

① 朱镕基：《朱镕基总理在中央人口资源环境工作座谈会上的讲话》，《人民日报》1999年3月14日。

家。据生态环境部发布的各年份《中国环境状况公报》显示，1985年废水排放量为341亿吨，2008年达到571亿吨，增长了67.5%。2020年，全国空气中主要污染物排放量约为2113.22万吨，其中，二氧化硫、氮氧化物、颗粒物排放量分别为318.22万吨、1181.65万吨和613.35万吨。由于相当一部分废水未经处理或只经简单的处理就排入江河，造成了严重的环境污染。

由于人们采取了一系列破坏生态环境的行为，结果使生态平衡遭到破坏，环境污染更加严重，自然灾害也日趋频繁。据统计，近年来，全国平均洪涝、干旱面积比新中国成立初期有较大的增加，其发生的次数及损失也成倍地增长。以1993年为例，农作物受灾面积达5267万平方千米，房屋倒塌277万间，损坏933万间，因灾死亡6000多人，受伤1万多人，造成经济损失933亿元。① 2007年，我国因气象灾害直接经济损失高达2342亿元，高于1991年以来的平均水平，干旱和暴雨洪涝仍是主要气象灾害，受灾面积占总受灾面积的82%；发生地质灾害25364起，伤亡1123人。其中，死亡598人，失踪81人，受伤444人。② 国家应急管理部统计数据显示，2020年我国各种自然灾害共造成1.38亿人次受灾，591人死亡失踪，10万间房屋倒塌，176万间房屋损坏，农作物受灾面积19957.7千公顷，直接经济损失3701.5亿元。③

从中国科学院课题组对1990—2000年及未来30年我国资源、环境的若干指标的对比分析中也可以看出，我国人口的庞大基数对资源、环境的破坏作用会一直延续下去（如表13-5所示）。

表13-5 1990—2030年我国资源、环境若干指标预测表

项目	1990年	2000年	2010年	2020年	2030年
人均GNP（以1990年美元不变价格）	443	760	1275	2125	3000
年平均增长速度（%）	10.0	7.2	6.6	4.9	4.0
总能源需求（亿吨标准煤）	10.4	14.5	16.9	18.5	19.0
人均生物量（公斤）	3050	2971	2850	2742	2660
人均耕地（公顷）	0.13	0.11	0.10	0.095	0.090
人均林地（公顷）	0.115	0.120	0.128	0.135	0.145
人均草地（公顷）	0.285	0.242	0.230	0.225	0.225
单位GNP能量消耗（1990年为100）	100.00	93.3	75.8	52.4	25.0

---

① 肖自力、周双超：《中国人口与可持续发展》，北京：中国人口出版社，1998年版，第50页。
② 《气候与自然灾害》，见http://www.china.com.cn/news/txt/2009-01/04/content_17050063.htm。
③ 应急管理部新闻宣传司：《应急管理部发布2020年10月全国自然灾害情况》，见https://www.mem.gov.cn/xw/bndt/202011/t20201103_371295.shtml。

续表

项目	1990年	2000年	2010年	2020年	2030年
二氧化碳排放量（亿吨）	6.7	7.8	8.5	9.0	8.5
二氧化硫排放量（百万吨）	15.5	21.5	18.0	15.0	12.0
土壤侵蚀面积（百万平方千米）	1.53	1.55	1.50	1.48	1.45
森林覆盖率（%）	12.9	13.9	14.5	18.0	22.0
沙漠化（万平方千米/年）	0.176	0.200	0.220	0.240	0.230

资料来源：中国科学院可持续发展研究组《2000年中国可持续发展战略报告》，科学出版社2000年版，第8页。

二、人口素质与可持续发展

人口素质是反映一定时空条件下人口总体素质的一个规定性的综合范畴，是对人口多方面质的规定性的普遍概括和总结，体现了人口总体所具有的认识世界、改造世界的条件和能力。劳动力素质的高低，决定了劳动生产率的水平。因此，劳动力素质最能反映人口素质的综合水平，并与可持续发展直接相关。我国作为一个经济正加速发展的国家，决定了人口素质在可持续发展中具有重要地位。在现代社会，科技发展总的趋势是以教育水平较高的劳动力代替教育水平较低的劳动力。同时，科技和生产的发展，将把劳动力推向一个不论是智力水平还是健康水平等综合素质都越来越高的阶段。在这个过程中，教育对于人口素质的提高无疑起着非常重要的作用。它是人口素质提高的根本途径，而高素质的劳动者又是国民经济持续稳定发展的源泉。

作为衡量人口素质重要指标的人口受教育年限，我国还有一些忧患。"七普"数据显示，2020年，我国每10万人中具有大学文化程度的有15467人；15岁及以上人口、劳动年龄人口的平均受教育年限分别为9.91年、10.8年；文盲率为2.67%。而目前经济发达国家、欧洲和中亚地区国家的劳动年龄人口的平均受教育年限分别为11.32年、11.44年。联合国《2020年人类发展报告》显示，我国25岁以上人口平均受教育年限为8.1年，世界排名第113位；德国排第一位，为14.2年。人口受教育年限的相对不足成为影响我国可持续发展的制约因素。对此，国家将继续提高教育普及水平，力争在"十四五"末期将劳动年龄人口平均受教育年限提高到11.3年。

三、人口结构与可持续发展

社会生产力的发展和社会经济条件的变化，自始至终都离不开人口结构的相应调整、发展和变化。人口结构既是当前社会经济和政策变化的反映，也是决定未来人口发展趋势和影响社会经济发展的重要因素。未来的生育水平、国民收入、产出消费结构甚至社会经济结构都不同程度地受到人口年龄结构的影响。人口群体过于年轻或者过于老化，会在某种程度上阻碍或制约社会经济的可持续发展。城乡人口结构不合理，特别是农村人口增长加快，不仅阻碍工业化和城市化发展进程，而且影响可持续发展目标的实现。因此，人口结构在可持续发展中，既是人口发展的基础，又是社会经济运行和发展的人口条件，它对社会经济的可持续发展具有重要意义。一段时期以来，我国出生性别比持续高位运行以及日趋严重的人口老龄化问题，业已并将继续对人口可持续发展产生不利的影响。出生性别比长期失衡，将会使婚姻关系失衡，引起社会动荡；日趋严重的人口老龄化，已使劳动力供给结构出现了失衡，影响着社会经济的发展。

基本概念

人口问题；可持续发展

思考题

1. 比较发达国家和发展中国家人口问题的异同。
2. 简述可持续发展的基本理论。

第十四章

人 口 政 策

人口的生育、死亡、迁移等过程是人口自身发展的结果,但不同国家和地区实施的人口政策对生育率、死亡率、迁移率等也会产生重要影响。实施生育增殖政策的国家和地区,一定时期内的生育率会相对较高;而实施控制人口增长政策的国家和地区,一定时期的人口增长减缓。本章首先介绍人口政策的主要内容、特征,论证"人口政策是公共政策"这一观点;其次,从政策效果、运行过程角度等对人口政策进行分类;在此基础上,运用人口政策的相关理论,分析中国人口政策的演进过程、内容、特征以及调整完善的过程。

第一节
人口政策是公共政策

一、公共政策

公共政策的产生是以政府为主的公共机构为确保社会朝着政党系统所确定、承诺的正确方向发展,通过广泛参与、连续抉择和具体实施而产生效果,并利用公共资源,达到解决社会公共问题和平衡、协调社会公众利益目的的公共管理活动过程。[①] 公共政策是政府为处理社会公共事务而制定的行为规范,其本质体现了政府对

---

① 陈庆云:《公共政策分析》,北京:中国经济出版社,1996年,第8页。

全社会公共利益所做的权威性分配。

公共政策是一种同人类社会的生存与发展息息相关的现象，尤其在阶级、国家出现以后，在一个国家的管理活动中，始终贯穿着公共政策的制定和执行。公共政策是国家管理的一种重要手段和重要内容。公共政策是对社会的公私行为、价值、规范所做出的有选择性的约束与指引，通常以法令、条例、规划、计划、方案、措施、项目等形式表达出来。公共政策在尽量保留已界定的共同内容的基础上，将"管理职能""活动过程""行为准则"等有差异的内容有机地结合起来。

公共政策作为以政府为主的公共机构为解决社会公共问题，平衡、协调社会公众利益目的的公共管理活动的一种行为过程，它总是通过一定的形式表现出来。通常所见的形式有三类。① 实现政策的手段。公共政策不仅包含目标，而且包含为实现目标所必须采取的手段，其中包括执行政策所需要的项目、措施、策略、方法和技术。在实施公共政策时，由于同一公共政策所面对的政策客体在空间和时间分布上存在差异性，在执行时所能实际提取的资源也不相同，加之不同公共政策的执行者对政策目标的理解不一样，因而在实施同样的公共政策时所采取的行动路线、策略、方法、措施是多种多样的。② 政策的多种表现形式，如路线、战略、方针、规划、计划、方案、措施、项目等。公共政策在公布时也采取多种形式，主要有法律、计划、文件等。一般来说，路线、战略、方针表达的是较长久的政策，通常以法律的形式下达；规划、计划、方案属于中长期政策，通常以计划的形式下达；措施、项目属于短期政策，通常以文件形式下达。③ 政策的文字形式主要有指示、意见、纪要、决定、条例、章程、计划、批复、工作报告等。

由于公共政策主体、客体、目标以及影响公共政策实施的一系列因素各有不同，因而公共政策运行过程的环节与阶段也会产生不同的差异性。从公共政策的实践来看，公共政策运行过程包括公共问题认定、政策方案制定、政策分析、政策执行、政策效果分析等步骤，并由此构成一个公共政策周期。

制定公共政策的目的是解决社会公共问题，制定政策首先要认清问题。当社会问题只影响到与其有直接关联的群体时，这类社会问题的涉及面比较窄，不能称之为社会公共问题。当某些社会问题的影响已不再局限于某个区域或社会生活的某些领域，影响对象已不再是某个群体或某个层次的社会成员时，社会问题就转化为社会公共问题。也就是说，有广泛影响，迫使社会必须认真对待的问题，称为社会公共问题。但并非所有的社会公共问题都能成为公共政策问题，能够成为公共政策问题的社会问题都具备五个要件：① 社会客观现象，社会问题来源于社会期望与社会现状之间的差距；② 大多数人对社会问题有所觉察并受其影响；③ 利益与价值观念的冲突；④ 团体的活动与力量；⑤ 政府的必要行动。因此，公共政策问题是特定的社会公共问题，它由政府列入政策议程并采取行动，通过公共行为去实现和解决。公共政策的形成过程，实际上是各种利益群体把自己的利益要求投入政策制定系统中，由政策主体依据社会利益需求对复杂的利益关系进行调整的过程。公共政策具有导向、调控和分配等基本功能。当社会问题通过各种方式纳入政府议程、成为公共政策问题后，公共政策主体就必须制定出相应的政策解决公共政策问题，从而进入公共政策的制定程序。

二、人口政策是一种公共政策

人口政策是公共政策的一种，是公共政策的重要组成部分。

由于人口过程及其影响因素十分复杂，因此，对调节人口变动的人口政策的定义也比较困难。张纯元认为，人口政策是一个国家或地区用来影响和干预人口运动过程以及人口因素发展变化的法规、条例和措施的总和。[①] 杨魁孚认为，人口政策是一个国家为了对本国人口发展过程施加影响和干预而做出的具有法令性的规定。[②] 侯文若认为，人口政策是一个国家的统治阶级为维护其利益，对人口发展过程施加影响和干预而做出的具有法令性的规定。[③] 陈正认为，政策是指包括政府在内的各种社会机构、组织等为达到其特定的目标所制订的计划或行动纲要；当这些计划或行动纲要涉及人口的规模、分布结构等时，就称之为人口政策。[④] 佟新认为，人口政策是政府的各种行为，这些行为的目的在于影响人口增减、过程、规模、结构和分布；政府的各种行为包括制定各种法律、法规和措施，还包括各种控制和激励手段。[⑤] 这些关于人口政策的定义，侧重点各有不同。从涉及范围上看，有的认为人口政策只针对人口再生产和人口分布，不调节人口的社会变动；从作用领域来看，有的认为只作用于人口数量、人口构成和人口分布等领域，而不作用于人口质量的变化；从干预手段来看，有的认为人口政策是为干预和影响人口过程而做出的具有法令性的规定，而有的则认为人口政策只是调节人口过程、指导人口行动的一系列措施或准则的总和。根据公共政策的内涵，人口政策包括两个方面的内容：一是实施政策的行为主体对其人口发展过程和行为所持的态度，即政府主观态度；二是实施政策的行为主体为影响或制约人口发展过程和行为所制定的法令、法规及措施的总和，即政府所采取的客观行为。[⑥]

---

① 张纯元：《中国人口政策演变过程》，于学军、解振明：《中国人口发展评论：回顾与展望》，北京：人民出版社，2000年版，第2页。
② 杨魁孚：《中国人口问题论稿》，北京：中国人口出版社，1997年版，第74页。
③ 侯文若：《中国人口政策评估》，载《人口研究》1988年第6期，第32-37页。
④ 陈正：《人口生育政策的评价方法研究》，载《人口学刊》2000年第5期，第9-13页。
⑤ 佟新：《人口社会学》，北京：北京大学出版社，2000年版，第420页。
⑥ 汤兆云：《当代中国人口政策研究》，北京：知识产权出版社，2005年版，第3页。

一个国家的人口政策，也和其他公共政策一样，是在一定社会经济基础上产生并为经济基础服务的上层建筑。既定的人口政策，集中表达了一个国家及其政府在一定时期内根据经济与社会发展的需要，对人口发展的方向、目标所提出的要求，以及把人口发展引向所期望方向而制定的各种目标和手段。政府如果想要有一个更快的人口增长，那么它可以制定各种政策以增加人口出生率、减少死亡率和鼓励人口迁入；反之，它可以制定各种政策以减少人口出生率以及禁止人口迁入。

人口问题属于社会公共问题。人口数量的增减、人口素质的高低、人口结构的优劣等，都会对社会大多数人的利益以及社会经济的发展产生影响。社会公共问题的解决依赖于国家和政府的力量，只有国家和政府才能拥有解决社会公共问题的资源、手段和能力。解决人口问题只有依靠国家和政府的力量，即解决人口问题的人口政策主体是国家和政府。人口政策是为解决一定时期的人口问题而制定的，因此，其客体就是一定时期的人口问题。

同其他公共政策运行过程一样，人口政策的运行过程包括人口问题形成、人口政策制定、人口政策执行、人口政策评估、人口政策调整、人口政策完成六个阶段。

人口问题与人类社会的发展始终相关，是所有社会问题的出发点和归宿。在人口问题仅局限于某个区域或某个层次，还没有对绝大多数社会成员或者整个社会产生影响时，人口问题就不是一个国家的社会公共问题，这个国家和政府也不会出台解决这些人口问题的人口政策。当人口问题发展到影响绝大多数社会成员利益或者整个社会的发展时，就会出现解决问题的公意性诉求，即社会成员要求国家和政府出台政策以解决这些人口问题。从世界范围内来看，在第二次世界大战以前，世界上大多数国家没有人口政策，因为那时各国的人口问题还没有成为公共社会性问题。第二次世界大战以后，人口快速变化，并由此产生了一系列社会问题。在这种情况下，各国政府意识到了人口问题的严重性。从1974年的布加勒斯特世界人口大会以后的30多年时间里，人们以不同方式表达了对人口问题的普遍关注，其间有50多个国家制定了明确的人口政策。在1994年开罗国际人口与发展大会上，大多数发展中国家认为人口的快速增长会阻碍本国的社会经济的发展，主张实行控制人口增长的政策；有近1/3的发达国家认为本国人口生育水平较低，主张采取措施鼓励生育；另有2/3的发达国家对本国人口生育水平和人口数量较为满意，主张对人口问题采取不干涉的政策。无论是控制人口增长政策，还是鼓励生育人口政策或不干涉的人口政策，都表明国家和政府将人口问题上升为社会公共政策问题，并给予一定程度的关注。以新加坡为例，第二次世界大战后，人口迅速增长，使得20世纪50年代末60年代初进入劳动力市场的大批青年未能得到足够的就业机会；同时还产生了诸如住房、公共卫生、医疗服务、教育、交通等一系列社会问题。为了解决这些因人口剧增而导致的社会问题，从1965年开始，新加坡政府制定并实施了一系列控制人口增长率的政策。这些政策主要包括以下几个方面：向已婚妇女提供家庭生育计划和门诊服务；宣传小家庭利国利民；对三个子女以上的家庭征收高额所得税；第三个孩子以上的产妇不能获得有薪产假，但若在产后自愿接受绝育手术，则可以得到有薪产假；鼓励公务人员做绝育手术，凡公务人员做绝育手术的，均可获得七天全薪产假；提出"两子女家庭"的模式；鼓励晚婚、晚育；规定分娩费用随子女数量的增加而增加，以此来鼓励少生优生等。

人口问题的产生导致人口政策的制定与执行。在人口政策的实施过程中，人口政策的行为主体会适时地根据人口问题的变化情况，对人口政策进行评估，就其实际成效（人口政策执行过程的效果、效益、效率和公众回应等）与预期成效的差异加以衡量。例如，印度政府认识到，庞大的人口数量是制约国家经济发展的主要因素之一。因此，印度在20世纪70年代制定了一系列以推行计划生育措施为主要内容的人口政策：提高结婚年龄，通过自由堕胎法令，鼓励已生育3个孩子的夫妇实行绝育，只生2~3个孩子的夫妇可以得到政府的奖励（如免除医疗费用、提供住房和教育津贴等），政府雇员要签署计划生育保证书。但由于没有得到有效的执行，实际效果不大。而中国20世纪70年代的"晚、稀、少"人口政策、80年代及以后的计划生育人口政策在全国城乡范围内逐步得到贯彻落实，并且取得了非常明显的成效。这主要得益于"晚、稀、少"人口政策的合理性以及计划生育工作所依赖的社会条件和运行机制的可行性、合理性。

人口政策评估能够发现人口政策执行过程中存在的问题，便于及时地总结经验、纠正错误，并适时地进行调整。人口政策调整是人口政策执行过程中不可或缺的组成部分。通过对人口政策调整，可以及时纠正人口政策执行过程中的偏差，使政策更好地符合客观实际的需要，更好地实现人口政策的目标，从而有效地解决人口问题。如进入20世纪80年代后，新加坡政府发现60年代制定的人口政策出现了许多负面因素：低教育水平的育龄夫妇生育子女偏多，平均每对夫妇生育3.5个子女，而受过高等教育的夫妇平均每对只生育1.7个子女，影响了人口素质的提高。为了改变这种状况，新加坡政府对原先的人口政策进行了调整，在1984年提出新的人口政策。新的人口政策包括两个方面：争取实现人口零增长；对达到高等教育文化程度的育龄夫妇实行鼓励生育的政策，提倡受过高等教育的夫妇一生生育三个或三个以上子女，并规定这些子女在一年级新生入学报名中享有优先权，有优先进入重点学校的权利；同时，鼓励低文化水平的母亲减少或保持国家规定的生育数。任何一项人口政策都有其产生、制定、执行、评估、调整和完成等环节，它服务于某一特定的历史时期，着眼于解决某一特定的人口问题。它是一个客观过程，具有阶段性。当这一特定的历史时期或特定的人口问题消失后，人口政策也就失去了存在的前提条件。人口政策完成是人口政策整个执行过程的最后一个阶段，是必不可少的。

第二节
人口政策分类

公共政策有多种分类方式。从已有的公共政策文献资料来看，由于分类标准不一致，得出的公共政策类型也多种多样。

根据所指的方向、所要实现的目标的综合程度，公共政策可分为元政策、基本政策和具体政策。

依据公共政策的作用特性，可以将公共政策划分为改造型公共政策与调整型公共政策、创新型公共政策与重申型公共政策、鼓励型公共政策与限制型公共政策、原生型公共政策与派生型公共政策。

根据公共政策的内容和作用的领域来划分，可以分为政治政策、经济政策、社会政策、科技政策、文教政策等，这是一般的划分方法。张金马在《政策科学导论》中提出五类政策：侧重于政治学科的公共政策，如国家安全政策、外交政策、选举政策；侧重于经济学科的公共政策，如能源政策、税收政策、产业政策；侧重于社会学科的公共政策，如教育政策、人口政策、卫生政策；侧重于市政与区域规范学科的公共政策，如土地政策、住房政策；侧重于自然科学和工程技术的公共政策，如科学政策、技术改造政策等。[①]

和其他公共政策的分类方法一样，由于分类标准的不同，得出的人口政策类型也不同。一般来说，人口政策分为人口增殖政策和人口控制政策、公开的人口政策和带倾向性的人口政策、全国性人口政策和地区性人口政策、狭义人口政策和广义人口政策、直接人口政策和间接人口政策。

一、人口增殖政策和人口控制政策

按照国家对待人口生育的态度和调节生育率发展的方向，可将人口政策分为人口增殖政策和人口控制政策。

人口增殖政策就是一个国家或地区的政府通过直接或间接的经济、行政、法律和技术措施来影响、干预人们的生育行为，刺激人口较快增长，扩大人口规模的策略。目前，实行人口增殖政策的国家主要集中在欧洲、大洋洲等发达国家和地区。如法国、德国、瑞典等国家通过给生育者提供补贴和优惠配套措施，营造有利于组建

---

① 张金马：《政策科学导论》，北京：中国人民大学出版社，1992年版，第28页。

家庭及生儿育女的社会氛围，鼓励生育，以达到促使生育率止跌回升的目的。而人口控制政策是一个国家或地区的政府通过各种措施激励人们晚婚、晚育，鼓励和引导人们少生、优生，以降低人口增长速度，缩小人口规模，并不断提高人口质量的策略。中国是非常典型的实行人口控制政策的国家。多数控制人口增长的政策是在国民自愿的基础上实施的，采取强制措施多生的国家很少。①

二、公开的人口政策和带倾向性的人口政策

几乎所有的国家都有人口政策，都在直接或间接地干预或影响人口过程。根据联合国的资料，1988年131个发展中国家中有68个国家对生育率不进行干预，有61个国家制定了降低生育率的人口政策，有24个国家实行增加或维持现有生育率的人口政策。② 根据一国政府对人口增殖或人口控制所持的态度，可将人口政策分为公开的人口政策和带倾向性的人口政策。公开的人口政策有其明显特征：政府对鼓励人口增殖或控制人口增长所持的态度十分明朗，并公开作出政策声明；政府积极采取一系列配套措施，以促使人口出生率和自然增长率提高或降低；政府设有专门机构对人口政策负责执行和检查；人口政策的推行有政府颁布的法律支持。目前，实行公开鼓励人口增殖政策的国家主要有法国、英国、德国、俄罗斯、保加利亚、罗马尼亚等；实行公开限制人口增殖政策的国家主要有印度、泰国、孟加拉国、加纳、卢旺达、墨西哥等。

带倾向性的人口政策是指一个国家或者地区政府对人口变动施加的影响或干预是不公开的，措施也是间接的，主要通过社会经济政策等来支持民间开展活动，以达到干预或影响人口变动的目的。虽然没有制定明确的鼓励或者抑制人口增长的政策，也没有正式颁布人口措施，但从其实行的社会政策措施及对民间家庭生育的态度，就不难发现它对人口发展的倾向性，是倾向于增殖人口还是控制人口增长。比如科威特等国家，虽然没有以政策的名义正式颁布人口增殖的政策，但从其政府严禁流产、允许多妻制以及提倡大家庭的政策和态度，可见其实际上实行的是鼓励人口增长的人口政策。又如日本在1984年修改《优生保护法》，提倡和支持民间的家庭生育计划，允许人工流产，允许各种媒体传播节制生育知识和人工流产合法化。虽然政府未明确表态限制人口增长，但从其倾向性来看，它实行的是控制人口增长的政策。尽管美国政府自认为对人口生育实行不干预政策，但所采取的一些措施实际上起到了限制人口增长的作用，其目标是最终达到人口静止增长状态。

---

① 李辉：《人口社会学》，北京：中央广播电视大学出版社，2012年版，第29页。
② 卡塔琳娜·托马瑟夫斯基：《人口政策中的人权问题》，毕小青译，北京：中国社会科学出版社，1998年版，第14页。

三、全国性人口政策和地区性人口政策

全国性人口政策是指统揽全国，干预或者影响全国范围内人口变动的人口政策。该人口政策在一个国家的地域内发挥作用，目标是实现全国的人口发展规划，协调人口总体与社会经济以及资源环境的可持续发展，增强国家的综合实力。由于各国的人口分布不一样，人口所生活的具体社会经济、文化条件不一样，民族成分也不同，人口政策须根据这些情况来制定。有时既要制定全国人口政策，而各地还要制定适合本地区实际需要的人口法规或条例，即地区性人口政策。

四、狭义人口政策和广义人口政策

狭义人口政策主要是指影响和干预人口自身生产和再生产过程的人口政策，或者是指那些具有法定形式并且旨在影响人口过程的国家政策和法令。它的作用结果直接制约和影响人口自然变动过程的数量和质量，包括生育政策、死亡政策、优生政策和婚姻家庭政策。[①] 生育政策是指一个国家或地区从社会的、经济的、政治的、资源的、生态环境的综合战略利益出发，同时考虑到大多数群众的接受程度，对其人口的生育行为所采取的政府态度。一般来说，人口政策可包括九方面的内容，即婚姻方面、生育方面、避孕（节育、流产）方面、健康方面、人口分布和移动方面、就业方面、社会福利和社会保险方面以及与人口有关的其他一些公共政策方面的内容，诸如税收、征兵、粮食、住房、土地、资源、民族等。在构成狭义人口政策的所有要素中，人口生育政策是其最直接、最具体的要素。

广义人口政策是指比人口再生产更广泛的人口与社会活动的政策，或者是指那些对人口过程产生重大影响和旨在影响人口过程的国家行为。广义人口政策除包括狭义人口政策的内容外，还包括人口社会变动方面的政策，如职业、行业、城乡人口转化、人口城镇化等；人口自然变动的政策，如婚姻、家庭、生育、死亡等；人口迁移变动方面的政策，如人口的地区分布，国内、国际迁移，侨居等；人口社会活动方面的政策，如普及教育、劳动就业、户籍管理、医疗卫生、退休安置、孤寡老人社会保障、残疾人社会保障等。[②]

由此可见，广义的人口政策范围十分宽泛，它包括人口发展过程中婚姻家庭政策、

---

① 张纯元：《中国人口政策演变过程》，于学军、解振明：《中国人口发展评论：回顾与展望》，北京：人民出版社，2000年版，第3-7页。
② 杨魁孚：《中国人口问题论稿》，北京：中国人口出版社，1997年版，第74-75页。

生育政策、死亡政策、优生政策，还包括国内人口迁移（流动）政策、国际人口迁移政策、人口劳动就业政策、人口教育结构政策、民族人口政策。

五、直接人口政策和间接人口政策

直接人口政策是指国家制定直接的政策，指导和控制国家人口发展的走向；间接人口政策只是通过宣传和技术的方式去实现人口目标，而不是法律的、行政的、经济的强制。

人口是一个丰富的总体，其领域十分广泛，渗透到社会、经济、文化、教育、卫生、劳动就业、体育、环境、社会福利等方面，因此，作为调节人口过程的人口政策也不是单一的，而是一个涵盖人口运动全过程的政策体系。在这个系统中存在和发挥作用的因素多种多样，其中重要的有人口因素、种族因素、医疗卫生因素、劳动就业因素、福利保障因素、社会安全因素等。这些因素与人们的衣食住行、生老病死密切相关，与社会的稳定、有序运行和发展紧密相连，并由此产生一系列的社会问题。解决这些社会问题的政策，统称社会政策。任何一种社会政策，都是为了解决一定的社会问题。社会问题的存在导致了社会政策的产生，社会政策的实施又有利于社会问题的解决。解决社会人口问题的政策，一般称为人口政策。

第三节
中国人口政策

一、古代中国人口政策

人口政策是一定时期人口思想的集中体现，人口思想是一定时期人口政策的基础。从春秋战国时期至新中国成立前，与封建孝文化相适应的、鼓励人口增殖的思想一直是历代王朝的正统人口思想，虽然主张节制人口的思想从清朝中后期开始出现并一直缓慢地向前发展，但它并未被统治阶级采纳。因而，体现统治阶级意志的仍然是鼓励人口增殖的人口政策。

人口思想作为先秦时期"诸子蜂起，百家争鸣"的一个重要组成部分，几乎包括了中国古代人口思想的所有理论问题。这个时期人口思想所提出和探讨的问题，为后来两千多年的封建正统人口思想的形成和发展做了必要的理论准备。管仲为了富国强兵、称霸诸侯，非常重视增加人口，提出了"修旧法，择其善者而业用之；遂滋民，与无财，而敬百姓，则国民安矣"的人口思想。孔子、墨子、荀子等也都很重视增加人口。孔子认为"地有余而民不足，君子耻之"；① 墨子认为"欲民之众而恶其寡""人民寡则从事乎众之"；② 荀子认为"土之与人也，道之与法也者，国家之本作也"。③ 在这样的人口思想支配下，先秦各诸侯国都主张增加人口，推行人口增殖政策。婚嫁是实现人口繁衍的唯一途径，体现在人口政策上，则是政府以法律的形式干预婚嫁。齐桓公曾下令："丈夫二十而室，妇人十五而嫁"，并把大批"未尝御"的宫女遣散出宫嫁人，以便做到"内无怨女，外无旷夫"。④ 越王勾践为雪会稽之耻，实行"十年生聚"的人口政策，他规定："令壮者无取老妇，令老者无取壮妻。女子十七不嫁，其父母有罪；丈夫二十不取，其父母有罪。"多生、生男孩者还受到奖励，"生丈夫，二壶酒，一犬；生女子，二壶酒，一豚。生三人，公与之母；生二人，公与之饩。"⑤ 商鞅为了使秦国富国强兵、一统天下，进行了著名的改革，实行增加人口的政策是其改革的一个方面。

秦汉统治者推行早婚、奖励生育的人口政策。西汉高祖七年（公元前200年）下令："民产子，复勿事二岁。"⑥ 东汉章帝元和二年（85年）规定："令云：'民有产子者，复勿算三岁。'今诸怀妊者，赐胎养谷人三斛，复其夫勿算一岁。著以为令！"⑦ 西汉鼓励人口增殖的政策使其人口剧增，形成了中国历史上第一个人口高峰。汉朝还奖励任期内人口增多的地方官吏。南阳太守召信臣因在任期间使"户口增倍"而升任河南太守；颍川太守黄霸因任期内使"户口岁增"而升至京兆尹。

西晋之初就规定"女年十七父母不嫁者，使长吏配之"；南朝刘宋规定"女子十五不嫁，家人坐之"；北周武帝建德三年（574年）诏令，"自今已后，男年十五、女年十三已上，爰及鳏寡，所在军民，以时嫁娶"。⑧

---

① 《礼记·亲记下》，转引自王育民：《中国人口史》，南京：江苏人民出版社，1995年版，第57页。

② 《墨子·辞过》《墨子·节葬下》，转引自张敏如：《中国人口思想简史》，北京：中国人民大学出版社，1982年版，第20页。

③ 《荀子·致士》，转引自张敏如：《中国人口思想简史》，北京：中国人民大学出版社，1982年版，第60页。

④ 《韩非子·外储说右下》，转引自王育民：《中国人口史》，南京：江苏人民出版社，1995年版，第57页。

⑤ 《国语·越语上》，转引自钱仲联：《古文经典》，上海：上海书店，1999年版，第46页。

⑥ 《汉书·高帝纪》，转引自王育民：《中国人口史》，南京：江苏人民出版社，1995年版，第84页。

⑦ 《后汉书·章帝纪》，转引自王育民：《中国人口史》，南京：江苏人民出版社，1995年版，第107页。

⑧ 《晋书·武帝纪》《宋书·周朗传》《周书·武帝纪》，转引自张敏如：《中国人口思想简史》，北京：中国人民大学出版社，1982年版，第91页。

唐政府将人口繁衍作为一项重要的国策。唐太宗诏令云："其庶人之男女无家室者，并抑州县官人，以礼聘娶。皆任同类相求，不得抑取。男年二十，女年十五以上，及妻丧达制之后，孀居服制已除，并须申以媒娉，命其好合。"贞观元年（627年）规定："民男二十，女十五以上无夫家者，州县以礼聘娶，贫不能自行者，乡里富人及亲戚资送之。"《唐律》规定"男年十五，女年十三以上，并听婚嫁"。① 唐朝实行的鼓励人口增殖政策，使人口得到了很大的发展。神龙元年（705年）的人口比唐初增长两倍多。

自宋元至明清，人口总数大幅度增长。其中原因除社会生产力提高、小农经济日趋稳定、人口基数增大等因素之外，封建王朝长期实行的鼓励人口增殖政策也是重要原因。北宋以人户增减作为对地方官政绩考核的标准之一。后周显德三年（956年）令："县令、佐能招徕劝课，致户口增羡、野无旷土者，议赏。"宋建隆三年（962年）诏令："县令考课以户口增减为黜陟。"朝廷也重视人口的增殖。明初，为加快人口的增殖，明政府采取了鼓励早婚的政策，洪武元年（1368年）定制："凡庶人娶妇，男年十六，女年十四以上，并听婚娶。"② 这是中国封建历史上官方规定的较低结婚年龄。

历代统治者鼓励人口增殖的人口政策使中国古代人口总体规模得到迅速增长，具体来说经历了以下四个台阶。① 从夏代到秦末的1900多年是中国历史上人口发展的第一个台阶，秦末全国人口达到了2000多万。② 西汉至盛唐时期，中国古代人口在经历了多次反反复复的起落后，到盛唐达到了8000万左右。③ 两宋时期，形成了我国古代人口发展的第三个台阶。自安史之乱后，我国人口经历了两个世纪的停滞，到南宋末年人口大约为1亿。④ 清代人口数量不断攀升，只经过短短的一百多年时间，就从清初的1亿猛增到4亿以上，人口总量增长了两倍以上，使中国古代人口迅速跃上第四个台阶。③

二、近现代中国人口政策

受孙中山人口思想的影响，国民政府一般不对节制生育、控制人口的问题进行公开讨论。在官方的刊物里，有关节制生育问题的文章也往往避免刊登。但随着人口的激增，人口社会问题日益增多。经过许多人口专家学者的大力呼吁，国民政府

---

① 《唐大诏令集》《新唐书·太宗纪》《唐令拾遗·户令》，转引自王育民：《中国人口史》，南京：江苏人民出版社，1995年版，第205-207页。
② 《宋史·食货志》《宋史·太祖本纪》《明史·礼志》，转引自张敏如：《中国人口思想简史》，北京：中国人民大学出版社，1982年版，第122-124页。
③ 宁可：《试论中国封建社会的人口问题》，载《中国史研究》1980年第1期，第3-19页。

终于逐渐改变了态度。1941年秋天,国民政府主管人口政策制定的社会部组织了一个人口政策研究委员会,邀请大学和政府部门中对人口问题有研究的专家学者参加。人口政策研究委员会成立后,委员会就人口数量、人口质量和婚姻与家庭等问题形成了许多重要的议案。比如,对人口数量的议案是这样的:在大多数人民面对贫穷、愚昧及生活程度低落的状况下,国家不应该也不能够鼓励无条件及普遍地增加人口;个人对于生育儿女,务必考虑自己的条件。这一具有官方性质的人口政策,虽然并未真正得以实施,但具有非常重要的意义。在人口政策研究委员会的努力下,1945年5月,国民党第六次全国代表大会的决议正式承认生育节制为合法。

三、中华人民共和国人口政策

(一) 中华人民共和国人口政策的分期

关于中华人民共和国人口政策的分期,由于其历时数十年,过程一波三折,加上学者研究角度不同,因而学术界对人口政策的分期很不一致。

侯文若认为,我国人口政策的制定经历了五个大的阶段:第一阶段,控制人口思想的提出;第二阶段,人口政策萌芽;第三阶段,人口增长失去控制;第四阶段,人口政策开始形成;第五阶段,人口政策最终形成并进一步完善。[①]

冯立天等将人口政策分为九个时期:1949(中华人民共和国成立)—1953年,不成文的鼓励人口增长政策;1954—1957年,由严禁节育到逐步主张节制生育;1958—1959年,已孕育起来的上层控制人口思想受到严重干扰;1960—1965年,计划生育思想复苏与开展工作;1966—1969年,计划生育政策未变,但丧失实施的社会环境;1970—1980年初秋,全面推行计划生育,形成合情合理的生育政策;1980年秋—1984年春,计划生育政策由"晚、稀、少"向独生子女人口政策紧缩;1984—1991年,完善计划生育政策并形成各地方计划生育条例;1991—1999年,现行计划生育政策的稳定。[②]

张纯元根据人口政策变动的状态把人口政策划分为五个阶段:1949—1961年,限制人口增殖生育政策的思想准备阶段;1962—1969年,限制人口增殖生育政策的提出及在部分市、县的试行阶段;1970—1980年,限制人口增殖生育政策的逐步形成和全面推行阶段;1980年秋—1984年春,限制人口增殖生育政策在生育数量控制上的进一步抓紧阶段;1984年春至目前,限制人口增殖生育政策的进一步调整和稳

---

① 侯文若:《中国人口政策评估》,载《人口研究》1988年第6期,第32-37页。
② 冯立天、马瀛通、冷眸:《50年来中国生育政策演变之历史轨迹》,载《人口与经济》1999年第2期,第3-12、42页。

定阶段。①

以上关于人口政策的分期，都非常直观地说明了我国当代人口政策的产生、发展和完善的全过程。但如果从实施人口政策的行为主体，即新中国政府在此过程中的角色变化来分析，我国人口政策可分为三个时期。第一时期是自新中国成立初期至"文化大革命"爆发，这一时期，新中国政府已经意识到人口快速增长对我国经济社会各方面造成了严重的冲击，因此，国家和政府对人口再生产过程持非常明确的控制增长态度，即主张"节制人口生育"。第二时期是20世纪70年代的十年，在全国范围内初步开展了计划生育工作，并形成了以"晚、稀、少"为主要内容的人口政策。这一时期的人口政策是在总结1949年后人口理论及实践的经验教训基础上发展起来的；同时，又为20世纪80年代的人口政策做了准备工作。"晚、稀、少"人口政策初步具备了我国现行计划生育人口政策的雏形，在我国人口政策史上起着承前启后的作用。第三时期是从1980年9月中共中央、国务院发表《关于控制我国人口增长问题致全体共产党员、共青团员的公开信》至目前。这一时期，我国政府为了控制人口数量、提高人口质量，制定了一系列法令、法规及措施，并通过这些法令、法规及措施的实施，在控制人口数量、提高人口质量方面取得了明显的成绩。②

（二）中华人民共和国人口政策的演进过程

1. 20世纪50—60年代：间接鼓励生育的人口政策

1949年以前，由于多年政局不稳，中国人口一直未得到准确的统计数据。从1912年以来，关于中国人口数量的统计数值多达几十个，范围从4亿到4.8亿不等（如表14-1所示）。新中国成立之际，一般认为中国人口数为"4万万"左右。

表14-1 国民政府有关部门公布的人口数量

年份	全国人口数量	资料来源
民国元年（1912年）	40581万人	国民政府内务部户口统计
民国十七年（1928年）	44185万人	国民政府内务部户口统计
民国二十二年（1933年）	44449万人	国民政府统计局《统计摘要》，1935年
民国三十六年（1947年）	462798093人	"内政部"《中华民国年鉴》（1951年，中国台北）
民国三十七年（1948年）	474032668人	《中国经济年鉴》（1948年）

资料来源：路遇《新中国人口五十年》，中国人口出版社2004年版，第72页。

---

① 张纯元：《我国人口政策演变过程》，载于学军、解振明：《中国人口发展评论：回顾与展望》，北京：人民出版社，2000年版，第15-25页。
② 汤兆云：《当代中国人口政策研究》，北京：知识产权出版社，2005年版，第6页。

1949—1953年的新中国成立初期，我国政府着力医治战争创伤，恢复和发展工农业生产，继续完成民主革命的任务。社会实践还难以提出一项明确的人口政策和生育政策。由于人口激增给社会经济带来的严重后果具有滞后效应，不能及时在社会经济中反映出来；相反，由于生产关系变革的胜利解放了社会生产力，表面事实证明了毛泽东关于革命加生产即能解决吃饭问题观点的正确性。于是，毛泽东的"世间一切事物中，人是第一个可宝贵的。在共产党领导下，只要有了人，什么人间奇迹也可以造出来"[①]的思想，成为该时期关于人口的主流思想；另外，在当时特定的国际国内背景下，苏联"老大哥"鼓励人口增长、奖励多子女母亲的政策和做法，也得到了新中国政府的支持并广为舆论所传播。在上述历史背景下，新中国政府自然不会产生限制人口增长和节制生育的决策意识；相反，政府有关部门从维护妇女健康的角度出发，颁布了限制打胎、节育及人工流产等规定[②]，在理论和实践上执行着一条不成文的鼓励人口增长的政策。

1953年6月我国第一次全国性人口普查数据表明，全国人口为五亿八千多万（如表14-2所示），庞大而激增的人口与自然资源、环境资源、社会资源等形成了尖锐的矛盾。1953年9月，周恩来在一次报告中不无忧虑地指出："我们大致算了一下，我国人口大概每年平均要增加一千万，那么十年就是一万万。中国农民对生儿育女的事情是很高兴的，喜欢多生几个孩子。但是，这样一个增长率的供应问题，却是我们的一个大负担。"[③] 1955年3月，中共中央指出："节制生育是关系广大人民生活的一项重大政策性的问题。在当前的历史条件下，为了国家、家庭和新生一代的利益，党是赞成适当地节制生育的。"[④] 1956年公布的《1956年到1967年全国农业发展纲要》把计划生育的政策扩展到广大农村，"除了少数民族的地区外，在一切人口稠密的地方，宣传和推广节制生育，提倡有计划地生育子女。"[⑤] 同一时期，毛泽东在不同场合反复强调"要提倡节育，要有计划地节育"，更进一步强化了节

[①] 毛泽东：《唯心历史观的破产》，载《毛泽东选集》（第四卷），北京：人民出版社，1991年第2版，第1510-1512页。

[②] 1950年4月中央人民政府卫生部、革命军事委员会卫生部联合发布的《机关部队妇女干部打胎限制的办法》以及1952年12月卫生部制定的、经中央人民政府政务院文化教育委员会同意实施的《限制节育及人工流产暂行办法》都以保障妇女生育安全、保护母亲和婴儿的健康为前提条件，明令禁止非法打胎，并对妇女打胎、节育及人工流产做出了非常详细的限制性规定。这些规定虽然是着眼于母子健康，但这些规定以及用法律的力量惩罚违反者的表述，使广大健康的、有节育要求的群众失去了节育的可能性。

[③] 周恩来：《第一个五年建设计划的基本任务》（1953年9月29日），载中共中央文献研究室：《周恩来经济文选》，北京：中央文献出版社，1993年版，第163页。

[④] 《中共中央对卫生部党组关于节制生育问题的报告的批示》，总号〔1955〕045号（1955年3月1日）。

[⑤] 《1956年到1967年全国农业发展纲要》（修正草案），《人民日报》1957年10月26日。

制生育的社会舆论环境。党和政府已经认识到控制人口和实行计划生育的重要性，政府有关部门此前制定的关于禁止人民群众绝育、人工流产和节育的规定也逐渐被打破。

表 14-2　1949—1955 年中国人口动态情况表

年份	1949	1950	1951	1952	1953	1954	1955
年末总人口（万人）	54167	55196	56300	57482	58796	60266	61465
人口出生率（‰）	36.00	37.00	37.80	37.00	37.00	37.97	32.60
人口死亡率（‰）	20.00	18.00	17.80	17.00	14.00	13.18	12.28
自然增长率（‰）	16.00	19.00	20.00	20.00	23.00	24.79	20.32
总和生育率	6.14	5.81	5.70	6.47	6.05	6.28	6.26
年增加人口（万人）	—	1029	1104	1182	1314	1470	1363
性别比（女＝100）	108.16	108.07	107.99	107.90	107.56	107.64	107.3

资料来源：杨魁孚、梁济民、张凡《中国人口与计划生育大事览》，中国人口出版社 2001 年版，第 1-9 页。

正当我国人口控制工作逐渐走上健康发展轨道之时，1957 年夏，在整风"鸣放"高潮中突然开展的"反右斗争"以及随后的"大跃进运动"中止了人口政策前进的步伐。马寅初的"新人口论"被贴上了"马尔萨斯主义"的标签，一些主张制定和实施人口政策的学者，如著名人口学家吴景超、陈达教授等人，都被打成了"右派"分子。

三年困难时期过后，中国人口出现了灾难之后的补偿性生育，人口以更快的速度增长。面对人口与粮食的尖锐矛盾及居高不下的人口自然增长率，1962 年 2 月，周恩来又提出了要"节制生育"。他强调：在人口多的城市、人口密的地区，应该提倡节制生育、计划生育。[1] 1962 年 12 月，党中央和国务院在《关于认真提倡计划生育的指示》（简称《指示》）中强调："在城市和人口稠密的农村提倡节制生育，适当控制人口自然增长率，使生育问题由毫无计划的状态逐渐走向有计划的状态，这是我国社会主义建设中既定的政策。"[2]《指示》把在城市和人口稠密的农村开展节制生育、控制人口自然增长率强调为"既定的政策"，说明中央和国务院已对实施节制生育的人口政策有了明确的认识。

2. 20 世纪 70 年代："晚、稀、少"人口政策

"文化大革命"使我国计划生育工作陷于瘫痪状态，人口处于盲目发展状态。

---

[1] 周恩来：《克服目前困难的主要办法》（1962 年 2 月 7 日），载中共中央文献研究室：《周恩来经济文选》，北京：中央文献出版社，1993 年版，第 445 页。
[2] 《关于认真提倡计划生育的指示》，中发〔1962〕698 号（1962 年 12 月 18 日）。

1966—1970年，我国每年人口出生率均在33.0‰以上，自然增长率在26.0‰左右。1969年，我国人口总量突破8.0亿，1970年达到82992万人。人口无节制地快速增长使当时濒临崩溃边缘的国民经济雪上加霜。农村的贫困化进程难以遏制，城镇居民的生活水平也没有得到提高，数以亿计的人口生活在绝对贫困线之下。由于人口的迅速增加，中国面临着严峻的社会现实问题。

在这种背景下，1971年，国家计委把人口发展正式纳入第四个五年国民经济发展计划中，城乡人口自然增长率被规定为人口控制的目标。同年7月，国务院明确指出："除人口稀少的少数民族地区和其他地区之外，都要加强对这项工作的领导，深入开展宣传教育，使晚婚和计划生育变成城乡群众的自觉行为，力争在第四个五年计划期内做出显著成绩。"在当时计划经济的大前提下，实行计划生育是为了使人口发展计划与社会经济发展计划相适应，于是，"有计划地增长人口"自然地被确定为我国既定的人口政策。为此，国务院第一次明确地提出了计划生育工作的具体指标，"在第四个五年计划期内，使人口自然增长率逐年降低，力争到1975年，一般城市降到10‰左右，农村降到15‰以下"①。

由于计划生育人口政策的核心问题是要降低人口自然增长率、控制人口的过快增长，这就必然要牵涉到影响和制约人口再生产过程中诸如结婚、生育的年龄，生育的间隔、数量等具体的政策性问题。在计划生育的具体实践工作中，按照人口规律的客观要求，根据控制人口过快增长必要性和可行性相统一以及国家利益和家庭利益相结合的原则，这些问题逐渐有了明确、具体的政策要求，并逐步形成了"晚、稀、少"人口政策。1973年，第一次全国计划生育工作汇报会提出了"晚、稀、少"的计划生育政策："晚"是指男25周岁以后、女23周岁以后结婚，女24周岁以后生育；"稀"是指生育间隔为三年以上；"少"是指一对夫妇生育不超过两个孩子。这样，基本形成了以"晚、稀、少"（后来发展为"晚婚、晚育、少生、优生"）为主要内容的人口政策；在其内容的具体表述上，概括为"控制人口的数量，提高人口的素质"。这一政策一直执行到1980年秋中共中央、国务院发表《关于控制我国人口增长问题致全体共产党员、共青团员的公开信》为止。

20世纪70年代，我国实施的"晚、稀、少"人口政策在控制人口数量方面取得了明显的成效。1980年，我国人口总和生育率已降至2.24，较1970年的5.71下降60.77%；同期的人口自然增长率从1970年的25.95‰降至1980年的11.87‰，降幅过半（如图14-1所示）。

---

① 《国务院转发卫生部军管会、商业部、燃料化学工业部"关于做好计划生育工作的报告"》，国发〔1971〕51号（1971年7月8日）。

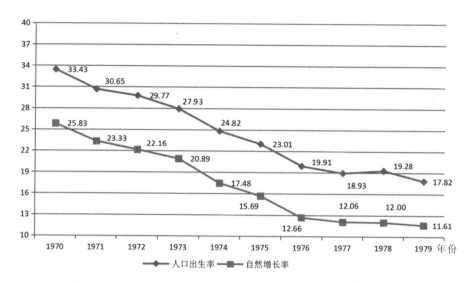

图 14-1　20 世纪 70 年代我国人口出生率、自然增长率曲线 (‰)

3. 20 世纪 80 年代至党的十八大：计划生育人口政策

1978 年党的十一届三中全会在确立我国经济建设的基本目标的同时，也提出了到 20 世纪末力争把我国人口控制在 12 亿以内，使全国人民的物质文化生活达到小康水平。为了实现这一目标，就必须确立与之相适应的人口政策。

1978—1980 年，全国总人口分别为 96259 万人、97542 万人和 98705 万人，人口出生率分别为 18.25‰、17.82‰、18.21‰，人口自然增长率分别为 12.00‰、11.61‰、11.87‰，总和生育率为 2.72、2.75、2.24。根据当时有关方面和专家的测算，要实现在 20 世纪末人口不超过 12 亿的目标，必须实行一对夫妇只生一个孩子的独生子女政策。1980 年 2 月，宋健等对我国未来 100 年人口发展趋势做了测算，其结果显示：从 1980 年起按一对育龄夫妇生育子女数平均为 3、2.3、2、1.5 计算，从 1980 年起总和生育率有显著降低，从 1985 年起全部按生一胎计算，到 2000 年我国人口总数将分别达到 14.14 亿、12.82 亿、12.17 亿、11.25 亿和 10.54 亿（2004 年）。因此，他们认为，前三种方案，即一对夫妇平均生育子女数为 3、2.3、2 都是不可取的。① 面对当时严峻的人口形势，1980 年 9 月，《人民日报》发表社论说："如果不从现在起用三四十年特别是最近二三十年的时间普遍提倡一对夫妇只生育一个孩子，控制人口的增长，按目前一对夫妇平均生二点二个孩子计算，我国人口总数在二十年后，将达到十三亿，在四十年后将超过十五亿""解决这一问题的最有效的办法，就是实现国务院的号召，每对夫妇只生育一个孩子"。② 即实行独生子女人口政策。

---

① 宋健、田雪原、李广元等：《关于我国人口发展目标问题》，《光明日报》1980 年 3 月 7 日。
② 人民日报社论：《党中央号召党团员带头只生一个孩子》，《人民日报》1980 年 9 月 26 日。

这一时期，农村地区开始的家庭联产承包责任制使原来以行政机构为主的户籍管理和社会调控的能力削弱，人口管理遇到了相当大的困难。同时，"大跃进"及三年困难时期后补偿性生育的人口也开始进入了生育年龄阶段，人口出生率、自然增长率、总和生育率都有所反弹。各种情况表明，面对严峻的人口形势，计划生育实际工作部门希望获得一个能起到法律作用的中央文件，以使他们有据可依，完成人口计划目标。在这样的背景下，催生了20世纪80年代初期的我国独生子女人口政策。

1980年9月25日，中共中央、国务院发表了《关于控制我国人口增长问题致全体共产党员、共青团员的公开信》（简称《公开信》）。《公开信》指出："为了争取在本世纪末把我国人口总数控制在12亿以内，国务院已经向全国人民发出号召，提倡一对夫妇只生育一个孩子。中央要求所有共产党员、共青团员特别是各级干部，用实际行动带头响应国务院的号召，并且积极负责地、耐心细致地向广大群众进行宣传教育。"《公开信》的发表，标志着我国人口政策由20世纪70年代"晚、稀、少"人口政策向独生子女人口政策的紧缩。

从1977年到1980年，在实行"晚、稀、少"人口政策时，城市总和生育率已从1.57下降到1.15。因此，《公开信》所包含的"严格控制生育第二个孩子，城乡无一例外"的人口政策，在城市具有一定的可行性。但是在广大农村地区，一对夫妇只生育一个孩子与其生育期望值和那一时期实际生育水平存在着巨大差距。1979年、1980年，农村地区总和生育率分别为3.4、2.48。在农村地区要真正做到生育一个孩子，其困难可想而知。

面对这种情况，党中央和国务院从实际情况出发，对农村地区计划生育政策进行了重新研究。1981年9月，中央书记处会议认为：今后在城市仍然应该毫不动摇地继续坚持提倡每对夫妇只生一胎，在农村则要根据农村实行责任制后的新情况，制定一个能为广大农民所接受的比较坚定的长期的政策，使党的计划生育的方针政策和多数农民取得一致。1982年2月，中共中央、国务院在《关于进一步做好计划生育工作的指示》中提出："计划生育工作要继续提倡晚婚、晚育、少生、优生。具体要求是：国家干部和职工、城镇居民，除特殊情况经过批准者外，一对夫妇只生育一个孩子。农村普遍提倡一对夫妇只生育一个孩子，某些确有实际困难要求生二胎的群众，经过审批可以有计划地安排，但不论哪一种情况都不能生三胎。"同年10月，中央办公厅、国务院办公厅列出了照顾某些有困难的农村群众生育第二胎的十种情况：① 第一个孩子有非遗传性残疾，不能成为正常劳动力的；② 重新组合的家庭，一方原只有一个孩子，另一方系初婚的；③ 婚后多年不育，抱养一个孩子后又怀孕的；④ 两代或三代单传的；⑤ 几兄弟只有一个有生育能力的；⑥ 男到独女家结婚落户的；⑦ 独子独女结婚的；⑧ 残废军人；⑨ 夫妇均系归国华侨的；⑩ 边远山区和沿海渔区的特殊困难户。这些规定使农村阶层人口有了生育二胎的可能。但是，根据国家计生委的测算,全部按十种情况生育二胎,也只占到5%。因而,这并未能真正解决农村人口生育二胎的实际困难。

鉴于独生子女人口政策在农村陷入窘境,难以为继,并产生了许多政策决策者当初未能预料到的负面效应,为了缩小政策与生育意愿的差距,缓和干群关系,1984年4月,中央重新调整了生育政策的某些规定:第一,对农村继续有控制地把口子开得稍大一些,按照规定的条件,经过批准,可以生育二胎;第二,坚决制止大口子,即严禁生育超计划的二胎和多胎;第三,严禁徇私舞弊,对在生育问题上搞不正之风的干部要坚决予以处分。这样就形成了所谓"开小口""堵大口""刹歪口"的人口政策。[①]"口子"生育政策的实施,标志着对"一孩"人口政策调整和完善工作的开始。关于在农村地区如何有效地实施"口子"生育政策,1986年12月,中央明确指出:农村应该有个长期、稳定、得到多数农民支持的计划生育的人口政策,除过去规定的一些特殊情况可以生育两个孩子外,要求生育第二胎的独女户,间隔若干年后可允许生二胎。

为了使人口政策尽快地稳定下来,1988年3月,中央政治局常委会会议规定了现行计划生育人口政策的具体内容:提倡晚婚晚育、少生优生,提倡一对夫妇只生育一个孩子;国家干部和职工、城镇居民除特殊情况经过批准外,一对夫妇只生育一个孩子;农村某些群众确有实际困难,包括独女户,要求生二胎的,经过批准可以间隔几年以后生第二胎;不论哪种情况都不能生三胎;少数民族地区也要提倡计划生育,具体要求和做法可由有关省、自治区根据当地实际情况制定。至此,我国现行人口政策已经形成。

综上所述,我国现行计划生育人口政策的形成大致经历了三个阶段。① 1980—1984年,大力提倡"一对夫妇只生育一个孩子"。农村人口除少数特殊情况外,也要求一对夫妇只生一个孩子。人口政策上规定平均每对夫妇生育数量低于两个。② 1984—1988年,人口政策在生育数量上缓和渐变,"开小口,堵大口",提出独女户和特殊情况下的农村夫妇允许生两个孩子,城市生育政策基本不变,政策规定的平均一对夫妇生育数逐渐回升,即向平均两个孩子靠近。③ 1988—1990年,稳定现行计划生育人口政策,政策规定的一对夫妇生育孩子数基本上保持在平均两个的范围之内。

这一时期,我国人口出生率和自然增长率继续下降(如图14-2所示)。人口出生率从1980年的18.21‰下降到2001年的13.38‰,年均下降1.48%;同期,自然增长率从11.87‰下降到2001年的6.95‰,年均下降2.58%。

---

① 《关于计划生育工作情况的汇报》,中发〔1984〕7号(1984年4月13日)。

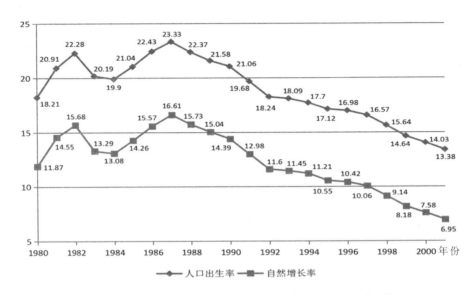

图 14-2 1980—2001 年我国人口出生率、自然增长率曲线（‰）

4. 党的十八大以来：人口政策的完善和调整

随着我国社会经济的发展和社会保障水平的持续完善，人们"养儿（女）防老"的传统观念有了很大改变；此外，由于抚养子女经济和社会成本的提高，现代人们更注重自身价值的创造，在一定程度上降低了他们的生育意愿，并由此影响生育行为，其人口学后果表现为自 21 世纪以来我国新增人口规模持续显著减少。

人口问题始终是人类社会共同面对的基础性、全局性和战略性问题。人口的趋势性变化，将对经济社会发展产生全面、深刻、长远的影响。进入 21 世纪特别是"十二五"时期以来，我国人口发展的内在动力和外部条件发生了显著变化，表现为：人口总量增长势头明显减弱，劳动年龄人口和育龄妇女开始减少，老龄化程度不断加深。为应对新时代这一复杂的人口形势，2013 年 11 月，党的十八届三中全会《关于全面深化改革若干重大问题的决定》强调在"坚持计划生育的基本国策"的基础上，"启动实施一方是独生子女的夫妇可生育两个孩子的政策，逐步调整完善生育政策，促进人口长期均衡发展"。由此，实施了 30 多年的计划生育政策经历了最大幅度的一次调整。党中央、国务院《关于调整完善生育政策的意见》指出：实施"单独二孩"政策有利于经济持续健康发展、有利于家庭幸福与社会和谐以及有利于促进人口长期均衡发展。自 2014 年 1 月浙江省率先启动"单独二孩"生育政策以来，短时间内，全国所有省（市、区）都对"人口和计划生育条例"进行了修改，实行"单独二孩"生育政策。"单独二孩"生育政策在短时间内取得了一定的人口学效果，主要表现为：① 出生性别比大幅降落。从"十五"后半期到"十一五"前半期，全国出生性别比始终处于 119.0～121.0 的高位徘徊状态。从 2008 年开始，出生性别比首次出现较为连贯的下降态势。2011年，我国出生性别比为117.78；2012年、2013年分别较前一年下降0.08、0.1个比点；2014年，出生性别比为115.88，较前一年下降1.72个比点，大致为2011—2013年出生性别比年均降幅的19倍（指相对于降幅的倍数）。翟振武教授用"断崖式"形容2014年出生性别比的降落。② 出生人口总数大幅上升。2010年、2011年、2012年、2013年，我国出生人口规模分别比前一年增加1.0万、12.0万、31.0万、5.0万；2010—2013年，出生人口数年平均增幅约为12.0万。2014年出生人口总数比2013年（1640万人）增加了47.0万人，达到1687万人的水平，逼近13年前（2001年）1702万人的高点。①

但由于"单独二孩"生育政策涉及的生育主体规模不大，新增出生人口数量有限。在此基础上，2015年10月，党的十八届五中全会强调要"坚持计划生育的基本国策，完善人口发展战略"，实施"全面实施一对夫妇可生育两个孩子政策"；同年12月31日，党中央、国务院《关于实施全面两孩政策 改革完善计划生育服务管理的决定》（简称《决定》）指出：实施全面两孩政策、改革完善计划生育服务管理，是促进人口长期均衡发展的重大举措，有利于优化人口结构，增加劳动力供给，减缓人口老龄化压力；有利于促进经济社会持续健康发展，实现全面建成小康社会的奋斗目标；有利于更好地落实计划生育基本国策，促进家庭幸福与社会和谐。《决定》同时强调要"构建有利于计划生育的家庭发展支持体系"，主要内容有：① 加大对计划生育家庭扶助力度；② 增强家庭抚幼和养老功能；③ 促进社会性别平等。"全面两孩"政策的人口学效果主要表现为：推迟总人口规模的峰值年份；提升少儿人口规模和比例；延缓劳动年龄人口规模持续减少的趋势；减缓人口老龄化。② 特别地，"全面两孩"政策可能会对未来中国人口与老龄化变动趋势产生一定影响。基于2015年1%人口抽样调查数据，对2015—2100年人口规模和结构的变动趋势的预测分析显示：我国总人口规模将于2029年左右迎来峰值，此后步入负增长时期，整个人口的年龄结构将不断老化；劳动年龄人口规模将处于持续缩减之中，劳动年龄人口比例在21世纪前半叶将快速下降、后半叶在波动中缓慢下降；老年人口规模将不断攀升，于2053年左右达到峰值，此后开始逐年下降，老龄化程度在21世纪前半叶将快速提升，21世纪后半叶老龄化进程将逐渐放缓。③

---

① 翟振武、陈佳鞠、李龙：《中国出生人口的新变化与趋势》，载《人口研究》2015年第2期，第48-56页。

② 翟振武、李龙、陈佳鞠：《全面两孩政策对未来中国人口的影响》，载《东岳论丛》2016年第2期，第77-88页。

③ 翟振武、陈佳鞠、李龙：《2015—2100年中国人口与老龄化变动趋势》，载《人口研究》2017年第4期，第60-71页。

由于"群众生育观念发生重大转变,少生优生已成为社会生育观念的主流",生育行为远不及政策预期。人口普查及人口统计数据显示,"全面两孩"政策实施后的第一年(2016年),全国新出生人口规模为1786万人,出生率为12.95‰,此后至2021年出现了"五连降"。2021年全国新出生人口降为1062万人,出生率降为7.52‰,分别下降了40.54%、41.93%。人口发展是关系中华民族发展的大事情。对此,2021年6月26日,党中央、国务院《关于优化生育政策促进人口长期均衡发展的决定》强调,要"优化生育政策,实施一对夫妻可以生育三个子女政策,并取消社会抚养费等制约措施、清理和废止相关处罚规定,配套实施积极生育支持措施"。实施三孩生育政策及配套支持措施,有利于释放生育潜能,减缓人口老龄化进程,促进代际和谐,增强社会整体活力;《关于优化生育政策促进人口长期均衡发展的决定》同时强调要发展普惠托育服务体系,降低生育、养育、教育成本。

(三)计划生育政策的评估

党中央、国务院《关于实施全面两孩政策 改革完善计划生育服务管理的决定》指出:实行计划生育是我国的一项基本国策,事关亿万家庭的幸福安康,事关全面建成小康社会和"两个一百年"奋斗目标的实现。20世纪50—60年代,随着经济恢复、社会安定、人民生活改善和医疗卫生保障水平的提高,我国总人口从新中国成立初期的5.4亿人迅速增加到1970年的8.3亿人,给经济社会发展带来了巨大压力。为控制人口过快增长,国家从20世纪70年代开始在城乡推行计划生育。1980年,党中央发表《关于控制我国人口增长问题致全体共产党员、共青团员的公开信》,提倡一对夫妇生育一个孩子。1982年,计划生育被确定为基本国策。40多年来,我国实施人口与发展综合决策,不断完善计划生育政策,走出了一条中国特色统筹解决人口问题的道路。人口过快增长的势头得到有效控制,资源、环境压力有效缓解,妇女儿童发展状况极大改善,人口素质明显提高,促进了经济快速发展和社会进步,有力支撑了改革开放和社会主义现代化事业,为全面建成小康社会奠定了坚实基础。在我国人口再生产类型由"高、高、低"(高出生率、高死亡率、低自然增长率)经"高、低、高"(高出生率、低死亡率、高自然增长率)向"低、低、低"(低出生率、低死亡率、低自然增长率)的转变过程中,我国计划生育人口政策起到了重要的促进作用。

1. 促使人口总量的减少

人口政策在不同阶段对人口生育数量的规定,实际上构成了人口控制强度变量,这一变量在不同阶段的变动反映出人口政策由松到紧、由紧到缓和、最后趋于稳定的发展轨迹,反映在人口政策的实际工作中,是人口出生率、自然增长率和总和生育率的变动。20 世纪 70 年代实施的"晚、稀、少"人口政策，在控制我国人口数量方面初见成效，表现为人口出生率、自然增长率和总和生育率大幅度地下降。1970 年末与 1980 年末相比，人口出生率由 33.43‰ 降至 18.21‰；人口自然增长率由 25.83‰ 降至 11.87‰，下降了近 14 个千分点。20 世纪 80 年代以后实施的计划生育人口政策又进一步巩固了这一成效，表现为人口出生率、自然增长率和总和生育率保持在一个较低的水平。1990 年、2000 年、2010 年，我国人口出生率和自然增长率分别为 21.06‰、14.03‰、11.90‰ 和 14.39‰、7.58‰、4.79‰。反映妇女平均生育水平的总和生育率也呈现出快速下降的态势。1949 年，我国妇女总和生育率为 6.14，20 世纪 50—60 年代保持在 6.0 左右的高位运行；进入 20 世纪 70 年代后，总和生育率开始大幅度下降，1970 年为 5.81，1979 年降到 2.75。20 世纪 80 年代，总和生育率在 2.5 左右上下波动，既没有大幅度回升，也没有大幅度下降。20 世纪 90 年代初至今，我国妇女总和生育率下降，并降至更替水平以下（如图 14-3 所示）。1990 年为 2.17，2000 年、2010 年、2015 年、2018 年分别为 1.60、1.63、1.67、1.69，这表明我国已经进入了低生育水平时期。

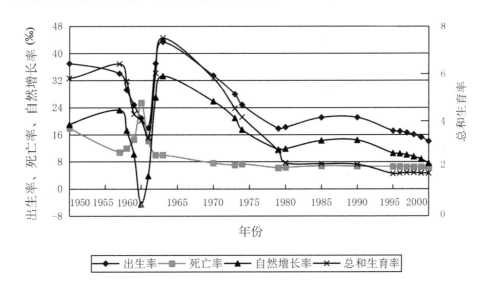

图 14-3　我国出生率、死亡率、自然增长率和总和生育率曲线

在 20 世纪 50—60 年代，我国与其他发展中地区相似，生育率水平都很高；而自 20 世纪 70 年代开始，我国生育率迅速下降，总和生育率从 1965—1970 年的接近 6.0 下降到 1980—1985 年的 2.5 和 1990—1995 年的 2.0 以下；其他发展中地区生育率也在下降，但速度非常缓慢。在 1990—1995 年这一时期，人口总和生育率最高的是非洲，为 5.80；最低的是拉丁美洲，为 3.09，但都远高于中国的水平（如表 14-3 所示）。

表 14-3　1950—1995 年中国和发展中地区的总和生育率对比

地区	1950—1955	1955—1960	1960—1965	1965—1970	1970—1975	1975—1980	1980—1985	1985—1990	1990—1995
中国	6.11	5.48	5.61	5.94	4.76	3.26	2.50	2.41	1.95
东南亚	6.03	6.08	5.90	5.81	5.32	4.82	4.21	3.67	3.29
中南亚	6.08	6.06	6.01	5.91	5.72	5.24	4.95	4.50	4.12
西亚	6.37	6.25	6.17	5.90	5.57	5.18	4.95	4.72	4.41
拉丁美洲	5.87	5.90	5.96	5.51	4.98	4.38	3.84	3.40	3.09
非洲	6.64	6.70	6.75	6.67	6.55	6.46	6.32	6.08	5.80

资料来源：陈卫、孟向京《中国生育率下降与计划生育政策效果评估》，载《人口学刊》1999 年第 3 期，第 11-17 页。

我国计划生育人口政策成功地使人口出生率、自然增长率和总和生育率发生了转变，促进了人口数量的下降。国家统计局《统筹人口发展战略 实现人口均衡发展》指出：实施全面人口控制政策以来，我国人口总量增长速度明显放缓。1978—2017 年我国总人口增加 4.3 亿人，年均增长率为 0.9%，低于同期世界人口年均增长率。[①] 2013 年 11 月 11 日，国家卫计委新闻发言人表示：实施计划生育政策 40 多年来，我国生育率大幅下降，由 1970 年的 33.4‰ 下降到 2012 年的 12.1‰，累计少出生了 4 亿多人。[②]

2. 实现人口再生产模式的转变

我国计划生育人口政策的实施不仅使人口出生率、自然增长率和总和生育率大幅度下降，还用短短的 20 年基本上实现了人口再生产模式的转变。我国人口在 20 世纪 50 年代以前基本上属于"高、高、低"（高出生率、高死亡率、低自然增长率）类型。新中国成立以后，我国人口死亡率明显下降，实现了第一阶段的人口转变。20 世纪 70 年代中后期，我国开始采取自觉控制生育的人口政策，人口出生率迅速下降，推动了人口向第二阶段的转变。我国人口经过 20 世纪 50—60 年代的"高、低、高"（高出生率、低死亡率、高自然增长率）类型，从 20 世纪 70 年代后期开始进入"低、低、低"（低出生率、低死亡率、低自然增长率）类型，至 20 世纪 90 年代中期完成。

---

① 国家统计局：《统筹人口发展战略 实现人口均衡发展——改革开放 40 年经济社会发展成就系列报告之二十一》，见 http://www.stats.gov.cn/ztjc/ztfx/ggkf40n/201809/t20180918_1623598.html。

② 卫生计生委：《计划生育 40 余年 我国少生 4 亿多人》，2013 年 11 月 11 日，见 http://www.gov.cn/jrzg/2013-11/11/content_2525418.htm。

从 20 世纪 90 年代起，计划生育人口政策和生育水平都进入了完善、稳定和稳中有降的阶段。至 1999 年底，人口出生率为 15.23‰，自然增长率为 8.77‰，人口增长速度已经大大减缓，成功地实现了人口再生产类型由"高出生、低死亡、高增长"向"低出生、低死亡、低增长"的历史性转变。

人口学理论认为，人口转变有两个基本原因。① 社会经济因素对人口增长趋势的制约。② 人口政策因素对人口控制的影响。关于我国人口生育率的下降以及业已实现的人口转变，顾宝昌等人认为有两个方面的原因：一是我国的社会经济发展水平；二是我国计划生育的工作状况。① 我国的社会经济发展状况影响着我国计划生育工作的力度和水平，又间接地影响着我国人口出生率。

3. 提高了人口质量

随着我国人口生育政策在控制人口数量方面取得显著成绩，我国人口质量也得到了显著的提高。这主要表现为通过避孕、节育等措施减少了生育，提高了妇女的健康水平，尤其是减少了高胎次生育带来的孕产妇死亡率；拉长生育间隔降低了婴儿死亡率。少生优育工作的开展提高了下一代的教育水平和身体素质。衡量人口身体质量有两个重要指标：一是婴儿死亡率，二是人口平均预期寿命。婴儿死亡率的高低受到社会发展水平、经济状况和卫生条件等影响，尤其与妇幼保健工作的质量有关。因此，它不仅是反映居民健康水平的重要指标，也是衡量一个国家和地区人口质量的重要依据。

新中国成立以前，我国婴儿死亡率高达 200.0‰～250.0‰，其中大城市的在 120.0‰左右，农村及边远地区的高达 300.0‰以上。新中国成立以后，我国婴儿死亡下降速度较快。1954 年对全国 14 省市 5 万多人的调查数据显示，婴儿死亡率为 138.5‰；1958 年 19 省市调查婴儿死亡率为 80.8‰，其中农村为 89.1‰，城市为 50.8‰。1973—1975 年全国 29 个省份的婴儿死亡率下降至 47.04‰。1950—1980 年，我国婴儿死亡率的年平均下降速度在 5.0%以上，它既快于同期发展中国家 2.5%的平均下降速度，也快于发达国家 4.6%的平均下降速度。1985 年、1989 年，我国城市和农村的婴儿死亡率分别为 14.0‰、25.1‰和 13.8‰、21.7‰。20 世纪 90 年代以来，我国的婴儿死亡率、5 岁以下儿童死亡率的年平均下降速度分别为 6.50%和 5.85%。2000 年，我国婴儿死亡率下降到 32.30‰，其中城市下降到 11.80‰，农村下降到 37.00‰。② 2010 年，我国婴儿死亡率已降到 13.00‰，提前实

---

① 顾宝昌：《论社会经济发展和计划生育在我国生育率下降中的作用》，载《中国人口科学》1987 年第 2 期，第 2-11 页。

② 高尔生、彭猛业：《人口身体健康素质》，引自路遇：《新中国人口五十年》（上册），北京：中国人口出版社，2004 年版，第 245-246 页。

现了联合国千年发展目标。

人口平均预期寿命是反映一个国家或地区人口健康状况和生命素质的重要综合指标。随着社会生产力的发展、医疗卫生事业的进步，我国人口平均预期寿命伴随着死亡率的下降和人口身体素质的提高而延长。20世纪40年代我国人口平均预期寿命不足40岁，1980年上升到64.9岁，2000年上升为71.9岁。2010年"六普"数据显示：我国人口平均预期寿命达到74.83岁（同年，世界人口平均预期寿命为69.6岁，其中高收入、中等收入的国家及地区分别为79.8岁、69.1岁），比"五普"提高了4.43岁。

4. 促进了社会经济的发展

我国计划生育人口政策在控制人口数量、提高人口素质方面所取得的成绩，有效地遏制了人口快速增长对社会经济发展的制约作用，使我国社会经济发展取得了巨大的成绩。人口效益带来经济效益，新增人口的减少意味着个人、家庭和国家节省了大量的生育、抚养和教育费用，减轻了国家在生产和生活领域中的重负，有利于资源利用和资源保护。我国计划生育人口政策在人口数量控制和人口质量提高方面所取得的巨大成绩，对我国近30多年来的经济发展和社会进步起到了巨大的推动作用。以人均国内生产总值为例，根据世界银行统计，2000年中国的人均GDP指标约为840美元。假定中国不实行任何形式的人口控制政策，即便保持同样的经济增长速度，这一指标在2000年只有574美元左右；如果只提倡计划生育而不实行国家计划生育政策，这一指标在2000年也仅为696美元左右。实际上，如果我国不实行计划生育，社会和家庭就需要投入巨额资金抚养多生的人口，而经济发展则会因为积累和投资的大量减少而放慢速度，中国的人均GDP水平会更低。不仅如此，中国的人口控制也为中国的社会发展、环境保护等一切与人口有关的方面做出了巨大的贡献。[①] 从人口总量与经济总量的关系来看，人口数量对经济发展有促进或延缓的作用。国家计生委《中国未来人口发展与生育政策研究》课题组运用人口—经济运行动态模型，对1978—1997年我国不同人口增长条件下的经济增长进行模拟和比较，从定量的角度模拟出我国生育率下降对经济增长所做的贡献，主要表现为：① 如果我国的生育率没有迅速下降，那么国内生产总值的增长速度可能会比实际速度慢1.3~2.0个百分点；生育率迅速下降对我国GDP增长的贡献份额在13.0%以上；② 生育率下降对我国人均GDP提高的影响更大，估计人均GDP增长中有26.0%~34.0%是由于生育率迅速下降做出的贡献；在没有生育率迅速下降的条件下，人均GDP的年平均增长速度要比实际速度低1.5~3.0个百分点；③ 生育率的迅速下降为

---

① 梁秋生、李哲夫：《中国人口出生控制成效的比较分析》，载《人口研究》2003年第1期，第5-10页。

我国的资本积累创造了有利条件，生育率迅速下降对实际固定资产存量的贡献达到15.0%～22.0%；④ 在我国劳动生产率增长中有13.0%～24.0%是生育率下降做出的贡献，如果人口不加控制，劳动生产率的年平均增长速度将比实际速度低0.76～1.5个百分点；⑤ 如果生育率依旧维持在高水平的话，人均总消费水平的年平均增长速度将比实际增长速度低1.65～3.0个百分点，在实际居民生活水平的提高中有25.0%～40.0%是生育率迅速下降的贡献，甚至这个比例可能高达50%。由于模拟的期限还不到20年，在这样的时间长度中，生育率下降的经济后果还未能充分显现出来。同时，模拟中的一些前提条件是按实际情况设置的，模拟的结果和所得出的结论只是确定我国生育率下降对经济增长影响的下限。换言之，我国生育率迅速下降对经济增长的影响很可能比我们所估计的程度更大、更深远。[①] 国家计生委《中国计划生育效益与投入》课题组研究结果显示，1971—1998年的近30年间，我国累计减少出生人口3.38亿，节省社会抚育费7.4万亿元，这相当于1997年我国全年的国内生产总值。其中家庭节省的少年儿童抚养费为6.4万亿元，国家节省的儿童抚养费为1.0万亿元。研究结果还显示，实行计划生育下的经济发展明显快于不实行计划生育的经济发展。1971—1998年，我国国内生产总值、人均国内生产总值按当年价计算，分别增长了32.4倍和21.8倍；如果不实行计划生育，则只能增长10.6倍和5.3倍（如表14-4所示）。

表14-4 我国在实行和不实行计划生育条件下经济发展水平的比较

年份	国内生产总值（亿元）		人均国内生产总值（元）		居民消费水平（元）	
	实行	未实行	实行	未实行	实行	未实行
1971	2426.4	2368.4	284.7	277.8	142.0	141.6
1975	2997.3	2707.4	324.3	286.3	158.0	154.8
1980	4551.3	3665.1	461.1	344.2	249.0	212.1
1985	8792.1	5755.4	830.6	480.4	437.0	319.1
1990	18319.5	8015.7	1602.3	603.7	803.0	418.4
1995	59404.9	23291.7	4904.6	1583.6	2311.0	1021.4
1996	69366.0	25988.0	5667.7	1731.8	2726.0	1164.0
1997	76077.2	26966.3	6153.8	1762.7	2936.0	1121.6
1998	81003.5	27464.5	6490.1	1757.2	3094.0	1131.3

资料来源：杨魁孚、陈胜利、魏津生《中国计划生育效益与投入》，人民出版社2000年版，第84-86页。

[①] 江亦曼、乔晓春、于学军等：《中国未来人口发展与生育政策研究》，载《人口研究》2000年第3期，第18-34页。

基本概念

公共政策；人口政策；计划生育；生殖健康

思考题

1. 为什么说人口政策是公共政策？
2. 简述人口政策的分类。
3. 简述我国人口政策的历史沿革。
4. 简述中国现行人口政策的主要内容。
5. 简述中国现行人口政策的绩效。

参考文献

［1］《社会学概论》编写组．社会学概论［M］．北京：人民出版社，2011．

［2］赖特·米尔斯，塔尔考特·帕森斯．社会学与社会组织［M］．何维凌，黄晓京，译．杭州：浙江人民出版社，1986．

［3］威廉·彼得逊．人口学基础［M］．兰州大学人口研究室，译．兰州：甘肃人民出版社，1984．

［4］安东尼·吉登斯．社会学［M］．4版．赵旭东，等译．北京：北京大学出版社，2003．

［5］曾毅．中国人口分析［M］．北京：北京大学出版社，2004．

［6］陈达．人口问题［M］．上海：商务印书馆，1934．

［7］陈庆云．公共政策分析［M］．北京：中国经济出版社，1996．

［8］陈长蘅．中国人口论［M］．上海：商务印书馆，1928．

［9］戴维·波普诺．社会学［M］．10版．李强，等译．北京：中国人民大学出版社，1999．

［10］风笑天．社会学导论［M］．2版．武汉：华中科技大学出版社，2008．

［11］风笑天．社会学研究方法［M］．2版．北京：中国人民大学出版社，2005．

［12］胡焕庸，张善余．中国人口地理［M］．上海：华东师范大学出版社，1984．

［13］胡伟略．人口社会学［M］．北京：中国社会科学出版社，2002．

［14］姜涛．人口与历史——中国传统人口结构研究［M］．北京：人民出版社，1998．

［15］李辉．人口社会学［M］．北京：中央广播电视大学出版社，2012．

［16］李竞能．现代西方人口理论［M］．上海：复旦大学出版社，2004．

［17］梁在．人口学［M］．北京：中国人民大学出版社，2012．

［18］刘铮，李竞能．人口理论教程［M］．北京：中国人民大学出版社，1985．

［19］刘铮，邬沧萍，李宗正．人口学辞典［M］．北京：人民出版社，1986．

［20］路遇．新中国人口五十年［M］．北京：中国人口出版社，2004．

［21］马寅初．新人口论［M］．北京：北京出版社，1979．

[22] 马瀛通. 人口统计分析学 [M]. 北京：红旗出版社，1989.

[23] 尼尔·斯梅尔瑟. 社会学 [M]. 陈光中，秦文立，周素娴，译. 台北：桂冠图书股份有限公司，1996.

[24] 彭松建. 西方人口经济学概论 [M]. 北京：北京大学出版社，1987.

[25] 色诺芬. 经济论 [M]. 北京：商务印书馆，2014.

[26] 孙本文. 社会的文化基础 [M]. 上海：世界书局，1929.

[27] 汤兆云. 当代中国人口政策研究 [M]. 北京：知识产权出版社，2005.

[28] 田雪原. 人口学 [M]. 杭州：浙江人民出版社，2004.

[29] 佟新. 人口社会学 [M]. 北京：北京大学出版社，2000.

[30] 王洪春，张占平，申越魁. 新人口学 [M]. 北京：中国对外经济贸易出版社，2003.

[31] 王育民. 中国人口史 [M]. 南京：江苏人民出版社，1995.

[32] 魏津生. 现代人口学 [M]. 重庆：重庆出版社，1992.

[33] 吴忠观. 人口学 [M]. 重庆：重庆大学出版社，2005.

[34] 肖自力，周双超. 中国人口与可持续发展 [M]. 北京：中国人口出版社，1998.

[35] 许涤新. 当代中国的人口 [M]. 北京：中国社会科学出版社，1988.

[36] 亚历克斯·英克尔斯. 社会学是什么？[M]. 陈观胜，李培茱，译. 北京：中国社会科学出版社，1981.

[37] 杨菊华，靳永爱. 人口社会学 [M]. 2版. 北京：中国人民大学出版社，2020.

[38] 杨魁孚. 中国人口问题论稿 [M]. 北京：中国人口出版社，1997.

[39] 游允中. 收集人口数据的方法 [M]. 北京：中国统计出版社，1996.

[40] 张纯元，陈胜利. 生育文化学 [M]. 北京：中国人口出版社，2004.

[41] 张纯元. 马克思主义人口思想史 [M]. 北京：北京大学出版社，1986.

[42] 张金马. 政策科学导论 [M]. 北京：中国人民大学出版社，1992.

[43] 张敏如. 中国人口思想简史 [M]. 北京：中国人民大学出版社，1982.

[44] 赵国华. 生殖崇拜文化论 [M]. 北京：中国社会科学出版社，1990.

[45] 赵锦辉，乔国良. 人口死亡学 [M]. 哈尔滨：黑龙江教育出版社，1995.

[46] 郑杭生. 社会学概论新修 [M]. 3版. 北京：中国人民大学出版社，2003.

后记

2010年8月，承蒙我社会学博士后指导老师南京大学风笑天教授的厚爱和关照，将我撰写的《人口社会学》教材列为他主编的"新编大学社会学教材"中的一册，由华中科技大学出版社出版。该教材出版后，曾先后获得华侨大学校级教材立项资助，获华侨大学2012年教材一等奖，获第七届高等教育华侨大学校级教学成果奖二等奖（2013年），获保定市第十届社会科学优秀成果奖二等奖（2011年）；同时也被一些高校确定为本科、研究生教材和社会学专业考研辅助资料。

《人口社会学》自2010年8月出版后至今已10年有余。其间，世界、中国的人口社会情势都发生了翻天覆地的变化。10年以前，实行计划生育是中国的一项基本国策。党的十八大以来，"我国人口发展的内在动力和外部条件发生了显著变化"，例如，"人口总量增长势头明显减弱，劳动年龄人口和育龄妇女开始减少，老龄化程度不断加深；群众生育观念发生重大转变，少生优生已成为社会生育观念的主流；家庭规模趋向小型化，养老抚幼功能弱化。"这些变化给人口安全和经济社会发展带来新的挑战。由此，为了适应人口和经济社会发展新形势，促进人口长期均衡发展，2013年11月，党的十八届三中全会强调在"坚持计划生育的基本国策"的基础上，启动实施"一方是独生子女的夫妇可生育两个孩子的政策"的重大决策；2015年10月，党的十八届五中全会强调在"坚持计划生育的基本国策，完善人口发展战略"的基础上，"全面实施一对夫妇可生育两个孩子政策"；2021年6月，党中央、国务院《关于优化生育政策促进人口长期均衡发展的决定》强调，要"优化生育政策，实施一对夫妻可以生育三个子女政策"。

人口社会情势发生的巨大变化，势必对人口思想、人口理论、人口过程、人口结构和人口发展等方面产生重要影响，由此对《人口社会学》的教学体系、教学内容等提出了更高、更新的要求。2016年5月17日，习近平总书记在《在哲学社会科学工作座谈会上的讲话》中强调，"要加快完善对哲学社会科学具有支撑作用的学科，如哲学、历史学、经济学、政治学、法学、社会学、民族学、新闻学、人口学、宗教学、心理学等，打造具有中国特色和普遍意义的学科体系。"基于理论与现实的要求，本次修订版《人口社会学》遵循新的人口情势对于学科的新要求，力图在学科体系、学术体系和学科内容等方面，体现10余年来人口社会学最新的研究成果。

本次修订的主要部分和内容有：(1) 将全书体系分为概论、人口过程、人口结构和人口发展等四个部分；(2) 从全书共15章压缩为14章，增加第12章"人口受教育与就业结构"，将2010版第14章"人口政策"、第十五章"我国计划生育人口政策"合为一章"人口政策"；(3) 特别地，本次修订版较为全面地引用2020年全国第七次人口普查的数据以及最新的人口统计、人口调查数据，作为对人口过程、人口结构和人口发展等问题探讨的佐证资料。

本次修订版在出版过程中，得到了华中科技大学出版社钱坤老师、张馨芳老师和余晓亮老师的大力支持和帮助。在此表示最诚挚的感谢！

由于本人才疏学浅，疏漏和不妥之处在所难免。希望得到各位前辈和同行的批评指正。

2022 年 11 月